세상의 속도를
따라잡고 싶다면

Do it!

쉽게 배우는
R 텍스트 마이닝

단어 빈도 분석, 감정 분석, 의미망 분석부터 토픽 모델링까지
현장에서 사용하는 텍스트 분석 기법을 실전 예제로 익혀 보자!

데이터 분석가 김영우 지음

이지스 퍼블리싱

세상의 속도를 따라잡고 싶다면 **Do it!**
변화의 속도를 즐기게 될 것입니다.

Do it!
쉽게 배우는
R 텍스트 마이닝
Do it! R Text Mining

초판 발행 • 2021년 1월 29일
초판 3쇄 • 2024년 7월 10일

지은이 • 김영우
펴낸이 • 이지연
펴낸곳 • 이지스퍼블리싱(주)
출판사 등록번호 • 제313-2010-123호
주소 • 서울특별시 마포구 잔다리로 109 이지스빌딩 4층(우편번호 04003)
대표전화 • 02-325-1722 | **팩스** • 02-326-1723
홈페이지 • www.easyspub.co.kr | **페이스북** • www.facebook.com/easyspub
Do it! **스터디룸 카페** • cafe.naver.com/doitstudyroom | **인스타그램** • instagram.com/easyspub_it

총괄 • 최윤미 | **기획 및 책임 편집** • 박현규 | **기획편집 2팀** • 한승우, 신지윤, 이소연
베타테스트 • 이동훈, 김성범, 선명환 | **교정교열** • 박명희
표지 및 본문 디자인 • 트인글터 | **인쇄** • 보광문화사
마케팅 • 이나리 | **독자지원** • 박애림 | **영업 및 교재 문의** • 이주동, 김요한(support@easyspub.co.kr)

ISBN 979-11-6303-229-8 13000
가격 20,000원

한글 데이터로
텍스트 마이닝을
시작해 볼까?

단어 빈도 분석 Zone

1장 단어 빈도 분석: 무엇을 강조했을까?

2장 형태소 분석기를 이용한 단어 빈도 분석

비교 분석 Zone

3장 비교 분석:
무엇이 다를까?

같은 단어라도
상대적인 중요도가
다를 수 있어.

글 속에
어떤 감정이
숨어 있을까?

감정 분석 Zone

4장 감정 분석:
어떤 마음으로 글을 썼을까?

맥락 분석 Zone

5장 의미망 분석:
어떤 맥락에서 단어를 썼을까?

같은 단어를
사용해도 맥락에
따라 다르니까!

이 문서는
어떤 주제를 다루고
있을까?

주제 분류 Zone

6장 토픽 모델링:
어떤 주제로 글을 썼을까?

프로젝트 Zone

7장 타다 금지법 기사 댓글 분석

8장 차기 대선 주자 SNS 여론 분석

실전 텍스트
마이닝으로 학습
마무리!

텍스트 마이닝을 처음 시작하는 사람을 위해

글에는 사람의 생각이 날 것 그대로 담겨 있습니다. 미리 설계해 둔 틀 안에서 만들어지는 실험, 조사, 서비스 이용 데이터와는 다르게 글은 아무런 제약이 없는 상황에서 자유롭게 만들어집니다. 어쩌면 글은 사람의 생각이 가공되지 않은 채 고스란히 담겨있는 유일한 데이터일지도 모릅니다.

정형 데이터는 분석하지 않아도 결과를 예상해 볼 여지가 있는 반면, 텍스트 데이터는 직접 분석해 들여다보기 전까지는 어떤 내용이 담겨 있을지 상상하기도 어렵습니다. 무궁무진한 가능성이 열려 있다는 점에서 텍스트 데이터는 분석가의 호기심을 불러일으킵니다. 다른 어떤 데이터로도 알아낼 수 없는, 예상도 못 한 새로운 사실을 텍스트 데이터에서 발견하기도 합니다.

텍스트 마이닝은 사람들이 쓴 글에서 의견, 태도, 믿음을 발견하는 분석 기술입니다. SNS에 떠도는 수많은 글도 텍스트 분석 기술을 이용해 요약하면 사람들이 어떤 생각을 하는지 명료하게 이해할 수 있습니다. 언론에 잘 소개되지 않는 소수의 의견도 깊이 있게 살펴볼 수 있습니다. 텍스트 분석은 사람들의 이야기에 귀를 기울이는 일입니다.

글을 직접 읽고 요약하면 자신도 모르게 주관을 반영하게 됩니다. 마음에 드는 내용만 선택하거나, 중요한 내용을 생략하거나, 글쓴이의 의도를 부풀려 이해하기도 합니다. 텍스트 마이닝을 이용하면 주관을 배제하고 편견 없이 사람들의 이야기를 들을 수 있습니다. 텍스트를 분석한다는 건 멋지고 신나는 일입니다.

이 책은 쉬운 방법을 안내합니다

텍스트 데이터는 제약 없이 자유롭게 만들어지기 때문에 정형화된 데이터를 다룰 때에 비해 분석 절차가 복잡하고 까다로운 측면이 있습니다. 다행히도, 그리고 감사하게도 R 생태계에는 텍스트 데이터를 쉽게 다룰 수 있게 도와주는 패키지가 많아서 함수 몇 개만 익히면 훌륭한 분석 결과물을 만들어낼 수 있습니다. 이 책은 이런 패키지를 이용해 텍스트를 분석하는 쉬운 방법을 소개합니다.

영문이 아닌 한글 텍스트를 다룹니다

처음부터 끝까지 한글 텍스트를 분석하는 방법을 다룹니다. 한글을 가공하고, 한글로 그래프를 만들고, 한글의 의미를 해석합니다. 한글이기만 하면 어떤 분야에서 만들어졌든 책에서 익힌 방법을 활용해 바로 분석할 수 있습니다.

실습 중심의 책입니다

코드를 입력하고 실행하다 보면 자연스럽게 분석 방법을 이해할 수 있게 구성했습니다. 이론은 분석의 개념을 이해할 수 있을 만큼만 최소한으로 설명했습니다.

텍스트 마이닝의 모든 과정을 경험하게 됩니다

텍스트를 정제하고, 가공하고, 분석하고, 그래프를 만들면서 실제 현업에서 텍스트 마이닝 프로젝트를 할 때 거치는 모든 과정을 경험하게 됩니다. 마지막에는 SNS 데이터를 이용해 자신만의 훌륭한 텍스트 마이닝 프로젝트를 완수하게 됩니다.

텍스트 마이닝의 세계에 오신 것을 환영합니다

텍스트를 분석한다는 건 멋지고 신나는 일입니다. 텍스트 마이닝을 익히면 사람들의 이야기에 편견 없이 귀를 기울일 수 있습니다. 독자 옆에 앉아 차근차근 설명한다는 마음으로 썼습니다. 이 책이 텍스트 마이닝의 세계에 첫발을 내딛는 데 도움이 되었으면 좋겠습니다. 감사합니다.

데이터 분석가 김영우(stats7445@gmail.com)

 이 책은 날 것 그대로의 텍스트를 다룹니다

연습용 데이터로만 학습하면 실제 데이터를 분석할 때 예상치 못한 어려움을 겪게 됩니다. 똑같은 방법으로 분석했는데도 예제와 같이 보기 좋은 결과물이 나오지 않고, 처음 보는 문제에 가로막혀 진도를 못 나가기도 합니다.

이 책은 결과가 그럴듯하게 나오는 연습용 데이터가 아니라 실세 세상에서 만들어진 날 것 그대로의 데이터를 활용합니다. 맞춤법에 맞지 않는 문장, 거친 단어, 욕설이 들어 있는 SNS 데이터를 이용해 분석 기법을 익히는 예제로 가득 차 있습니다. 이처럼 살아있는 데이터를 분석하며 실무 현장에서 일상적으로 마주하는 문제를 똑같이 경험하고 나면 현실의 문제도 유연하게 대처할 수 있게 될 겁니다.

업무 틈틈이 읽으며 사용할 수 있는 탁월한 실무서!
텍스트 분석의 A to Z를 간결하고 일관되게 가르쳐 주는 책입니다.

저는 직장생활의 시작을 텍스트 분석과 함께했습니다. 그래서 기본적인 텍스트 분석의 흐름과 그 극악한 난이도 는 아직도 신입의 입장에서 생생하게 기억하고 있습니다. 약간의 트라우마도 있지요. 제가 신입이던 시절에 이 책이 있었으면 어땠을까 하는 생각을 하게 됩니다. **텍스트 분석의 A to Z를 이토록 간결하고 일관되게 알려주는 책이 있었다면, 당시 제가 하던 고민과 방황, 검색의 시간을 3분의 1로 줄일 수 있었을 거라고 확신합니다.**

텍스트는 상당히 다루기 까다로운 데이터이지만 세상에는 매일 매일 압도적인 양의 정보가 텍스트의 형태로 생 산되고 있습니다. 그런 풍부한 데이터를 분석하지 못하고 버려두기만 한다는 것은 너무나 아까운 일이지요. 텍 스트 분석에는 일반적인 비즈니스 분석에 비해 굉장히 다양한 테크닉이 요구됩니다. 텍스트 특유의 전처리, 시 각화, 스코어링, 모델링 기법들을 모두 함께 엮어 다양한 측면에서 살펴보아야 비로소 텍스트가 품고 있는 진정 한 의미를 간신히 알 수 있습니다. 《Do it! 쉽게 배우는 R 텍스트 마이닝》은 그러한 험난하고 잊기 쉬운 디테일 들을 난이도에 압도당하지 않을 수준으로 차근차근 설명합니다. 또한 **시의성 있고 매력적인, 모두가 관심을 가 질만 한 주제들을 재료 삼아 풀어냅니다.** 이 책은 너무 이론적으로 깊게 접근해서 분석의 흐름을 깨지 않는, 실무 에 충실한 책입니다. **사무실에서 업무 틈틈이 다시 펼쳐 발췌독하며 사용할 수 있는 탁월한 실무서입니다.**

게다가 이 책은 R 생태계의 사실상 표준인 tidyverse 패키지들을 최신 API 스타일에 맞춰 소개하고 있습니다. 옛 스타일만 반복적으로 사용하던 저에게는 원고를 읽으며 아하 모멘트가 상당히 많아 즐거웠습니다. 모르고 있 던 탁월한 패키지들을 친절하게 소개해주는 점도 매우 좋았습니다.

진짜 좋은 실무서는 곁에 두고 항상 보다가 어느 순간 자연스럽게 체득되어 펼쳐보지 않아도 되는 책이라고 생 각합니다. 이 책이 여러분에게 그런 책이 될 거라는 강한 확신이 듭니다. 이런 좋은 실무서들이 많아져서 우리나 라 R 사용자들의 수준이 전반적으로 높아지고 독자들이 다시 저자가 되어 선순환할 모습이 그려지네요. R 사용 자의 한 사람으로서 김영우 저자님께 감사의 마음을 전합니다.

하헌철 • 카카오 모빌리티 Data Analyst

자신의 데이터를 넣으면 바로 결과를 확인할 수 있는 실용적인 사례들!
이 책은 많은 사람을 텍스트 마이닝의 세계로 인도할 것이다.

이 책은 베스트셀러인 《Do it! 쉽게 배우는 R 데이터 분석》의 저자가 쓴 책답게 전개 속도가 매우 빠르다. 하지만 읽다 보면 이것이 잘 계산된 설계라는 것에 놀라지 않을 수 없다. 저자가 오롯이 텍스트 마이닝에만 집중하여 설명했다는 것이 책 전체에 여실히 드러난다. 설명이 장황하지 않고 필요한 부분만 충실히 담았다. **텍스트를 분석하면서 겪게 되는 문제를 해결하는 방법과 추가로 공부할 내용도 잘 안내해준다.** 오랜 기간 수강생의 관점에서 R을 실용적이고 효율적으로 사용할 수 있도록 전달하려 노력해온 저자의 고민이 느껴지는 부분이다.

책을 읽다 보면 저자가 읽는 사람을 보고 있나 싶게 놀라게 되는 포인트를 만나게 된다. 궁금증이 생기는 부분이면 적시에 꿀단지 코너가 등장해 해소해준다. 궁금증이 생기지 않았다면 넘어가도 괜찮을 만한 내용만 꿀단지로 설명했다는 점에서 또 한 번 놀라게 된다. 여러 분석 기법을 함께 이용하는 방법을 알면 좋겠다는 생각이 들 때쯤 실전 프로젝트 장이 시작된다. 실전 프로젝트 장에서는 **자신의 데이터를 넣으면 바로 결과를 확인할 수 있는 실용적인 사례를 다루며 분석 과정을 충실히 설명한다.** 평소 감정 분석은 실제 프로젝트에 사용할 수 없다는 태도를 취하고 있었는데, 이렇게 쉽게 사례를 들어 설명해주니 이제 이 책을 보고 따라 해 보라고 이야기할 수 있게 되었다.

텍스트 분석은 많은 사람이 하길 원하고 또한 요청받고 있는 분야다. 누군가 텍스트 분석을 어떻게 공부해야 하는지 물으면 이 책을 추천하겠다. 당연하게도 그 사람은 다른 사람에게 이 책을 추천할 것이다. 베스트셀러 《Do it! 쉽게 배우는 R 데이터 분석》이 그랬던 것처럼, 이 책은 많은 사람을 텍스트 마이닝의 세계로 인도할 것이다.

박찬엽 • SKT AI Language Tech Labs 엔지니어

알쏭달쏭했던 이론과 방법론을 제대로 정리해 줍니다.
독자를 어엿한 텍스트 데이터 분석가로 만들어줄 책!

셀 수 없이 많은 텍스트 속에는 왠지 모를 비밀이 숨어 있을 것 같기도 하고 전혀 예상하지 못했던 새로운 인사이트가 튀어나올 것 같기도 합니다. 기업이 더 나은 의사결정을 내리기 위해, 특히 고객의 마음을 읽기 위해 텍스트를 분석하는 것은 이제 새로운 일이 아닙니다.

저도 기업에서 교육을 담당하며 비즈니스 현장의 데이터 분석을 지원하다 보니 자연스럽게 텍스트 분석에 관심을 가지게 되었습니다. 학습을 위해 국내외의 여러 도서와 온라인 콘텐츠를 접했고 값비싼 교육 프로그램도 수강했습니다. 그럼에도 늘 아쉬움이 많았습니다. 대부분 영어로 된 텍스트를 분석하는 방법만 다루고 코드의 상세 설명이나 다양한 방법론, 깊이 있는 이론 설명이 부족했기 때문입니다. 여러 콘텐츠를 열심히 뒤져보아도 답답함이 쉽게 가시지 않았습니다.

제가 느낀 것처럼 텍스트 분석은 학습하기 어렵다는 이유로 뛰어난 소수의 데이터 분석가들만이 할 수 있는 것으로 여겨져 왔습니다. 그런데 이제는 이 책이 세상에 나왔으니 많은 사람이 텍스트 분석을 쉽게 배우고 시작할 수 있게 되었습니다. **이 책을 보며 텍스트 분석을 따라 해보니 알쏭달쏭했던 이론과 방법론을 제대로 정리할 수 있었습니다.** 단어의 빈도를 확인하는 간단한 분석부터 감정 분석, 토픽 모델링에 이르는 고급 분석까지, 그저 **편안한 마음으로 차근차근 실습을 따라하기만 하면 어느새 텍스트 마이닝을 익히게 됩니다.** 데이터 분석가들이 사랑하는 언어인 R을 활용한다는 점도 이 책의 장점입니다. 더 이상 개발 환경을 설정하거나 잘 사용하지 않을 딥러닝 수학을 익히느라 머리를 싸맬 필요가 없습니다.

텍스트 분석은 이제 이 책으로 시작하고 끝내세요. 여러분을 어엿한 텍스트 데이터 분석가로 만들어줄 《Do it! 쉽게 배우는 R 텍스트 마이닝》을 강력히 추천합니다.

조영찬 • LG 인화원 AI 교육 담당자

텍스트 마이닝의 정석과 같은 책!
그동안 막막했던 텍스트 마이닝에 또 다른 세상이 열릴 겁니다.

텍스트에서 저널리즘을 이끌어낸다는 점에서, 텍스트 마이닝은 사회현상을 분석하는 기자에게 매력적인 분석 기법입니다. 혼자서 끙끙거리며 텍스트에 담긴 의미를 분석하고 즐거워했던 순간이 생각납니다. 아마도 짧은 시간 안에 거대한 사회현상을 분석했다는 짜릿함 때문이겠죠. 이 또한 텍스트 분석의 매력입니다.

댓글의 여론, 정치인의 언어, 커뮤니티의 담론과 같이 인간의 텍스트는 오늘날 데이터로 치환되어 사회의 여러 단면을 보여주고 있습니다. 알고리즘의 발달로 사회현상을 숫자가 아닌 텍스트를 이용해 쉽게 분석할 수 있게 되면서 많은 사람이 텍스트 마이닝의 문을 두드리고 있습니다. 하지만 주관적으로 해석하지 않고 올바르게 분석하려면 텍스트를 다루고 분석할 수 있는 리터러시를 놓치지 않아야 합니다. 그런데 문제는 마땅히 배울 서적이 없다는 것입니다. 그래서 대다수가 블로그에 정리한 코드를 따라 해보는 수준을 넘어서지 못합니다.

텍스트 분석을 익히려고 하는데 괜찮은 책을 추천해 달라는 요청을 받은 적이 있습니다. 당시에는 그런 책이 없다고 답변했습니다. 하지만 이제는 달라졌습니다. 《Do it! 쉽게 배우는 R 텍스트 마이닝》은 텍스트 마이닝의 정석과 같습니다. **적절한 사례를 들어 개념과 기법을 설명하기 때문에 초보자도 실무에 쉽게 활용할 수 있습니다.** 게다가 해외에서 표준으로 자리 잡고 있는 tidytext 패키지와 tidyverse 문법으로 **텍스트 마이닝의 최신 경향에 발을 맞추고 있습니다.** 이만하면 텍스트 마이닝의 팔색조 매력을 아낌없이 담은 책입니다. 이 책의 등장으로 그동안 막막했던 텍스트 마이닝에 또 다른 세상이 열릴 거라고 감히 말해 봅니다.

배여운 • SBS 데이터저널리즘팀 기자

실제 사례에 적용하며 공부하니 술술 이해가 됐어요!

평소에 데이터 분석에 관심이 많아서 '텍스트 마이닝'이라는 표현을 쉽게 접했는데요, 표현이 주는 무게 때문인지 어렵게만 느껴져 데이터 분석 기초 공부만 하고 차마 손대지 못하고 있었습니다. **그런데 '기생충 아카데미 수상 소식 댓글 분석', '대통령 연설문 분석', '타다 금지법 댓글 분석'과 같은 현실 사례를 놓고 공부할 수 있다고 하니 우선 뛰어들 수 있게 되었어요!** 조금 어려운 내용도 현실 사례를 놓고 공부하니 멀게 느껴지지 않아서 쉽게 개념을 이해할 수 있었습니다. 무엇보다 책 본문 구성이 텍스트 마이닝을 위한 절차를 순서대로 잘 배치해서 친절하게 알려준다는 느낌을 받아 좋았습니다. 데이터 분석을 공부하고자 하는 이들이 처음 손에 쥐기에 더없이 적절한 책이라 강력하게 추천합니다.

- 텍스트 마이닝이 무서웠던 R린이 **김영아**

국내 최고의 텍스트 데이터 분석 비법이 담긴 책!

국내 최고의 텍스트 데이터 분석 비법이 담긴 책입니다. 이 책을 보는 내내 빅데이터 전문가가 된 것 같은 기분이 들었습니다. **아주 쉬운 설명으로 텍스트 분석 과정을 술술 진행할 수 있었고, 결과물도 다양해서 학습 만족도가 무척 높았습니다.** 책에 나온 설명을 읽으면서 코드를 그대로 따라가니 SNS부터 기사 댓글에 있는 텍스트를 분석할 수 있는 능력을 얻을 수 있었습니다. 앞으로 만나게 될 무수히 많은 텍스트 데이터도 잘 분석할 수 있을 것 같네요. 여러분도 직접 텍스트 마이닝을 경험해 보세요!

- 데이터 분석가를 꿈꾸며 하루하루 공부하는 대학생 **이동훈**

R 텍스트 마이닝 특별 과정을 한 권으로 배울 수 있어요!

R 데이터 분석 공부를 하면서 '텍스트 마이닝' 과정을 알게 되었다면 이 책 일독을 강력 추천하고 싶습니다. **이 책은 텍스트 마이닝에서 꼭 공부해야 할 형태소 분석, TF-IDF, 감정 분석, 토픽 모델링 등과 같은 기초 이론부터 실제 데이터를 활용한 텍스트 분석 프로젝트까지 경험하게 해 줍니다.** 책을 덮고 나면 텍스트 마이닝을 제대로 할 줄 아는 데이터 분석가가 되어 있을 것입니다. 오늘도 데이터 분석하느라 고생하셨습니다!

- 공공빅데이터 청년 인턴 **김성범**

내년 대선 댓글 분석은 제 손으로 직접 해봐야겠어요!

R을 1도 모르던 R린이가 바로 저였는데요, 《Do it! 쉽게 배우는 R 데이터 분석》으로 R 입문을 마친 다음 텍스트 마이닝에 겁 없이 도전해 봤습니다. 그리고 책을 읽고 나서 데이터 분석으로 정말 많은 것을 할 수 있다는 점을 알게 되어 무척 놀랐습니다. **평소에 접했던 뉴스나 기사 내용을 분석하니 오즈비, 로그 오즈비와 같은 어려운 개념도 이해하는 데 크게 어렵지 않았어요.** 이 책 덕분에 정말 재미있고 즐겁게 공부했습니다. 나중에는 제가 직접 대선 후보 댓글을 분석해 봐야겠어요!

- R의 매력에 빠진 애독자 **선명환**

개념 익힌 다음 실습? NO! 실습하면서 개념 이해!

이 책은 차근차근 실습을 따라 하다 보면 자연스럽게 텍스트 분석 기법을 익히도록 구성되어 있습니다. 실습을 마칠 때쯤이면 어느새 텍스트 마이닝 기술을 습득하고 훌륭한 데이터 분석 프로젝트를 완수한 자신을 발견할 수 있을 것입니다!

데이터 분석 목표 잡기!   데이터 분석 이해 완료!

다양한 한글 데이터를 내 손으로 분석하니 실력이 쭉쭉!

텍스트 데이터 분석 콘텐츠는 많습니다! 그런데 대부분 영어로 된 텍스트를 분석하니 현실감도 떨어지고, 의미 없게 느껴집니다. 이 책에서는 대통령 연설문, SNS 댓글, 인터넷 기사 댓글 등 현실에서 쉽게 접할 수 있는 한글 데이터를 실제로 분석합니다! 한글 데이터로 충분히 연습하고 실무에 뛰어드니 걱정 없습니다!

학습 계획표

36일 집중 코스

R 텍스트 마이닝 36일 코스! 독학, 강의에 활용해 보세요!

1장 단어 빈도 분석: 무엇을 강조했을까?	1일(/) 01-1 텍스트 전처리	2일(/) 01-2 토큰화하기	3일(/) 01-3 단어 빈도 분석하기	2장 형태소 분석기를 이용한 단어 빈도 분석
4일(/) 02-1 형태소 분석	5일(/) 02-2 명사 빈도 분석하기	6일(/) 02-3 특정 단어가 사용된 문장 살펴보기	3장 비교 분석: 무엇이 다를까?	7일(/) 03-1 단어 빈도 비교하기
8일(/) 03-2 오즈비 — 상대적으로 중요한 단어 비교하기	9일(/) 03-3 로그 오즈비로 단어 비교하기	10일(/) 03-4 TF-IDF — 여러 텍스트의 단어 비교하기	4장 감정 분석: 어떤 마음으로 글을 썼을까?	11일(/) 04-1 감정 사전 활용하기
12일(/) 04-2 댓글 감정 분석하기	13일(/) 04-3 감정 범주별 주요 단어 살펴보기	14일(/) 04-4 감정 사전 수정하기	5장 의미망 분석: 어떤 맥락에서 단어를 썼을까?	15일(/) 05-1 동시 출현 단어 분석 — co-occurrence analysis
16일(/) 05-2 동시 출현 네트워크 — co-occurrence network	17일(/) 05-3 단어 간 상관 분석 — phi coefficient	18일(/) 05-4 연이어 사용된 단어쌍 분석 — n-gram	6장 토픽 모델링: 어떤 주제로 글을 썼을까?	19일(/) 06-1 토픽 모델링 개념 알아보기
20일(/) 06-2 LDA 모델 만들기	21일(/) 06-3 토픽별 주요 단어 살펴보기	22일(/) 06-4 문서를 토픽별로 분류하기	23일(/) 06-5 토픽 이름 짓기	24일(/) 06-6 최적의 토픽 수 정하기
7장 텍스트 마이닝 프로젝트: 타다 금지법 기사 댓글 분석	25일(/) 07-1 주요 단어 살펴보기	26일(/) 07-2 공감, 비공감 댓글 비교하기	27일(/) 07-3 관심 댓글 비교하기	28일(/) 07-4 단어 간 관계 살펴보기
29일(/) 07-5 토픽 모델링	8장 텍스트 마이닝 프로젝트: 차기 대선 주자 SNS 여론 분석	30일(/) 08-1 SNS 언급량 추이 살펴보기	31일(/) 08-2 SNS 이슈 살펴보기	32일(/) 08-3 감정 단어 살펴보기
33일(/) 08-4 감정 경향 살펴보기	34일(/) 08-5 감정 추이 살펴보기	35일(/) 08-6 긍정, 부정 트윗 단어 비교하기	9장 텍스트를 효율적으로 분석하는 방법	36일(/) 09-1~3 텍스트 데이터 수집하기/텍스트 분석 품질 높이기

최신 버전의 R, RStudio를 설치해 주세요

최신 버전으로 환경을 구성해야만 책과 동일한 결과물을 만들 수 있습니다. 최소 R 4.0.2, RStudio 1.3 이상을 사용하길 권장합니다.

데이터 파일을 다운로드하세요

저자의 깃허브 저장소에서 실습에 사용할 데이터 파일을 다운로드하세요. 본문의 R 코드, 문제 정답 코드, 고해상도 그래프 이미지, 강의용 프리젠테이션 파일도 깃허브 저장소에서 다운로드할 수 있습니다.

> 저자 깃허브: github.com/youngwoos/Doit_textmining

기본적인 R 사용법은 알고 있다고 전제했습니다

이 책은 기본적인 R 문법과 dplyr, ggplot2 패키지 사용법을 알고 있다고 가정하고 텍스트 분석 방법을 설명합니다. R을 처음 익히기 시작했다면 《Do it! 쉽게 배우는 R 데이터 분석》을 먼저 읽어보길 권합니다.

직접 코드를 실행하세요

코드 실행 결과물이 많을 때는 지면을 아끼기 위해 일부 생략했습니다. 직접 코드를 실행해 화면에 출력한 결과물을 보면서 책을 읽어주세요.

질문과 이야기를 나눌 수 있는 곳

궁금한 점이 생기면 저자가 운영하는 페이스북 커뮤니티인 '데이터 분석 커뮤니티'에 질문해 주세요. 데이터 분석을 공부하는 사람들과 질문과 답변을 주고 받으며 함께 공부할 수 있습니다. 질문할 때 작성한 코드 또는 캡처 이미지를 함께 올리면 더욱 빠르게 답변을 받을 수 있습니다.

> 데이터 분석 커뮤니티: facebook.com/groups/datacommunity

01

단어 빈도 분석:
무엇을 강조했을까?

02

형태소 분석기를 이용한
단어 빈도 분석

03

비교 분석:
무엇이 다를까?

04

감정 분석:
어떤 마음으로 글을 썼을까?

이지스퍼블리싱의 따끈따끈한 소식을 받아 보고 싶다면?

이지스퍼블리싱 홈페이지에 회원가입해서 매달 정기 소식지를 받아 보세요. 신간과 책 관련 이벤트 소식을 누구보다 빠르게 확인할 수 있습니다. 매달 전자책 한 권을 공개하는 이벤트도 진행 중이랍니다.

두잇 스터디룸에서 친구와 함께 공부하고 책 선물도 받아 가세요!

이지스퍼블리싱에서 운영하는 네이버 카페 '두잇 스터디룸'에서 같은 고민을 하는 친구들과 함께 공부해 보세요. 내가 잘 이해한 내용은 남을 도와주고 내가 잘 이해하지 못한 내용은 도움을 받으면서 공부하면 복습 효과도 누릴 수 있습니다. 서로서로 코드와 개념 리뷰를 하며 훌륭한 개발자로 성장해 보세요(회원 가입과 등업 필수).

- Do it! 스터디룸: cafe.naver.com/doitstudyroom
- 친구들의 스터디 노트 미리 보기: bit.ly/37iRgPR
- 친구들의 질문 게시판 미리 보기: bit.ly/2Hb20VQ

01

단어 빈도 분석:
무엇을 강조했을까?

문장은 단어가 모여 만들어집니다. 텍스트에 자주 사용된 단어가 무엇인지 분석하면 글쓴이가 무엇을 강조했는지, 글의 핵심 주제와 의도가 무엇인지 파악할 수 있습니다. 이 장에서는 텍스트에 자주 사용된 단어를 알아보는 단어 빈도 분석을 알아봅니다.

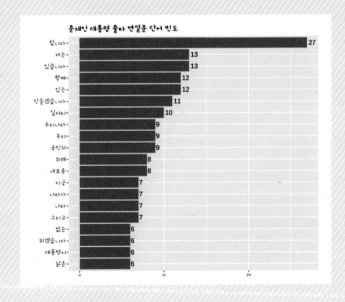

01-1
텍스트 전처리

텍스트 전처리란 본격적으로 분석을 시작하기 전에 **텍스트에서 분석하는 데 불필요한 요소를 제거하고 다루기 쉬운 형태로 만드는 과정**을 의미합니다. 어떤 데이터를 분석하든 전처리는 중요하지만, 특히 텍스트 분석에서는 전처리에 얼마나 공을 들이는지에 따라 분석 결과의 품질이 크게 달라지기 때문에 매우 중요합니다.

문재인 대통령의 대선 출마 선언문을 이용해 텍스트 전처리 방법을 알아보겠습니다. 대통령 연설문은 이해하기 쉬운 단어와 문법 오류가 없는 정제된 문장으로 되어 있습니다. 전처리 작업을 많이 하지 않아도 되기 때문에 초보자가 텍스트 분석 방법을 익히는 데 매우 적합한 자료입니다.

⌨️ Do it! 실습　연설문 불러오기

speech_moon.txt에는 문재인 대통령 대선 출마 선언문이 담겨 있습니다. readLines()를 이용해 speech_moon.txt를 불러오겠습니다.

```
raw_moon <- readLines("speech_moon.txt")
head(raw_moon)

## [1] "정권교체 하겠습니다!"
## [2] "  정치교체 하겠습니다!"
## [3] "  시대교체 하겠습니다!"
## [4] " "
## [5] "  '불비불명(不飛不鳴)'이라는 고사가 있습니다. 남쪽 언덕 나뭇가지에 앉아, 3년 동안 날
지도 울지도 않는 새. 그러나 그 새는 한번 날면 하늘 끝까지 날고, 한번 울면 천지를 뒤흔듭니다."
## [6] ""
```

🥨 실습 파일을 다운로드하는 방법은 13쪽을 참고하세요.

🥨 문재인 대통령의 대선 출마 선언문 출처: bit.ly/easytext_11

⌨️ **Do it! 실습**　불필요한 문자 제거하기 — str_replace_all()

raw_moon을 출력한 결과를 보면 특수 문자, 한자, 공백 등이 포함되어 있습니다. 이런 요소는 분석 대상이 아니므로 제거해야 합니다.

stringr 패키지의 str_replace_all()은 텍스트에서 특정 규칙에 해당하는 문자를 찾아 다른 문자로 바꾸는 함수입니다. str_replace_all()을 이용하면 불필요한 문자를 제거할 수 있습니다.

샘플 텍스트로 작동 원리 알아보기

샘플 텍스트를 이용해 str_replace_all()이 어떻게 작동하는지 살펴보겠습니다. str_replace_all()에는 다음과 같은 파라미터를 입력합니다.

- string: 처리할 텍스트
- pattern: 규칙
- replacement: 바꿀 문자

다음 코드에서 pattern에 입력한 [^가-힣]은 '한글이 아닌 모든 문자'를 의미하는 **정규 표현식**(regular expression)입니다. replacement에는 공백 " "을 입력했습니다. 따라서 한글을 제외한 모든 문자를 공백으로 바꿉니다.

```
txt <- "치킨은!! 맛있다. xyz 정말 맛있다!@#"
txt

## [1] "치킨은!! 맛있다. xyz 정말 맛있다!@#"

install.packages("stringr")
library(stringr)
str_replace_all(string = txt, pattern = "[^가-힣]", replacement = " ")

## [1] "치킨은    맛있다       정말 맛있다    "
```

정규 표현식이란?

정규 표현식은 특정한 규칙을 가진 문자열을 표현하는 언어입니다. 특정 조건에 해당하는 문자를 찾거나 수정할 때 정규 표현식을 활용합니다. 앞 코드에 사용한 정규 표현식 [^가-힣]에서 가-힣은 "가" 부터 "힣"까지의 모든 한글 문자를 의미하고 ^는 '반대'를 의미합니다. 따라서 [^가-힣]은 '한글이 아닌 모든 문자'를 의미합니다. 정규 표현식을 자세히 알고 싶다면 다음 영상을 참고하세요.

• 정규 표현식 패턴들(오픈튜토리얼스): bit.ly/easytext_12

raw_moon에서 불필요한 문자 제거하기

str_replace_all() 사용법을 익혔으니 raw_moon에 적용해 불필요한 문자를 제거하겠습니다.

```
moon <- raw_moon %>%
  str_replace_all("[^가-힣]", " ")

head(moon)

## [1] "정권교체 하겠습니다  "
## [2] "   정치교체 하겠습니다  "
## [3] "   시대교체 하겠습니다  "
## [4] "  "
## [5] "   불비불명       이라는 고사가 있습니다   남쪽 언덕 나뭇가지에 앉아    년 동안 날
지도 울지도 않는 새   그러나 그 새는 한번 날면 하늘 끝까지 날고   한번 울면 천지를 뒤흔듭니다  "
## [6] ""
```

파라미터명 생략하기

함수의 파라미터는 입력 순서가 정해져 있으므로 순서를 알면 파라미터명을 일일이 입력하지 않아도 됩니다. 함수 설명 문서의 Arguments 항목을 보면 파라미터의 순서를 알 수 있습니다. `?str_replace_all`과 같이 함수명 앞에 물음표를 붙여 실행하면 RStudio의 Help 창에 설명 문서가 나타납니다.

```
# 파라미터명 입력
str_replace_all(string = txt, pattern = "[^가-힣]", replacement = " ")

# 파라미터명 생략
str_replace_all(txt, "[^가-힣]", " ")
```

Do it! 실습 연속된 공백 제거하기 — str_squish()

앞에서 출력한 결과를 보면 한글을 제외한 모든 문자를 공백으로 바꾸었기 때문에 연속된 공백이 포함되어 있습니다. `stringr` 패키지의 `str_squish()`를 이용하면 연속된 공백을 제거하고 공백을 하나만 남길 수 있습니다.

샘플 텍스트로 작동 원리 알아보기

샘플 텍스트에 `str_squish()`를 적용해 보겠습니다. 다음 코드를 실행하면 연속된 공백이 제거되고 하나의 공백만 남습니다.

```
txt <- "치킨은   맛있다    정말 맛있다   "
txt

## [1] "치킨은   맛있다    정말 맛있다   "

str_squish(txt)

## [1] "치킨은 맛있다 정말 맛있다"
```

연설문의 연속된 공백 제거하기

연설문에 str_squish()을 적용하겠습니다. 다음 코드의 출력 결과를 보면 공백이 하나만 남았음을 알 수 있습니다.

```
moon <- moon %>%
  str_squish()

head(moon)

## [1] "정권교체 하겠습니다"
## [2] "정치교체 하겠습니다"
## [3] "시대교체 하겠습니다"
## [4] ""
## [5] "불비불명 이라는 고사가 있습니다 남쪽 언덕 나뭇가지에 앉아 년 동안 날지도 울지도
않는 새 그러나 그 새는 한번 날면 하늘 끝까지 날고 한번 울면 천지를 뒤흔듭니다"
## [6] ""
```

⌨ Do it! 실습   데이터를 tibble 구조로 바꾸기

moon은 문자가 나열된 문자열 벡터(character vectors) 구조로 되어 있습니다. 문자열 벡터는 행에 들어 있는 모든 내용을 출력하기 때문에 긴 문자가 있으면 출력 결과를 알아보기 어렵습니다.

문자열 벡터를 tibble 구조로 바꾸기 — as_tibble()

dplyr 패키지의 as_tibble()을 이용해 문자열 벡터를 tibble 구조로 변환하면 텍스트가 보기 편하게 출력되고, 텍스트 처리 함수를 적용하기 쉬운 상태가 됩니다.

```
library(dplyr)
moon <- as_tibble(moon)
moon

## # A tibble: 117 x 1
##    value
##    <chr>
## 1 "정권교체 하겠습니다"
## 2 "정치교체 하겠습니다"
```

```
##  3 "시대교체 하겠습니다"
##  4 ""
##  5 "불비불명 이라는 고사가 있습니다 남쪽 언덕 나뭇가지에 앉아 년 동안 날지도 ~
##  6 ""
##  7 "그 동안 정치와 거리를 둬 왔습니다 그러나 암울한 시대가 저를 정치로 불러냈~
##  8 ""
##  9 ""
## 10 "우리나라 대통령 이 되겠습니다"
## # ... with 107 more rows
```

tibble 구조로 변환한 moon을 출력하면 한 행에 한 단락이 들어 있고, 긴 문장은 Console 창
에서 보기 편할 만큼 일부만 출력됩니다. A tibble: 117 x 1을 보면 moon이 117개의 행과
1개의 열로 구성됨을 알 수 있습니다. 그 아래를 보면 문장이 들어 있는 변수명은 value이
며 자료형은 <chr>(문자)임을 알 수 있습니다.

🌚 원자료의 문장에 줄바꿈이 있기 때문에 출력 결과를 보면 문자가 없는 빈 행이 있습니다. 빈 행은 단어를 추출하는 과정에서
제거하겠습니다.

전처리 작업 한 번에 하기

%>%를 이용해 함수를 연결하면 텍스트에서 한글만 남겨 연속된 공백을 제거하고 tibble 구
조로 변환하는 작업을 한 번에 할 수 있습니다.

```
moon <- raw_moon %>%
  str_replace_all("[^가-힣]", " ") %>%   # 한글만 남기기
  str_squish() %>%                        # 연속된 공백 제거
  as_tibble()                             # tibble로 변환
```

tibble과 data frame

tibble은 data frame을 다루기 편하게 개선한 자료 구조입니다. data frame은 Console
창에 모든 데이터를 출력하지만 tibble은 Console 창 크기에 맞게 일부만 출력하기 때
문에 구조를 파악하기 편합니다. 또한 tibble은 데이터의 행과 열의 개수와 변수의 속성
도 알려줍니다.

iris는 R에 내장된 data frame 구조의 데이터셋입니다. RStudio Console 창 크기를 작게 조정한 다
음 iris를 tibble로 변환해 출력하면 data frame과 어떤 차이가 있는지 알 수 있습니다.

```
iris    # data frame 출력

##    Sepal.Length Sepal.Width Petal.Length Petal.Width
## 1           5.1         3.5          1.4         0.2
## 2           4.9         3.0          1.4         0.2
## 3           4.7         3.2          1.3         0.2
## 4           4.6         3.1          1.5         0.2
## 5           5.0         3.6          1.4         0.2
## 6           5.4         3.9          1.7         0.4
## 7           4.6         3.4          1.4         0.3
## 8           5.0         3.4          1.5         0.2
(... 생략 ...)
```

```
as_tibble(iris)    # tibble 구조로 변환

## # A tibble: 150 x 5  ──────────────── 행과 열의 개수
##    Sepal.Length Sepal.Width Petal.Length Petal.Width
##           <dbl>       <dbl>        <dbl>       <dbl>  ──── 변수의 속성
## 1          5.1         3.5          1.4         0.2
## 2          4.9         3            1.4         0.2
## 3          4.7         3.2          1.3         0.2
## 4          4.6         3.1          1.5         0.2
## 5          5           3.6          1.4         0.2
## 6          5.4         3.9          1.7         0.4
## 7          4.6         3.4          1.4         0.3
## 8          5           3.4          1.5         0.2
## 9          4.4         2.9          1.4         0.2
## 10         4.9         3.1          1.5         0.1
## # ... with 140 more rows, and 1 more variable:    ──── 창이 작아 출력되지 않은
## #   Species <fct>                                       행과 열의 정보
```

01-2
토큰화하기

텍스트는 단락, 문장, 단어, 형태소 등 다양한 단위로 나눌 수 있습니다. 이런 텍스트의 기본 단위를 토큰(token)이라고 합니다. 기본적인 전처리 작업이 끝나면 텍스트를 분석 목적에 따라 토큰으로 나누는 작업을 하게 되는데, 이를 토큰화(tokenization)라고 합니다.

🖮 Do it! 실습 토큰화하기 — unnest_tokens()

tidytext는 텍스트를 정돈된 데이터(tidy data) 형태를 유지하며 분석할 수 있게 도와주는 패키지입니다. tidytext 패키지를 이용하면 dplyr, ggplot2 패키지를 함께 활용하며 편리하게 텍스트를 분석할 수 있습니다.

tidytext 패키지의 unnest_tokens()를 이용하면 텍스트를 토큰화할 수 있습니다. 우선 샘플 텍스트를 토큰화해 작동 원리를 알아본 다음 연설문을 토큰화하겠습니다.

샘플 텍스트로 작동 원리 알아보기

먼저 dplyr 패키지의 tibble()을 이용해 tibble 구조의 데이터를 만들겠습니다.

```
text <- tibble(value = "대한민국은 민주공화국이다. 대한민국의 주권은 국민에게 있고,
모든 권력은 국민으로부터 나온다.")
text

## # A tibble: 1 x 1
##   value
##   <chr>
## 1 대한민국은 민주공화국이다. 대한민국의 주권은 국민에게 있고, 모든 권력은 국민으로부터 나온다.~
```

unnest_tokens()를 이용해 텍스트를 토큰화하겠습니다. unnest_tokens()에는 다음과 같은 파라미터를 입력합니다.

- input: 토큰화할 텍스트

- output: 토큰을 담을 변수명

- token: 텍스트를 나누는 기준. 문장 기준으로 나누려면 "sentences", 띄어쓰기 기준으로 나누려면 "words", 글자 기준으로 나누려면 "characters"를 입력합니다.

샘플을 텍스트에 적용한 결과를 보면 텍스트가 token에 입력한 기준으로 나뉘어 각 행으로 구성되었음을 알 수 있습니다.

```r
install.packages("tidytext")
library(tidytext)

# 문장 기준 토큰화
text %>%
  unnest_tokens(input = value,        # 토큰화할 텍스트
                output = word,        # 출력 변수명
                token = "sentences")  # 문장 기준

## # A tibble: 2 x 1
##    word
##    <chr>
## 1 대한민국은 민주공화국이다.
## 2 대한민국의 주권은 국민에게 있고, 모든 권력은 국민으로부터 나온다.
```

```r
# 띄어쓰기 기준 토큰화
text %>%
  unnest_tokens(input = value,
                output = word,
                token = "words")      # 띄어쓰기 기준

## # A tibble: 10 x 1
##    word
##    <chr>
## 1 대한민국은
## 2 민주공화국이다
```

```
##  3 대한민국의
##  4 주권은
##  5 국민에게
##  6 있고
##  7 모든
##  8 권력은
##  9 국민으로부터
## 10 나온다
```

```
# 문자 기준 토큰화
text %>%
  unnest_tokens(input = value,
                output = word,
                token = "characters")    # 문자 기준

## # A tibble: 40 x 1
##    word
##    <chr>
##  1 대
##  2 한
##  3 민
##  4 국
##  5 은
##  6 민
##  7 주
##  8 공
##  9 화
## 10 국
## # ... with 30 more rows
```

🐢 unnest_tokens()에는 tibble이나 data frame 구조의 변수를 입력해야 하니 주의하세요. 데이터를 tibble 구조로 변환하려면 as_tibble()을 이용하면 됩니다.

연설문 토큰화하기

unnest_tokens() 사용법을 익혔으니 이제 연설문에 적용하겠습니다. 어떤 단어가 자주 사용되었는지 알아보는 게 분석 목적이므로 연설문을 띄어쓰기 기준으로 토큰화하겠습니다.

```
word_space <- moon %>%
  unnest_tokens(input = value,
                output = word,
                token = "words")

word_space

## # A tibble: 2,025 x 1
##    word
##    <chr>
##  1 정권교체
##  2 하겠습니다
##  3 정치교체
##  4 하겠습니다
##  5 시대교체
##  6 하겠습니다
##  7 불비불명
##  8 이라는
##  9 고사가
## 10 있습니다
## # ... with 2,015 more rows
```

01-3
단어 빈도 분석하기

단어가 텍스트에 몇 번 사용되었는지 알아보는 분석 방법을 **단어 빈도 분석**(word frequency analysis)이라고 합니다. 자주 사용된 단어를 보면 글쓴이가 무엇을 강조했는지 알 수 있기 때문에 텍스트를 분석할 때 가장 먼저 단어 빈도를 구하게 됩니다. 연설문을 이용해 단어 빈도를 구하는 방법을 알아보겠습니다.

⌨ Do it! 실습   단어 빈도 구하기 — count()

연설문에 어떤 단어가 자주 사용되었는지 알아보겠습니다. `dplyr` 패키지의 `count()`를 이용하면 단어의 빈도를 구할 수 있습니다. `count()`에 `sort = T`를 입력하면 빈도가 높은 순으로 단어를 정렬합니다.

```
word_space <- word_space %>%
  count(word, sort = T)

word_space

## # A tibble: 1,440 x 2
##    word            n
##    <chr>       <int>
##  1 합니다         27
##  2 수             16
##  3 있습니다       13
##  4 저는           13
##  5 등             12
##  6 있는           12
##  7 함께           12
##  8 만들겠습니다   11
##  9 일자리         10
## 10 국민의          9
## # ... with 1,430 more rows
```

출력 결과를 보면 연설문에 어떤 단어가 얼마나 자주 사용되었는지 알 수 있습니다. "합니다"가 27번으로 가장 많이 사용되었고, 그 뒤로는 "수", "있습니다"가 많이 사용되었습니다. 또한 A tibble: 1,440 x 2를 보면 연설문이 총 1,440개의 단어로 구성된다는 것을 알 수 있습니다.

🐢 텍스트를 띄어쓰기 기준으로 토큰화했기 때문에 출력한 단어가 대부분 '합니다', '있습니다'와 같은 서술어입니다. 텍스트의 의미를 파악하려면 띄어쓰기가 아니라 의미를 결정하는 단위로 토큰화해야 합니다. 이 방법은 뒤에서 자세히 다룹니다.

⌨️ Do it! 실습   한 글자로 된 단어 제거하기

word_space 출력 결과를 보면 "수", "등" 처럼 한 글자로 된 단이가 많습니다. 한 글자로 된 단어는 어떤 의미로 사용되었는지 알기 어렵기 때문에 분석 대상에서 제외하는 게 좋습니다.

한 글자로 된 단어 제거하기 — filter(str_count())
stringr 패키지의 str_count()는 문자열의 글자 수를 구하는 기능을 합니다.

```
str_count("배")

## [1] 1

str_count("사과")

## [1] 2
```

str_count()로 단어의 글자 수를 구한 다음 filter()를 이용해 1보다 큰 행을 추출하면 한 글자로 된 단어를 제거할 수 있습니다. 다음 코드를 실행하면 한 글자로 된 단어가 제거되어 1,384개 단어가 남았음을 확인할 수 있습니다.

```
# 두 글자 이상만 남기기
word_space <- word_space %>%
  filter(str_count(word) > 1)

word_space
```

```
## # A tibble: 1,384 x 2
##    word          n
##    <chr>     <int>
##  1 합니다       27
##  2 있습니다     13
##  3 저는         13
##  4 있는         12
##  5 함께         12
##  6 만들겠습니다 11
##  7 일자리       10
##  8 국민의        9
##  9 우리          9
## 10 우리나라      9
## # ... with 1,374 more rows
```

한 번에 작업하기

%>%를 이용해 count()와 filter()를 연결하면, 단어 빈도를 구해 내림차순으로 정렬하고 두 글자 이상의 단어만 남기는 코드를 간략하게 작성할 수 있습니다.

```
word_space <- word_space %>%
  count(word, sort = T) %>%
  filter(str_count(word) > 1)
```

Do it! 실습 자주 사용된 단어 추출하기

단어의 빈도를 구했으니 이제 자주 사용된 단어를 추출해 텍스트의 핵심 주제를 파악해 보 겠습니다.

빈도가 높은 단어 추출하기 — head()

1,384개 단어로 구성된 word_space에서 빈도가 높은 상위 20개 단어를 추출하겠습니다. word_space는 빈도가 높은 순으로 정렬되어 있으므로 head()를 이용해 상위 20개 단어를 추출하면 됩니다.

```
top20 <- word_space %>%
  head(20)
```

```
top20

## # A tibble: 20 x 2
##    word             n
##    <chr>        <int>
##  1 합니다          27
##  2 있습니다        13
##  3 저는            13
##  4 있는            12
##  5 함께            12
##  6 만들겠습니다    11
##  7 일자리          10
##  8 국민의           9
##  9 우리             9
## 10 우리나라         9
## # ... with 10 more rows
```

⌨ Do it! 실습   막대 그래프 만들기

어떤 단어가 얼마나 많이 사용되었는지 쉽게 파악할 수 있게 막대 그래프를 만들겠습니다.

막대 그래프 만들기 — geom_col()

ggplot2 패키지의 geom_col()을 이용하면 막대 그래프를 만들 수 있습니다. top20을 이용해 막대 그래프를 만들겠습니다. 출력한 그래프를 보면 연설문에 어떤 단어가 얼마나 많이 사용되었는지 알 수 있습니다.

```r
install.packages("ggplot2")
library(ggplot2)

ggplot(top20, aes(x = reorder(word, n), y = n)) +   # 단어 빈도순 정렬
  geom_col() +
  coord_flip()                                        # 회전
```

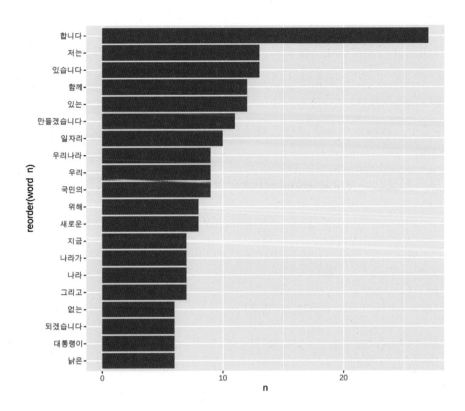

macOS에서 그래프에 한글 표현하기

다음 코드를 실행해 `ggplot2` 패키지의 기본 테마 폰트를 한글 지원 폰트로 변경한 다음
그래프를 만들어 보세요.

```
theme_set(theme_gray(base_family = "AppleGothic"))
```

`ggplot()`에 `theme_minimal()` 등 테마를 바꾸는 함수를 사용하면 변경한 폰트가 적용되지 않습니다.
그럴 때는 `theme()`을 이용해 폰트를 직접 지정하면 됩니다. 40쪽을 참고하세요.

그래프 다듬기

ggplot2 패키지 함수를 이용해 그래프를 보기 좋게 수정하겠습니다.

- `geom_text()`: 텍스트 표시. 막대에 단어 빈도를 표시합니다. `hjust`는 텍스트의 수평 위치를 조절하는 기능을 합니다.
- `labs()`: 제목 설정. `title`을 이용해 그래프 제목을 추가합니다. x, y축 이름은 `NULL`을 입력해 삭제합니다.
- `theme()`: 그래프 디자인 설정. `element_text()`을 이용해 그래프 제목을 단어보다 크게 설정합니다.

```r
ggplot(top20, aes(x = reorder(word, n), y = n)) +
  geom_col() +
  coord_flip() +
  geom_text(aes(label = n), hjust = -0.3) +        # 막대 밖 빈도 표시

  labs(title = "문재인 대통령 출마 연설문 단어 빈도",    # 그래프 제목
       x = NULL, y = NULL) +                         # 축 이름 삭제

  theme(plot.title = element_text(size = 12))        # 제목 크기
```

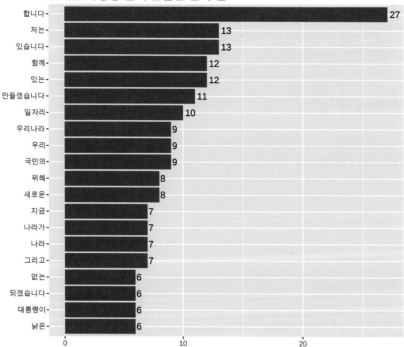

⌨️ **Do it! 실습** 워드 클라우드 만들기

워드 클라우드(word cloud)는 단어 빈도를 구름 모양으로 표현한 그래프입니다. 워드 클라우드를 만들면 빈도에 따라 글자 크기와 색이 다르게 표현되어 어떤 단어가 얼마나 많이 사용되었는지 한눈에 파악하기 좋습니다.

워드 클라우드 만들기 — `geom_text_wordcloud()`

ggwordcloud 패키지의 `geom_text_wordcloud()`를 이용하면 워드 클라우드를 만들 수 있습니다. 연설문의 단어 빈도를 담고 있는 `word_space`를 이용해 워드 클라우드를 만들겠습니다.

`geom_text_wordcloud()`는 난수를 이용하므로 그래프를 만들 때마다 모양이 바뀝니다. `seed = 1234`를 입력해 난수를 고정하면 항상 같은 결과물을 만듭니다.

`scale_radius()`는 그래프에 표현할 값의 범위를 설정하는 `ggplot2` 패키지 함수입니다. `scale_radius()`를 이용해 빈도가 3 이상인 단어만 표현하고 글자 크기의 범위를 3~30으로 설정합니다. 이렇게 하면 빈도가 높은 단어를 강조할 수 있습니다.

🐢 난수를 사용하는 함수의 출력 결과는 사용하는 패키지 버전과 OS 환경에 따라 다를 수 있습니다.

```
install.packages("ggwordcloud")
library(ggwordcloud)

ggplot(word_space, aes(label = word, size = n)) +
  geom_text_wordcloud(seed = 1234) +
  scale_radius(limits = c(3, NA),      # 최소, 최대 단어 빈도
               range = c(3, 30))        # 최소, 최대 글자 크기
```

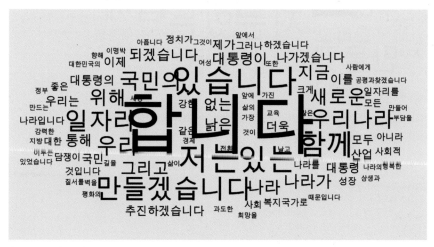

🐢 RStudio의 Plots 창 크기에 따라 그래프 모양이 달라집니다. Plots 창을 크게 조정한 다음 그래프를 다시 만들어 보세요.

그래프 다듬기

ggplot2 패키지 함수를 이용해 그래프를 보기 좋게 수정하겠습니다.

- scale_color_gradient(): 단어의 색깔을 빈도에 따라 그라데이션으로 표현합니다. low에는 빈도가 최소일 때, high에는 빈도가 최대일 때 색깔을 입력합니다. #으로 시작하는 문자는 색상 코드(hex color code)입니다.

- theme_minimal(): 배경이 없는 테마를 적용합니다. 이 외에도 theme_bw(), theme_dark() 등 다양한 테마를 적용할 수 있습니다.

```
ggplot(word_space,
       aes(label = word,
           size = n,
           col = n)) +                        # 빈도에 따라 색깔 표현
  geom_text_wordcloud(seed = 1234) +
  scale_radius(limits = c(3, NA),
               range = c(3, 30)) +
  scale_color_gradient(low = "#66aaf2",       # 최소 빈도 색깔
                       high = "#004EA1") +     # 최고 빈도 색깔
  theme_minimal()                             # 배경 없는 테마 적용
```

🐢 ggwordcloud 패키지를 이용해 워드 클라우드의 디자인을 다양하게 바꿀 수 있습니다. 다음 글을 참고하세요.
- ggwordcloud 패키지: lepennec.github.io/ggwordcloud

워드 클라우드는 좋은 그래프인가?

워드 클라우드는 디자인이 아름다워서 자주 사용되지만 분석 결과를 정확하게 표현하는 데는 적합하지 않습니다. 단어 빈도를 크기와 색으로 표현하므로 '어떤 단어가 몇 번 사용되었는지' 정확히 알 수 없고, 단어 배치가 산만해서 '어떤 단어가 다른 단어보다 얼마나 더 많이 사용되었는지' 비교하기도 어렵기 때문입니다. 텍스트를 아름답게 표현하는 게 아니라 분석 결과를 정확하게 표현하는 목적이라면 워드 클라우드보다는 막대 그래프를 이용하는 게 좋습니다.

Do it! 실습 그래프 폰트 바꾸기

그래프의 폰트를 한글 지원 폰트로 바꾸면 한글을 아름답게 표현할 수 있습니다. 그래프의 폰트를 바꾸는 방법을 알아보겠습니다.

1. 구글 폰트 불러오기 — font_add_google()

showtext 패키지의 font_add_google()을 이용해 구글 폰트에서 사용할 폰트를 불러온 다음 showtext_auto()를 실행해 폰트를 RStudio에 활용하도록 설정합니다. 다음 코드를 실행하면 구글 폰트에서 나눔고딕 폰트를 불러와 "nanumgothic"이라는 이름으로 저장하고 RStudio에서 활용하도록 설정합니다.

```
install.packages("showtext")
library(showtext)

font_add_google(name = "Nanum Gothic", family = "nanumgothic")
showtext_auto()
```

🌱 fonts.google.com의 폰트는 모두 R로 불러올 수 있습니다.

2. 그래프에 폰트 지정하기

35쪽에서 만든 워드 클라우드의 폰트를 나눔고딕으로 바꾸겠습니다. `geom_text_` `wordcloud()`의 `family`에 폰트 이름 `"nanumgothic"`을 입력하면 됩니다.

```
ggplot(word_space,
       aes(label = word,
           size = n,
           col = n)) +
  geom_text_wordcloud(seed = 1234,
                      family = "nanumgothic") +   # 폰트 적용
  scale_radius(limits = c(3, NA),
               range = c(3, 30)) +
  scale_color_gradient(low = "#66aaf2",
                       high = "#004EA1") +
  theme_minimal()
```

이번에는 폰트를 '검은 고딕'으로 바꾸겠습니다.

```
font_add_google(name = "Black Han Sans", family = "blackhansans")
showtext_auto()

ggplot(word_space, aes(label = word,
                       size = n,
                       col = n)) +
  geom_text_wordcloud(seed = 1234,
                      family = "blackhansans") +   # 폰트 적용
  scale_radius(limits = c(3, NA),
               range = c(3, 30)) +
  scale_color_gradient(low = "#66aaf2",
                       high = "#004EA1") +
  theme_minimal()
```

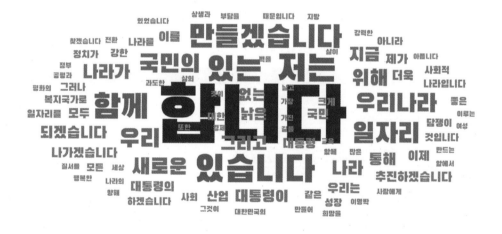

3. ggplot2 패키지로 만든 그래프의 폰트 바꾸기

ggplot2 패키지로 만든 그래프의 폰트는 theme()을 이용해 바꿀 수 있습니다. 33쪽에서 만든 막대 그래프에 '감자꽃마을' 폰트를 적용하겠습니다.

```
font_add_google(name = "Gamja Flower", family = "gamjaflower")
showtext_auto()

ggplot(top20, aes(x = reorder(word, n), y = n)) +
  geom_col() +
  coord_flip() +
  geom_text(aes(label = n), hjust = -0.3) +

  labs(title = "문재인 대통령 출마 선언문 단어 빈도",
       x = NULL, y = NULL) +

  theme(plot.title = element_text(size = 12),
        text = element_text(family = "gamjaflower"))   # 폰트 적용
```

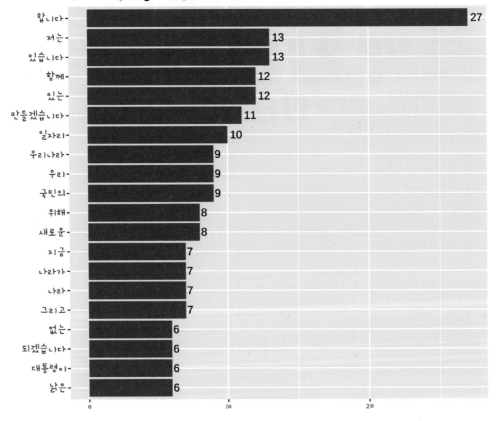

알아 두면 좋아요!

RStudio를 실행할 때마다 폰트를 설정해야 합니다

RStudio를 종료하면 폰트 설정이 사라지기 때문에 RStudio를 새로 시작할 때마다 `showtext` 패키지를 이용해 구글 폰트를 불러와 설정해야 합니다. 2장부터는 그래프를 만들 때 나눔고딕 폰트를 사용합니다. 그래프를 만들기 전에 항상 폰트를 먼저 설정해 주세요.

알아 두면 좋아요!

ggplot2 기본 테마 폰트 바꾸기

ggplot2 패키지로 그래프를 만들 때 매번 `theme()`을 이용해 폰트를 지정하는 게 번거롭다면 다음 코드를 실행해 ggplot2 패키지의 기본 테마 폰트를 바꾸세요.

```
theme_set(theme_gray(base_family = "nanumgothic"))
```

ggplot2 기본 테마 폰트를 바꾸더라도 `theme_minimal()`, `theme_bw()`와 같이 테마를 바꾸는 함수를 사용하면 폰트가 기본값으로 되돌아갑니다. 이때는 `theme()`을 이용해 폰트를 직접 지정해야 합니다.

알아 두면 좋아요!

난수를 사용하는 함수의 출력 결과는 실행 환경에 따라 다를 수 있습니다.

어떤 함수는 무작위 숫자인 난수를 사용해서 출력 결과를 만듭니다. 난수를 만드는 방법이 R 버전, 패키지 버전, OS에 따라 다르기 때문에 같은 코드라도 실행 환경에 따라 출력 결과가 다를 수 있습니다. 만약 코드를 실행한 출력 결과가 책과 다르다면 자신의 출력 결과에 따라 분석을 진행하세요. 이 책에서 다루는 함수 중에서는 `geom_text_wordcloud()`, `ggraph()`, `as_tbl_graph()`, `slice_sample()` 등이 난수를 사용합니다.

정리하기

```r
# 전처리
moon <- raw_moon %>%
  str_replace_all("[^가-힣]", " ") %>%
  str_squish() %>%
  as_tibble()

# 토큰화
word_space <- moon %>%
  unnest_tokens(input = value,
                output = word,
                token = "words")

# 단어 빈도 구하기
word_space <- word_space %>%
  count(word, sort = T) %>%
  filter(str_count(word) > 1)

# 자주 사용된 단어 추출
top20 <- word_space %>%
  head(20)
```

분석 도전!

speech_park.txt에는 박근혜 전 대통령의 대선 출마 선언문이 들어있습니다.
speech_park.txt를 이용해 문제를 해결해 보세요.

Q1 speech_park.txt를 불러와 분석에 적합하게 전처리한 다음 띄어쓰기 기준으로 토큰화하세요.

Q2 가장 자주 사용된 단어 20개를 추출하세요.

Q3 가장 자주 사용된 단어 20개의 빈도를 나타낸 막대 그래프를 만드세요. 그래프의 폰트는 나눔고딕으로
설정하세요

정답: github.com/youngwoos/Doit_textmining

02

형태소 분석기를 이용한 단어 빈도 분석

1장에서는 텍스트를 띄어쓰기 기준으로 토큰화하여 분석했습니다. 그런데 띄어쓰기 기준으로 토큰화하면 '합니다', '있습니다' 같은 서술어가 가장 많이 추출되어서 빈도 분석을 해도 텍스트가 무엇을 강조하는지 알기 어렵습니다. 토큰화는 띄어쓰기가 아닌 의미 단위 기준으로 하는 게 좋습니다. 이 장에서는 텍스트를 의미 단위로 토큰화해 분석하는 방법을 알아봅니다.

02-1
형태소 분석

의미를 지닌 가장 작은 말의 단위를 형태소(morpheme)라 합니다. 형태소는 더 나누면 뜻이 없는 문자가 됩니다. 문장에서 형태소를 추출해 명사, 동사, 형용사 등 품사로 분류하는 작업을 **형태소 분석**(morphological analysis)이라고 합니다.

일반적으로 한글을 토큰화할 때는 띄어쓰기가 아닌 형태소를 기준으로 합니다. 특히, 형태소 중에도 명사를 보면 텍스트가 무엇에 관한 내용인지 파악할 수 있기 때문에 텍스트에서 명사만 추출해 분석할 때가 많습니다.

⌨ **Do it!** 실습 형태소 분석 패키지 설치하기

KoNLP 패키지를 이용하면 한글 텍스트의 형태소를 분석할 수 있습니다. KoNLP 패키지를 설치하겠습니다.

1. 자바 설치하기

KoNLP 패키지는 '자바'가 설치되어 있어야 사용할 수 있습니다. Amazon Corretto를 이용하면 자바를 손쉽게 설치할 수 있습니다. 다음 페이지에 접속해 운영체제에 맞는 설치 파일을 다운로드하여 설치합니다.

> Amazon Corretto 11 다운로드 페이지 https://bit.ly/download_corretto

🦔 '자바'는 프로그래밍 언어의 이름입니다.

웹페이지의 '플랫폼'을 보면 운영체제 이름과 비트(x64 또는 x86)가 표시되어 있습니다. 윈도우 사용자는 msi, 맥 사용자는 pkg 파일을 다운로드하면 됩니다. 설치할 때는 설정을 변경하지 말고 [Next]와 [Install] 버튼을 클릭해 실치하세요.

🦔 사용하는 운영체제를 알아보려면 R에서 `sessionInfo()`를 실행해 `Platform` 부분을 확인하면 됩니다. 비트(bit)는 맨 마지막 괄호에 표시됩니다.

2. KoNLP 의존성 패키지 설치하기

어떤 패키지는 다른 패키지의 기능을 이용하기 때문에 다른 패키지를 함께 설치해야만 작동합니다. 이처럼 패키지가 의존하고 있는 패키지를 '의존성 패키지'라고 합니다. KoNLP 패키지를 사용하려면 의존성 패키지들을 먼저 설치해야 합니다.

```
install.packages(c("stringr", "hash", "tau", "Sejong", "RSQLite",
                   "devtools"), type = "binary")
```

🐢 설치 코드를 입력하기 번거로우면 다음 글의 코드를 복사하여 실행하세요.
  • KoNLP 패키지 설치하기: bit.ly/install_konlp

3. KoNLP 패키지 설치하기

remotes 패키지의 install_github()를 이용해 깃허브(github)에 있는 KoNLP 패키지를 설치합니다.

```
install.packages("remotes")
remotes::install_github("haven-jeon/KoNLP",
                        upgrade = "never",
                        INSTALL_opts = c("--no-multiarch"))
```

🐢 KoNLP 패키지가 이미 설치되어 있으면 ...has not changed since last install 이라는 메시지가 출력됩니다. 이때는 install_github()에 force = T를 입력하면 패키지를 강제로 다시 설치합니다.

4. scala-library-2.11.8.jar 파일 다운로드하기

다음 코드를 실행해 scala-library-2.11.8.jar 파일을 다운로드해서 KoNLP 패키지 설치 폴더 안에 삽입합니다.

```
download.file(
  url = "https://github.com/youngwoos/Doit_R/raw/master/Data/scala-library-2.11.8.jar",
  destfile = paste0(.libPaths()[1], "/KoNLP/Java/scala-library-2.11.8.jar"))
```

5. 형태소 사전 설정하기

KoNLP 패키지가 사용하는 'NIA 사전'은 120만여 개 단어로 구성되어 있습니다. 형태소 분석을 할 때 NIA 사전을 사용하도록 useNIADic()을 실행합니다.

```
library(KoNLP)
useNIADic()
```

🖥 useNIADic()은 KoNLP 패키지 설치 후 한 번만 실행하면 됩니다. NIA 사전은 한국정보화진흥원에서 개발하여 공개하였습니다.
  • K-ICT 빅데이터센터 형태소사전 소개: bit.ly/easytext_21

[키보드 아이콘] Do it! 실습 형태소 분석기를 이용해 토큰화하기

텍스트를 형태소 분석기로 토큰화해 명사를 추출하는 방법을 알아보겠습니다. 명사를 보면
텍스트가 무엇에 관한 내용인지 파악할 수 있기 때문에 텍스트에서 명사를 추출해 빈도를
분석할 때가 많습니다.

명사 추출하기 — extractNoun()

KoNLP 패키지의 extractNoun()은 텍스트의 형태소를 분석해 명사를 추출하는 함수입니다.
샘플 텍스트에 extractNoun()을 적용한 결과를 보면 각 문장에서 추출한 명사를 list 구조
로 출력했음을 알 수 있습니다.

```
library(dplyr)
text <- tibble(
  value = c("대한민국은 민주공화국이다.",
            "대한민국의 주권은 국민에게 있고, 모든 권력은 국민으로부터 나온다."))
text

## # A tibble: 2 x 1
##   value
##   <chr>
## 1 대한민국은 민주공화국이다.
## 2 대한민국의 주권은 국민에게 있고, 모든 권력은 국민으로부터 나온다.~
```

```
extractNoun(text$value)
```

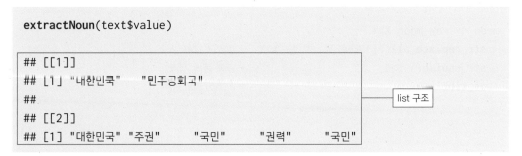

```
## [[1]]
## [1] "대한민국"      "민주공회국"
##
## [[2]]
## [1] "대한민국" "주권"       "국민"        "권력"        "국민"
```

list 구조

🖥 extractNoun()은 처음 실행하면 시간이 오래 걸리지만 두 번째 실행부터는 빠르게 작동합니다.

unnest_tokens()를 이용해 명사 추출하기

unnest_tokens()의 token에 extractNoun을 입력하면 다루기 쉬운 tibble 구조로 명사를 출력합니다.

```
library(tidytext)
text %>%
  unnest_tokens(input = value,          # 분석 대상
                output = word,          # 출력 변수명
                token = extractNoun)    # 토큰화 함수
## # A tibble: 7 x 1
##    word
##    <chr>
## 1 대한민국
## 2 민주공화국
## 3 대한민국
## 4 주권
## 5 국민
## 6 권력
## 7 국민
```

🐢 token에 입력한 extractNoun은 문자열이 아니라 함수명이므로 앞뒤에 따옴표를 입력하지 않습니다.

연설문에서 명사 추출하기

형태소 분석기를 이용해 토큰화하는 방법을 익혔으니 문재인 대통령 연설문에 적용해 보겠습니다. 우선 연설문을 불러와 기본적인 전처리를 한 다음 명사 기준으로 토큰화하겠습니

```
# 문재인 대통령 연설문 불러오기
raw_moon <- readLines("speech_moon.txt")

# 기본적인 전처리
library(stringr)

moon <- raw_moon %>%
  str_replace_all("[^가-힣]", " ") %>%   # 한글만 남기기
  str_squish() %>%                       # 중복 공백 제거
  as_tibble()                            # tibble로 변환
```

```
# 명사 기준 토큰화
word_noun <- moon %>%
  unnest_tokens(input = value,
                output = word,
                token = extractNoun)
word_noun

## # A tibble: 1,757 x 1
##    word
##    <chr>
##  1 "정권교체"
##  2 "하겠습니"
##  3 "정치"
##  4 "교체"
##  5 "하겠습니"
##  6 "시대"
##  7 "교체"
##  8 "하겠습니"
##  9 ""
## 10 "불비불명"
## # ... with 1,747 more rows
```

02-2
명사 빈도 분석하기

연설문에서 명사를 추출했으니 이제 빈도를 구할 차례입니다. 1장과 마찬가지로 두 글자 이상 단어만 추출해 빈도를 구하겠습니다.

Do it! 실습 · 단어 빈도 구하기

다음 코드의 출력 결과를 보면 연설문에 어떤 단어가 얼마나 자주 사용되었는지 알 수 있습니다. 명사 기준으로 토큰화했기 때문에 띄어쓰기 기준으로 토큰화한 1장의 분석 결과와 달리 글쓴이가 무엇을 강조했는지 알 수 있습니다. # A tibble: 704 x 2를 보면 연설문이 704개의 명사로 구성되어 있음을 알 수 있습니다.

```
word_noun <- word_noun %>%
  count(word, sort = T) %>%      # 단어 빈도 구해 내림차순 정렬
  filter(str_count(word) > 1)   # 두 글자 이상만 남기기

word_noun

## # A tibble: 704 x 2
##    word       n
##    <chr>  <int>
##  1 국민      21
##  2 일자리    21
##  3 나라      19
##  4 우리      17
##  5 경제      15
##  6 사회      14
##  7 성장      13
##  8 대통령    12
##  9 정치      12
## 10 하게      12
## # ... with 694 more rows
```

![keyboard icon] **Do it! 실습** 막대 그래프 만들기

어떤 단어가 자주 사용되었는지 쉽게 알아볼 수 있도록 빈도가 높은 상위 20개 단어를 추출
해 막대 그래프를 만들겠습니다.

```r
# 상위 20개 단어 추출
top20 <- word_noun %>%
  head(20)

# 막대 그래프 만들기
library(ggplot2)
ggplot(top20, aes(x = reorder(word, n), y = n)) +
  geom_col() +
  coord_flip() +
  geom_text(aes(label = n), hjust = -0.3) +
  labs(x = NULL) +
  theme(text = element_text(family = "nanumgothic"))
```

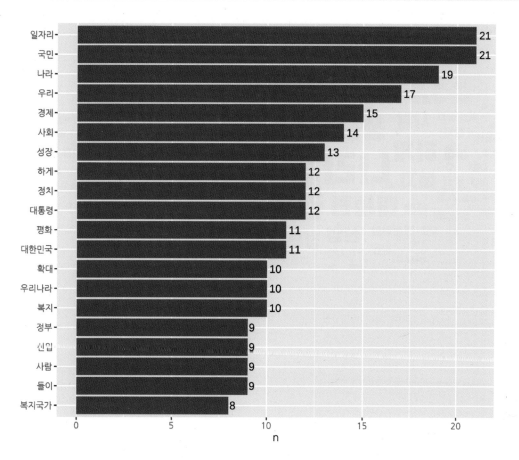

이번에는 워드 클라우드를 만들어 보겠습니다. 출력한 워드 클라우드를 보면 명사로 되어 있기 때문에 1장에서 만든 워드 클라우드보다 연설문이 어떤 내용을 다루고 있는지 이해하기 쉽습니다.

```r
# 폰트 설정
library(showtext)
font_add_google(name = "Black Han Sans", family = "blackhansans")
showtext_auto()


library(ggwordcloud)
ggplot(word_noun, aes(label = word, size = n, col = n)) +
  geom_text_wordcloud(seed = 1234, family = "blackhansans") +
  scale_radius(limits = c(3, NA),
               range = c(3, 15)) +
  scale_color_gradient(low = "#66aaf2", high = "#004EA1") +
  theme_minimal()
```

02-3
특정 단어가 사용된 문장 살펴보기

자주 사용된 단어가 무엇인지 알았으니, 이제 단어가 사용된 문장을 직접 확인해 보겠습니다. 문장을 읽어보면 글쓴이가 어떤 의미로 단어를 사용했는지 이해할 수 있습니다.

📟 Do it! 실습 문장 기준으로 토큰화하기

전처리를 하지 않은 원문 raw_moon을 문장 기준으로 토큰화하겠습니다. 명사 기준으로 토큰화할 때는 unnest_tokens()의 token에 extractNoun을 입력했습니다. 문장 기준으로 토큰화하려면 token에 "sentences"를 입력하면 됩니다. 출력 결과를 보면 각 행이 문장으로 되어 있습니다.

```
sentences_moon <- raw_moon %>%
  str_squish() %>%
  as_tibble() %>%
  unnest_tokens(input = value,
                output = sentence,
                token = "sentences")

sentences_moon

## # A tibble: 205 x 1
##    sentence
##    <chr>
##  1 정권교체 하겠습니다!
##  2 정치교체 하겠습니다!
##  3 시대교체 하겠습니다!
##  4 '불비불명(不飛不鳴)'이라는 고사가 있습니다.
##  5 남쪽 언덕 나뭇가지에 앉아, 3년 동안 날지도 울지도 않는 새.~
##  6 그러나 그 새는 한번 날면 하늘 끝까지 날고, 한번 울면 천지를 뒤흔듭니다.~
##  7 그 동안 정치와 거리를 둬 왔습니다.
##  8 그러나 암울한 시대가 저를 정치로 불러냈습니다.~
```

```
## 9 더 이상 남쪽 나뭇가지에 머무를 수 없었습니다.~
## 10 이제 저는 국민과 함께 높이 날고 크게 울겠습니다.~
## # ... with 195 more rows
```

🐢 1장에서는 텍스트를 토큰화하기 전에 `str_replace_all("[^가-힣]", " ")`를 이용해 특수 문자를 제거하는 전처리를 했
지만 여기서는 하지 않습니다. 문장으로 토큰화할 때는 마침표가 문장의 기준점이 되므로 특수 문자를 제거하면 안 됩니다.

⌨ **Do it! 실습** 특정 단어가 사용된 문장 추출하기

문장 기준으로 토큰화했으니 이제 특정 단어가 사용된 문장을 추출하겠습니다.

특정 단어가 들어 있는지 확인하기 — str_detect()

`stringr` 패키지의 `str_detect()`를 이용하면 문장에 특정 단어가 들어 있는지 확인할 수
있습니다. `str_detect()`는 입력한 단어가 문장에 있으면 TRUE, 그렇지 않으면 FALSE를 반
환합니다.

```
str_detect("치킨은 맛있다", "치킨")

## [1] TRUE

str_detect("치킨은 맛있다", "피자")

## [1] FALSE
```

특정 단어가 사용된 문장 추출하기

`filter()`에 `str_detect()`를 적용하면 특정 단어가 사용된 문장을 추출할 수 있습니다. 앞
에서 "국민", "일자리"가 연설문에 가장 많이 사용된 단어임을 확인했으니 이 단어가 사용된
문장을 추출하겠습니다. 출력한 문장을 보면 단어가 어떤 의미로 사용되었는지 알 수 있습니다.

```
sentences_moon %>%
  filter(str_detect(sentence, "국민"))
```

```
## # A tibble: 19 x 1
##    sentence
##    <chr>
## 1 이제 저는 국민과 함께 높이 날고 크게 울겠습니다.~
## 2 오늘 저는 제18대 대통령선거 출마를 국민 앞에 엄숙히 선언합니다.~
## 3 존경하는 국민 여러분!
## 4 국민이 모두 아픕니다.
## 5 국민 한 사람 한 사람이 모두 아픕니다.
(... 생략 ...)
```

```
sentences_moon %>%
  filter(str_detect(sentence, "일자리"))
```

```
## # A tibble: 18 x 1
##    sentence
##    <chr>
## 1 빚 갚기 힘들어서, 아이 키우기 힘들어서, 일자리가 보이지 않아서 아픕니다.~
## 2 상생과 평화의 대한민국은 공평과 정의에 바탕을 두고, 성장의 과실을 함께 누리~
## 3 복지의 확대를 통해 보육, 교육, 의료, 요양 등 사회서비스 부문에 수많은 일~
## 4 결국 복지국가로 가는 길은 사람에 대한 투자, 일자리 창출, 자영업 고통 경감~
## 5 '일자리 정부'로 '일자리 혁명'을 이루겠습니다.~
(... 생략 ...)
```

🥣 tibble 구조는 텍스트가 길면 Console 창 크기에 맞춰 일부만 출력됩니다. 모든 내용을 출력하려면 코드에 `%>% data.frame()`를 추가해 데이터 프레임으로 변환하면 됩니다. 왼쪽 정렬로 출력하려면 `%>% print.data.frame(right = F)`를 추가하면 됩니다.

형태소 분석기의 성능은 한계가 있습니다

형태소 분석기를 사용하다 보면 분석 결과에 '하게'처럼 의미를 알 수 없는 단어가 들어 있을 때가 있습니다. 이는 형태소 사전에 '하게'라는 명사가 있어서 '당당하게', '절실하게' 같은 단어의 '하게'를 명사로 분류해 생긴 오류입니다. 이처럼 형태소 분석기의 성능에 한계가 있기 때문에 분석하면서 오류를 찾아 수정해야 합니다. 이 과정은 뒤에서 자세히 다룹니다.

📋 정리하기

1. 명사 추출하기

```
# 명사 기준 토큰화
word_noun <- moon %>%
  unnest_tokens(input = value,
                output = word,
                token = extractNoun)
```

2. 특정 단어가 사용된 문장 살펴보기

```
# 문장 기준 토큰화
sentences_moon <- raw_moon %>%
  unnest_tokens(input = value,
                output = sentence,
                token = "sentences")

# 특정 단어가 사용된 문장 추출
sentences_moon %>%
  filter(str_detect(sentence, "국민"))
```

📊 분석 도전!

박근혜 전 대통령의 대선 출마 선언문이 들어있는 `speech_park.txt`를 이용해 문제를 해결해 보세요.

Q1 `speech_park.txt`를 불러와 분석에 적합하게 전처리한 다음 연설문에서 명사를 추출하세요.

Q2 가장 자주 사용된 단어 20개를 추출하세요.

Q3 가장 자주 사용된 단어 20개의 빈도를 나타낸 막대 그래프를 만드세요.

Q4 전처리하지 않은 연설문에서 연속된 공백을 제거하고 tibble 구조로 변환한 다음 문장 기준으로 토큰화하세요.

Q5 연설문에서 **"경제"**가 사용된 문장을 출력하세요.

정답: github.com/youngwoos/Doit_textmining

비교 분석:
무엇이 다를까?

하나의 텍스트만 분석할 수도 있지만, 여러 텍스트를 비교해 차이를 알아보는 분석을 하기도 합니다. 이 장에서는 단어 빈도 분석을 응용해 여러 텍스트가 어떻게 다른지 비교하는 방법을 알아봅니다.

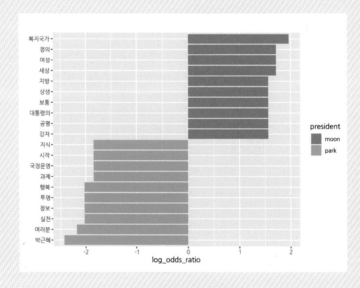

03-1

단어 빈도 비교하기

⌨ Do it! 실습   텍스트 합치기

텍스트를 비교하려면 우선 여러 개의 텍스트를 하나의 데이터셋으로 합쳐야 합니다. 문재인 대통령과 박근혜 전 대통령의 대선 출마 선언문을 불러와 하나로 합친 다음 텍스트를 비교 분석하는 방법을 알아보겠습니다.

데이터 불러오기

두 연설문 데이터를 불러와 tibble 구조로 변환한 다음 어떤 연설문인지 알 수 있게 대통령 이름을 부여하겠습니다.

```r
library(dplyr)

# 문재인 대통령 연설문 불러오기
raw_moon <- readLines("speech_moon.txt")
moon <- raw_moon %>%
  as_tibble() %>%
  mutate(president = "moon")

# 박근혜 대통령 연설문 불러오기
raw_park <- readLines("speech_park.txt")
park <- raw_park %>%
  as_tibble() %>%
  mutate(president = "park")
```

🐢 박근혜 전 대통령의 대선 출마 선언문 출처: bit.ly/easytext_31

데이터 합치기

bind_rows()를 이용해 두 데이터를 행(세로) 방향으로 결합한 다음, 출력 결과를 보기 편하게 select()로 변수 순서를 바꾸겠습니다. 코드의 출력 결과를 보면 bind_speeches의 윗부분은 문재인 대통령의 연설문, 아랫부분은 박근혜 전 대통령의 연설문으로 구성됩니다.

```
bind_speeches <- bind_rows(moon, park) %>%
  select(president, value)
```

head(bind_speeches) ── 윗 부분 출력

```
## # A tibble: 6 x 2
##    president value
##    <chr>    <chr>
## 1 moon      "정권교체 하겠습니다!"
## 2 moon      "   정치교체 하겠습니다!"
## 3 moon      "   시대교체 하겠습니다!"
## 4 moon      "   "
## 5 moon      "   '불비불명(不飛不鳴)'이라는 고사가 있습니다. 남쪽 언덕~
## 6 moon      ""
```

tail(bind_speeches) ── 아랫 부분 출력

```
## # A tibble: 6 x 2
##    president value
##    <chr>    <chr>
## 1 park      "국민들이 꿈으로만 가졌던 행복한 삶을 실제로 이룰 수 있도록~
## 2 park      ""
## 3 park      "감사합니다."
## 4 park      ""
## 5 park      "2012년 7월 10일"
## 6 park      "새누리당 예비후보 박근혜"
```

Do it! 실습   집단별 단어 빈도 구하기

결합한 데이터를 토큰화해 빈도를 구하고, 두 연설문에 어떤 단어가 자주 사용되었는지 비교해 보겠습니다.

1. 기본적인 전처리 및 토큰화

연설문에서 한글 이외의 문자와 연속된 공백을 제거하고 형태소 분석기를 이용해 명사 기준으로 토큰화하겠습니다.

1장과 2장에서는 문자열 벡터를 이용했기 때문에 str_replace_all()과 str_squish()를 변수에 바로 적용했습니다. 여기서는 tibble 구조의 bind_speeches에 들어 있는 value 변수를 변환해야 하므로 mutate()를 이용합니다.

```r
# 기본적인 전처리
library(stringr)
speeches <- bind_speeches %>%
  mutate(value = str_replace_all(value, "[^가-힣]", " "),
         value = str_squish(value))

speeches

## # A tibble: 213 x 2
##     president value
##     <chr>     <chr>
##  1 moon      "정권교체 하겠습니다"
##  2 moon      "정치교체 하겠습니다"
##  3 moon      "시대교체 하겠습니다"
##  4 moon      ""
##  5 moon      "불비불명 이라는 고사가 있습니다 남쪽 언덕 나뭇가지에 앉아~
##  6 moon      ""
##  7 moon      "그 동안 정치와 거리를 둬 왔습니다 그러나 암울한 시대가 ~
##  8 moon      ""
##  9 moon      ""
## 10 moon      "우리나라 대통령 이 되겠습니다"
## # ... with 203 more rows
```

```r
# 토큰화
library(tidytext)
library(KoNLP)

speeches <- speeches %>%
  unnest_tokens(input = value,
                output = word,
                token = extractNoun)
```

```
speeches

## # A tibble: 2,997 x 2
##    president word
##    <chr>     <chr>
## 1 moon      "정권교체"
## 2 moon      "하겠습니"
## 3 moon      "정치"
## 4 moon      "교체"
## 5 moon      "하겠습니"
(... 생략 ...)
```

2. 하위 집단별 단어 빈도 구하기 — count()

speeches의 president 변수는 "moon"과 "park"으로 구분되어 있습니다. 두 연설문에 각각 어떤 단어가 자주 사용되었는지 알아봐야 하므로 count()를 이용해 "moon"과 "park"에 포함된 단어 빈도를 따로 구해야 합니다.

• 샘플 텍스트로 작동 원리 알아보기

count()를 이용하면 하위 집단별 빈도를 구할 수 있습니다. count()에 집단을 구성하는 두 변수를 순서대로 입력하면 데이터를 첫 번째 변수의 항목별로 나눈 뒤, 다시 두 번째 변수의 항목별로 나누어 하위 집단별 빈도를 구합니다.

```
df <- tibble(class = c("a", "a", "a", "b", "b", "b"),
             sex = c("female", "male", "female", "male", "male", "female"))
```

```
df

## # A tibble: 6 x 2
##    class sex
##    <chr> <chr>
## 1 a     female
## 2 a     male
## 3 a     female
## 4 b     male
## 5 b     male
## 6 b     female
```

```
df %>% count(class, sex)

## # A tibble: 4 x 3
##    class sex          n
##    <chr> <chr>    <int>
## 1 a     female       2
## 2 a     male         1
## 3 b     female       1
## 4 b     male         2
```

• 두 연설문의 단어 빈도 구하기

count()를 이용해 "moon"과 "park"의 단어 빈도를 구한 다음 두 글자 이상의 단어만 남기겠습니다. 출력 결과를 보면 두 연설문에 어떤 단어가 몇 번씩 사용되었는지 알 수 있습니다.

```
frequency <- speeches %>%
  count(president, word) %>%    # 연설문 및 단어별 빈도
  filter(str_count(word) > 1)   # 두 글자 이상 추출

head(frequency)

## # A tibble: 6 x 3
##   president word          n
##   <chr>    <chr>     <int>
## 1 moon     가동          1
## 2 moon     가사          1
## 3 moon     가슴          2
## 4 moon     가족          1
## 5 moon     가족구조       1
## 6 moon     가지          4
```

🗨 count()는 입력 변수의 알파벳, 가나다순으로 행을 정렬합니다.

⌨ **Do it! 실습** 자주 사용된 단어 추출하기 — slice_max()

dplyr 패키지의 slice_max()를 이용하면 텍스트에 자주 사용된 단어를 간편하게 추출할 수 있습니다.

샘플 데이터로 작동 원리 알아보기

slice_max()는 값이 큰 상위 n개의 행을 추출해 내림차순으로 정렬하는 함수입니다. 샘플 데이터에 slice_max()를 적용한 결과를 보면, x가 가장 큰 3행이 내림차순으로 정렬되었습니다.

```
df <- tibble(x = c(1:100))
```

```
df

## # A tibble: 100 x 1
##         x
##     <int>
## 1      1
## 2      2
## 3      3
## 4      4
## 5      5
(... 생략 ...)
```

```
df %>% slice_max(x, n = 3)

## # A tibble: 3 x 1
##        x
##    <int>
## 1    100
## 2     99
## 3     98
```

🐢 값이 작은 하위 n개를 추출하려면 `slice_min()`을 사용하면 됩니다.

상위 n행을 추출해 내림차순 정렬하는 여러가지 방법

상위 n행을 추출해 내림차순으로 정렬하는 방법은 다음과 같이 다양합니다. 이 책에서는 가장 간편한 방법인 `slice_max()`를 사용합니다.

```
df %>%
  arrange(desc(x)) %>%
  head(5)

df %>%
  top_n(x, n = 5) %>%
  arrange(desc(x))
```

연설문에 가장 많이 사용된 단어 추출하기

`slice_max()`를 이용해 각 연설문에 가장 많이 사용된 단어를 10개씩 추출하겠습니다. `frequency`를 `president`별로 분리한 다음 `slice_max()`를 이용해 단어 빈도가 높은 상위 10개의 행을 추출하면 됩니다.

```
top10 <- frequency %>%
  group_by(president) %>%    # president별로 분리
  slice_max(n, n = 10)       # 상위 10개 추출


top10


## # A tibble: 22 x 3
## # Groups:   president [2]
##    president word          n
##    <chr>     <chr>     <int>
##  1 moon      국민         21
##  2 moon      일자리       21
##  3 moon      나라         19
##  4 moon      우리         17
##  5 moon      경제         15
##  6 moon      사회         14
##  7 moon      성장         13
##  8 moon      대통령       12
##  9 moon      정치         12
## 10 moon      하게         12
## # ... with 12 more rows
```

출력 결과에서 `A tibble: 22 x 3`을 보면 `top10`이 22행으로 구성됨을 알 수 있습니다. 두 연설문에서 빈도가 높은 단어를 10개씩 추출했는데 20행이 아니라 22행인 이유는 빈도가 동점인 행이 전부 추출되었기 때문입니다. 박근혜 전 대통령의 연설문에 **"교육"**, **"사람"**, **"사회"**, **"일자리"**가 똑같이 9번씩 사용되어 빈도가 동점이므로 모두 추출되면서 행이 늘어난 것입니다. 만약 9번 사용된 단어가 이것 말고 더 있다면 전체 행의 수도 그만큼 늘어났을 것입니다. 다음 코드의 출력 결과를 보면 박근혜 전 대통령 연설문의 단어는 10개가 아니라 12개입니다.

```
top10 %>%
  filter(president == "park")
```

```
## # A tibble: 12 x 3
## # Groups:   president [1]
##    president word      n
##    <chr>     <chr> <int>
##  1 park      국민     72
##  2 park      행복     23
##  3 park      여러분   20
##  4 park      정부     17
##  5 park      경제     15
##  6 park      신뢰     11
##  7 park      국가     10
##  8 park      우리     10
##  9 park      교육      9
## 10 park      사람      9
## 11 park      사회      9
## 12 park      일자리    9
```

Do it! 실습   빈도 동점 단어 제외하고 추출하기 — slice_max(with_ties = F)

빈도가 동점인 행을 추출하지 않도록 제한하면 원하는 만큼 단어를 추출할 수 있습니다.
slice_max()에 with_ties = F를 입력하면 동점이 있을 때 n에 입력한 만큼만 행을 추출
합니다.

샘플 데이터로 작동 원리 알아보기

동점이 있는 데이터로 slice_max(with_ties = F)가 어떻게 작동하는지 알아보겠습니다.
출력 결과를 보면, 원본 데이터의 정렬 순서에 따라 행을 추출했습니다.

```
df <- tibble(x = c("A", "B", "C", "D"), y = c(4, 3, 2, 2))
```

```
df %>% slice_max(y, n = 3)

## # A tibble: 4 x 2
##   x         y
##   <chr> <dbl>
## 1 A         4
## 2 B         3
## 3 C         2
## 4 D         2
```

```
df %>% slice_max(y, n = 3, with_ties = F)

## # A tibble: 3 x 2
##   x         y
##   <chr> <dbl>
## 1 A         4
## 2 B         3
## 3 C         2
```

연설문에 적용하기

연설문에서 단어 빈도 동점을 제외하고 많이 사용된 단어를 추출하겠습니다. 출력 결과의
A tibble: 20 x 3을 보면 top10_notie가 20행임을 알 수 있습니다.

```
top10 <- frequency %>%
  group_by(president) %>%
  slice_max(n, n = 10, with_ties = F)

top10

## # A tibble: 20 x 3
## # Groups:    president [2]
##    president word       n
##    <chr>     <chr>  <int>
##  1 moon      국민      21
##  2 moon      일자리    21
##  3 moon      나라      19
##  4 moon      우리      17
##  5 moon      경제      15
##  6 moon      사회      14
##  7 moon      성장      13
##  8 moon      대통령    12
##  9 moon      정치      12
## 10 moon      하게      12
## # ... with 10 more rows
```

![keyboard icon] **Do it! 실습**   **막대 그래프 만들기**

두 대통령이 자주 사용한 단어를 비교할 수 있도록 연설문별로 막대 그래프를 만들겠습니다.

1. 변수의 항목별로 그래프만들기 ― `facet_wrap()`

`facet_wrap()`을 이용하면 변수의 항목별로 그래프를 만들 수 있습니다. ~ 뒤에 입력한 변
수가 그래프를 나누는 기준이 됩니다.

```
library(ggplot2)
ggplot(top10, aes(x = reorder(word, n),
                  y = n,
                  fill = president)) +
  geom_col() +
  coord_flip() +
  facet_wrap(~ president)
```

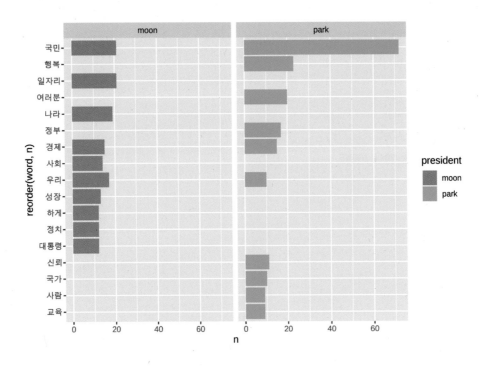

그래프를 보면 축은 있지만 막대가 없는 항목들이 있습니다. 이는 축을 구성하는 단어가 `president` 중 한 곳에만 포함되어 있기 때문입니다. 예를 들어 `top10`에 "행복"은 "park"에는 있지만 "moon"에는 없고, "나라"는 "moon"에는 있지만 "park"에는 없습니다. 항목 자체가 없으므로 막대가 표현되지 않은 것입니다.

2. 그래프별로 y축 설정하기

그래프별로 y축을 따로 만들면 이런 문제를 피할 수 있습니다. `facet_wrap()`의 `scales`는 그래프의 축을 통일할 것인지 아니면 각각 생성할 것인지 결정하는 파라미터입니다. 기본값은 축을 통일하는 `"fixed"` 입니다. `scales`에 `"free_y"`를 입력하면 `president`별로 y축을 만듭니다.

```
ggplot(top10, aes(x = reorder(word, n),
                  y = n,
                  fill = president)) +
  geom_col() +
  coord_flip() +
  facet_wrap(~ president,          # president별 그래프 생성
             scales = "free_y")    # y축 통일하지 않음
```

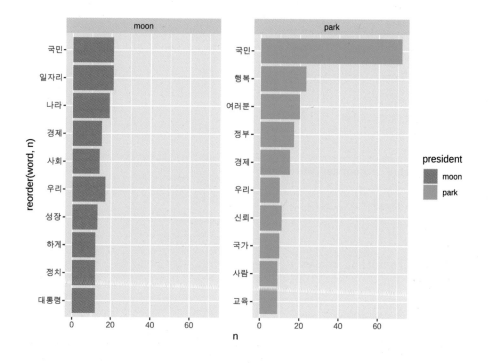

3. 특정 단어 제거하고 막대 그래프 만들기

박근혜 전 대통령의 단어 빈도 그래프를 보면, **"국민"**의 빈도가 너무 높아 다른 단어의 빈도 차이가 잘 드러나지 않습니다. 전반적인 단어의 빈도가 잘 드러나도록 **"국민"**을 제거하고 자주 사용된 단어 10개를 추출해 그래프를 다시 만들겠습니다.

```r
top10 <- frequency %>%
  filter(word != "국민") %>%
  group_by(president) %>%
  slice_max(n, n = 10, with_ties = F)

top10

## # A tibble: 20 x 3
## # Groups:   president [2]
##    president word       n
##    <chr>     <chr>  <int>
## 1 moon      일자리    21
## 2 moon      나라      19
## 3 moon      우리      17
## 4 moon      경제      15
## 5 moon      사회      14
## 6 moon      성장      13
## 7 moon      대통령    12
## 8 moon      정치      12
## 9 moon      하게      12
## 10 moon     대한민국  11
## # ... with 10 more rows
```

```r
ggplot(top10, aes(x = reorder(word, n),
                  y = n,
                  fill = president)) +
  geom_col() +
  coord_flip() +
  facet_wrap(~ president, scales = "free_y")
```

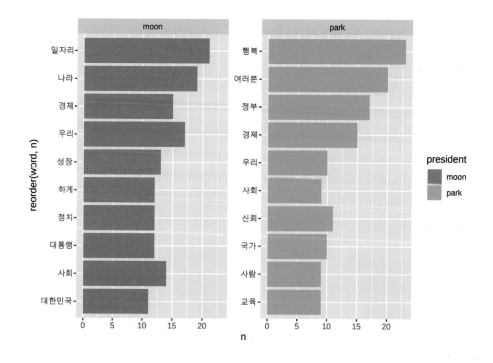

4. 축 정렬하기

그래프를 보면 x축을 지정할 때 `reorder()`를 사용했는데도 막대가 빈도 기준으로 완벽하게 정렬되지 않았습니다. 이는 `moon`과 `park`의 그래프를 만들 때 `president`별 빈도가 아니라 전체 빈도를 기준으로 x축 순서를 정했기 때문입니다.

그래프별로 축 정렬하기 — `reorder_within()`

x축을 지정할 때 `reorder()` 대신 `tidytext` 패키지의 `reorder_within()`을 사용하면 이 문제를 해결할 수 있습니다. `reorder_within()`은 축 순서를 변수의 항목별로 따로 구하는 기능을 합니다. `reorder_within()`에는 다음과 같은 파라미터를 입력합니다.

- `x`: 축
- `by`: 정렬 기준
- `within`: 그래프를 나누는 기준

여기서는 축은 `word`, 정렬 기준은 단어 빈도 `n`, 그래프를 나누는 기준은 `president`를 입력하면 됩니다. 코드를 짧게 만들기 위해 파라미터명은 생략하겠습니다.

```
ggplot(top10, aes(x = reorder_within(word, n, president),
                  y = n,
                  fill = president)) +
  geom_col() +
  coord_flip() +
  facet_wrap(~ president, scales = "free_y")
```

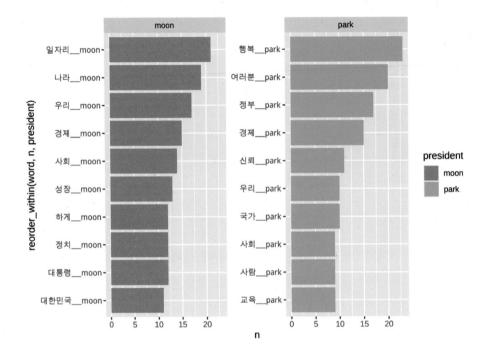

Do it! 쉽게 배우는 R 텍스트 마이닝

5. 변수 항목 제거하기 — scale_x_reordered()

그래프를 보면 각 단어 뒤에 **moon**과 **park**이 붙어 있습니다. 단어가 어떤 **president**에 속하는지 항목을 표시한 것입니다. **tidytext** 패키지의 **scale_x_reordered()**를 추가하면 항목 이름을 제거합니다. 코드에 **labs()**와 **theme()**을 추가해 그래프를 보기좋게 수정하겠습니다.

```
ggplot(top10, aes(x = reorder_within(word, n, president),
                  y = n,
                  fill = president)) +
  geom_col() +
  coord_flip() +
  facet_wrap(~ president, scales = "free_y") +
  scale_x_reordered() +
  labs(x = NULL) +                                  # x축 이름 삭제
  theme(text = element_text(family = "nanumgothic"))  # 폰트
```

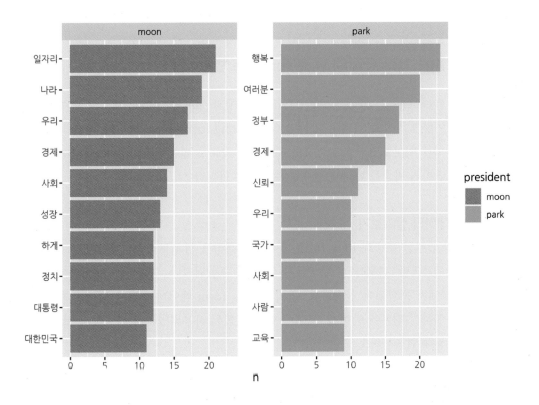

03-2

오즈비 — 상대적으로 중요한 단어 비교하기

지금까지 단어 빈도를 살펴보며 텍스트를 비교했습니다. 그런데 어떤 텍스트든 일반적으로 자주 사용하는 단어의 빈도가 높기 때문에 이런 방식으로 비교하면 차이가 잘 드러나지 않습니다. 예를 들어 "우리", "사회", "경제", "일자리"는 두 연설문 모두에서 자주 사용된 단어인데, 이런 단어를 봐서는 연설문의 차이를 알기 어렵습니다.

단순히 빈도가 높은 단어는 보편적으로 자주 사용되고 별다른 특징이 없기 때문에 텍스트의 차이를 잘 드러내지 못합니다. 텍스트를 비교할 때는 **특정 텍스트에는 많이 사용되었지만 다른 텍스트에는 적게 사용된 단어**, 즉 '상대적으로 많이 사용된 단어'를 살펴봐야 합니다. 그래야만 텍스트의 차이를 이해할 수 있습니다.

Do it! 실습   long form을 wide form으로 변환하기

앞에서 만든 frequency는 president가 "moon"인 행과 "park"인 행이 세로로 길게 나열된 형태입니다. 이렇게 세로로 나열된 데이터 형태를 long form이라고 합니다. 상대적으로 많이 사용된 단어를 알아보려면 long form 데이터를 가로로 넓은 형태의 wide form 데이터로 변형하고 단어의 비중을 나타낸 변수를 추가해야 합니다.

long form 데이터 살펴보기

frequency의 일부를 추출해 long form 데이터의 특징을 살펴보겠습니다. 다음 코드의 출력 결과를 보면 "국민", "우리"는 두 연설문에 모두 포함되지만, "정치"는 "moon"에만, "행복"은 "park"에만 포함되어 있습니다. 이처럼 long form 데이터는 같은 단어가 범주별로 다른 행을 구성하기 때문에 단어가 각 범주에서 몇 번씩 사용되었는지 비교하기 어렵고, 단어 빈도를 활용해 연산하기도 불편합니다.

```
df_long <- frequency %>%
  group_by(president) %>%
  slice_max(n, n = 10) %>%
  filter(word %in% c("국민", "우리", "정치", "행복"))

df_long

## # A tibble: 6 x 3
## # Groups:    president [2]
##    president word      n
##    <chr>     <chr> <int>
## 1 moon       국민     21
## 2 moon       우리     17
## 3 moon       정치     12
## 4 park       국민     72
## 5 park       행복     23
## 6 park       우리     10
```

> 같은 단어가 범주별로 다른 행을 구성합니다.

long form을 wide form으로 변형하기 — pivot_wider()

tidyr 패키지의 pivot_wider()를 이용해 long form 데이터를 가로로 넓은 형태의 wide form 데이터로 변형하겠습니다. wide form으로 변환하면 단어가 두 연설문에 몇 번씩 사용되었는지 비교하기 쉽고, 변수를 이용해 연산하기도 수월합니다. pivot_wider()에는 다음과 같은 파라미터를 입력합니다.

- names_from: 변수명으로 만들 값이 들어 있는 변수. 여기서는 president에 들어 있는 "moon"과 "park"을 변수명으로 만들어야 하므로 president를 입력합니다.

- values_from: 변수에 채워 넣을 값이 들어 있는 변수. 여기서는 변수에 단어 빈도를 채워 넣어야 하므로 n을 입력합니다.

코드의 출력 결과를 보면, 한 단어가 한 행으로 구성되므로 단어가 두 연설문에 몇 번 사용되었는지 쉽게 비교할 수 있습니다.

```
install.packages("tidyr")
library(tidyr)

df_wide <- df_long %>%
  pivot_wider(names_from = president,
              values_from = n)

df_wide

## # A tibble: 4 x 3
##   word   moon  park
##   <chr> <int> <int>
## 1 국민     21    72 ──── 단어 빈도가 한 행에 나열됩니다.
## 2 우리     17    10
## 3 정치     12    NA
## 4 행복     NA    23
```

NA를 0으로 바꾸기

앞에서 실행한 코드의 결과물을 보면 결측치 NA가 있습니다. 어떤 단어가 둘 중 한 연설문에
만 있으면 n의 값이 없으므로 이처럼 NA가 됩니다. 값이 NA이면 연산할 수 없으므로 0으로
변환해야 합니다. pivot_wider()의 values_fill에 list(n = 0)을 입력하면 NA를 0으로
변환합니다.

```
df_wide <- df_long %>%
  pivot_wider(names_from = president,
              values_from = n,
              values_fill = list(n = 0))

df_wide

## # A tibble: 4 x 3
##   word   moon  park
##   <chr> <int> <int>
## 1 국민     21    72
## 2 우리     17    10
## 3 정치     12     0 ──┐
## 4 행복      0    23 ──── NA를 0으로 변환했습니다.
```

연설문 단어 빈도를 wide form으로 변환하기

long form 데이터를 wide form으로 변환하는 방법을 익혔으니, 연설문의 단어 빈도가 들어 있는 `frequency`를 wide form으로 변환하겠습니다.

```
frequency_wide <- frequency %>%
  pivot_wider(names_from = president,
              values_from = n,
              values_fill = list(n = 0))

frequency_wide

## # A tibble: 955 x 3
##    word      moon  park
##    <chr>    <int> <int>
##  1 가동        1     0
##  2 가사        1     0
##  3 가슴        2     0
##  4 가족        1     1
##  5 가족구조    1     0
##  6 가지        4     0
##  7 가치        3     1
##  8 각종        1     0
##  9 감당        1     0
## 10 강력        3     0
## # ... with 945 more rows
```

⌨ Do it! 실습 오즈비 구하기

오즈비(odds ratio)는 어떤 사건이 A 조건에서 발생할 확률이 B 조건에서 발생할 확률에 비해 얼마나 더 큰지를 나타낸 값입니다. 오즈비를 구하면 단어가 두 텍스트 중 어디에 등장할 확률이 높은지, 상대적인 중요도를 알 수 있습니다.

1. 단어의 비중을 나타낸 변수 추가하기

오즈비를 구하는 과정을 단계별로 살펴보겠습니다. 먼저, `frequency_wide`에 각 단어가 두 연설문에서 차지하는 비중을 나타낸 변수를 추가하겠습니다. 연설문별로 '각 단어의 빈도'를 '모든 단어 빈도의 합'으로 나누면 됩니다.

```
frequency_wide <- frequency_wide %>%
  mutate(ratio_moon = ((moon)/(sum(moon))),    # moon에서 단어의 비중
         ratio_park = ((park)/(sum(park))))    # park에서 단어의 비중
```

어떤 단어가 한 연설문에 전혀 사용되지 않아 빈도가 0이면 오즈비가 0이 되므로 단어의 비중이 어떤 연설문에서 더 큰지 알 수 없게 됩니다. 이런 문제를 피하려면 빈도가 0보다 큰 값이 되도록 모든 값에 1을 더하면 됩니다.

```
frequency_wide <- frequency_wide %>%
  mutate(ratio_moon = ((moon + 1)/(sum(moon + 1))),    # moon에서 단어의 비중
         ratio_park = ((park + 1)/(sum(park + 1))))    # park에서 단어의 비중

frequency_wide

## # A tibble: 955 x 5
##    word      moon  park ratio_moon ratio_park
##    <chr>    <int> <int>      <dbl>      <dbl>
##  1 가동         1     0   0.000873   0.000552
##  2 가사         1     0   0.000873   0.000552
##  3 가슴         2     0   0.00131    0.000552
##  4 가족         1     1   0.000873   0.00110
##  5 가족구조     1     0   0.000873   0.000552
##  6 가지         4     0   0.00218    0.000552
##  7 가치         3     1   0.00175    0.00110
##  8 각종         1     0   0.000873   0.000552
##  9 감당         1     0   0.000873   0.000552
## 10 강력         3     0   0.00175    0.000552
## # ... with 945 more rows
```

2. 오즈비 변수 추가하기

한 텍스트의 단어 비중을 다른 텍스트의 단어 비중으로 나누면 오즈비가 됩니다. 앞에서 구한 ratio_moon을 ratio_park으로 나누어 각 단어의 비중이 "park"에 비해 "moon"에서 얼마나 더 큰지, 상대적인 비중을 나타낸 오즈비 변수를 추가하겠습니다.

```
frequency_wide <- frequency_wide %>%
  mutate(odds_ratio = ratio_moon/ratio_park)
```

오즈비를 보면 단어가 어떤 텍스트에서 상대적으로 더 많이 사용되었는지 알 수 있습니다. odds_ratio는 분모에 "ratio_park", 분자에 "ratio_moon"을 놓고 구했으므로, "moon"에서 상대적인 비중이 클수록 1보다 큰 값이 되고, 반대로 "park"에서 상대적인 비중이 클수록 1보다 작은 값이 됩니다. 단어의 비중이 두 연설문에서 같으면 1이 됩니다. 다음 코드의 출력 결과를 보면, "moon"에서 상대적으로 많이 사용된 단어일수록 odds_ratio가 큽니다.

```
frequency_wide %>%
  arrange(-odds_ratio)

## # A tibble: 955 x 6
##     word       moon  park ratio_moon ratio_park odds_ratio
##     <chr>     <int> <int>      <dbl>      <dbl>      <dbl>
##  1 복지국가       8     0    0.00393   0.000552       7.12
##  2 세상           6     0    0.00306   0.000552       5.54
##  3 여성           6     0    0.00306   0.000552       5.54
##  4 정의           6     0    0.00306   0.000552       5.54
##  5 강자           5     0    0.00262   0.000552       4.75
##  6 공평           5     0    0.00262   0.000552       4.75
##  7 대통령의       5     0    0.00262   0.000552       4.75
##  8 보통           5     0    0.00262   0.000552       4.75
##  9 상생           5     0    0.00262   0.000552       4.75
## 10 지방           5     0    0.00262   0.000552       4.75
## # ... with 945 more rows
```

💬 arrange()에 입력한 변수에 -를 붙이면 내림차순으로 정렬합니다.

반대로 "park"에서 상대적으로 많이 사용된 단어일수록 odds_ratio가 작습니다.

```
frequency_wide %>%
  arrange(odds_ratio) ──────── 오름차순 정렬

## # A tibble: 955 x 6
##     word       moon  park ratio_moon ratio_park odds_ratio
##     <chr>     <int> <int>      <dbl>      <dbl>      <dbl>
##  1 박근혜         0     8   0.000436    0.00496     0.0879
##  2 여러분         2    20    0.00131     0.0116      0.113
##  3 행복           3    23    0.00175     0.0132      0.132
##  4 실천           0     5   0.000436    0.00331     0.132
##  5 정보           0     5   0.000436    0.00331     0.132
##  6 투명           0     5   0.000436    0.00331     0.132
```

```
##  7 과제          0     4    0.000436      0.00276      0.158
##  8 국정운영       0     4    0.000436      0.00276      0.158
##  9 시작          0     4    0.000436      0.00276      0.158
## 10 지식          0     4    0.000436      0.00276      0.158
## # ... with 945 more rows
```

단어 빈도 오즈비를 수식으로 나타내면 다음과 같습니다. 수식에서 n은 각 단어의 빈도, total은 전체 단어 빈도를 의미합니다.

$$\text{odds ratio} = \frac{\left(\frac{n+1}{total+1}\right)_{\text{Text A}}}{\left(\frac{n+1}{total+1}\right)_{\text{Text B}}}$$

🐾 오즈비 공식은 줄리아 실기(Julia Silge)와 데이비드 로빈슨(David Robinson)의 'Text Mining with R'에 소개된 공식을 차용하여 만들었습니다(bit.ly/EasyText_odds). 이 공식은 엄밀한 의미의 오즈비 보다는 상대 위험도(relative risk)에 더 가깝지만 계산이 편리하고 지표를 쉽게 해석할 수 있어서 두 문서에 사용된 단어의 상대적 중요도를 비교하는 데 유용하게 활용할 수 있습니다.

3. 오즈비 간단히 구하기

앞에서는 오즈비의 의미를 설명하기 위해 일부러 변수를 한 단계씩 만들었지만, `mutate()`를 이용하면 여러 변수를 한 번에 추가할 수 있습니다.

```
frequency_wide <- frequency_wide %>%
  mutate(ratio_moon = ((moon + 1)/(sum(moon + 1))),
         ratio_park = ((park + 1)/(sum(park + 1))),
         odds_ratio = ratio_moon/ratio_park)
```

오즈비 변수만 필요하면 다음과 같이 더 간단히 만들 수 있습니다.

```
frequency_wide <- frequency_wide %>%
  mutate(odds_ratio = ((moon + 1)/(sum(moon + 1)))/
                      ((park + 1)/(sum(park + 1))))
```

상대적으로 중요한 단어 추출하기

이제 오즈비를 이용해 두 연설문에서 상대적으로 중요한 단어를 추출하겠습니다.

오즈비가 가장 높거나 가장 낮은 단어 추출하기 — filter(rank())

filter()와 rank()를 이용해 odds_ratio 기준으로 상위 10개와 하위 10개의 단어를 추출한 다음 내림차순으로 정렬합니다. rank()는 값이 큰 순으로 순위를 구하는 함수입니다. 변수명 앞에 -를 입력하면 반대로 작은 순으로 순위를 구합니다.

```
top10 <- frequency_wide %>%
  filter(rank(odds_ratio) <= 10 | rank(-odds_ratio) <= 10)

top10 %>%
  arrange(-odds_ratio)

## # A tibble: 20 x 6
##    word     moon  park ratio_moon ratio_park odds_ratio
##    <chr>   <int> <int>      <dbl>      <dbl>      <dbl>
##  1 복지국가     8     0    0.00393   0.000552       7.12
##  2 세상        6     0    0.00306   0.000552       5.54
##  3 여성        6     0    0.00306   0.000552       5.54
##  4 정의        6     0    0.00306   0.000552       5.54
##  5 강자        5     0    0.00262   0.000552       4.75
##  6 공평        5     0    0.00262   0.000552       4.75
...
## 15 행복        3    23    0.00175    0.0132        0.132
## 16 실천        0     5   0.000436   0.00331        0.132
## 17 정보        0     5   0.000436   0.00331        0.132
## 18 투명        0     5   0.000436   0.00331        0.132
## 19 여러분       2    20    0.00131    0.0116        0.113
## 20 박근혜       0     8   0.000436   0.00496       0.0879
```

추출한 단어 중 상위 10개는 "moon"에서 더 자주 사용되어 odds_ratio가 높은 단어입니다. "복지국가", "여성", "공평" 같은 단어의 odds_ratio를 보면 문재인 대통령이 박근혜 전 대통령보다 복지와 평등을 더 강조했다는 것을 알 수 있습니다.

반대로, 하위 10개는 park에서 더 자주 사용되어 odds_ratio가 낮은 단어입니다. **"박근혜"**, **"여러분"** 같은 단어를 보면 박근혜 전 대통령이 문재인 대통령보다 개인의 정체성과 국민과의 유대감을 더 강조했다는 것을 알 수 있습니다.

앞에서 단순히 사용 빈도 기준으로 추출한 단어는 **"국민"**, **"우리"**, **"사회"** 같은 보편적인 단어라 연설문의 차이가 잘 드러나지 않았습니다. 반면, 오즈비 기준으로 추출한 단어를 보면 두 연설문 중 한쪽에서 비중이 더 큰 단어이므로 연설문의 차이가 분명하게 드러납니다.

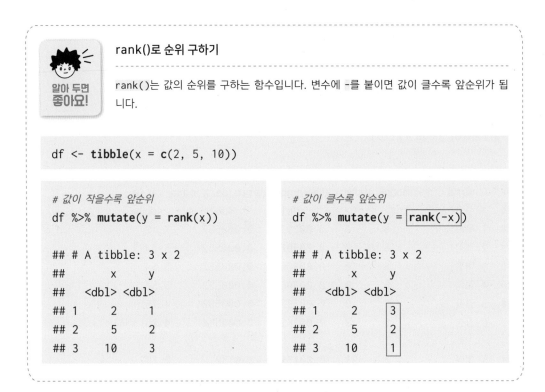

알아 두면 좋아요!

rank()로 순위 구하기

rank()는 값의 순위를 구하는 함수입니다. 변수에 -를 붙이면 값이 클수록 앞순위가 됩니다.

```
df <- tibble(x = c(2, 5, 10))
```

```
# 값이 작을수록 앞순위
df %>% mutate(y = rank(x))

## # A tibble: 3 x 2
##       x     y
##   <dbl> <dbl>
## 1     2     1
## 2     5     2
## 3    10     3
```

```
# 값이 클수록 앞순위
df %>% mutate(y = rank(-x))

## # A tibble: 3 x 2
##       x     y
##   <dbl> <dbl>
## 1     2     3
## 2     5     2
## 3    10     1
```

Do it! 실습   막대 그래프 만들기

두 연설문의 주요 단어를 비교하기 쉽도록 막대 그래프를 만들겠습니다.

1. 비중이 큰 연설문을 나타낸 변수 추가하기

각 단어가 어느 연설문에서 비중이 큰 단어인지 나타낸 변수 president를 추가합니다. odds_ratio가 1보다 크면 "moon", 그렇지 않으면 "park"을 부여합니다. 이 변수는 막대 그래프를 연설문별로 만드는 데 사용됩니다. 그런 다음, 두 연설문 중 비중이 큰 쪽의 단어 빈도를 나타낸 변수 n을 추가합니다. `odds_ratio`가 1보다 크면 `moon`, 그렇지 않으면 `park`의 값을 가져오면 됩니다.

```
top10 <- top10 %>%
  mutate(president = ifelse(odds_ratio > 1, "moon", "park"),
         n = ifelse(odds_ratio > 1, moon, park))


top10

## # A tibble: 20 x 8
##    word      moon  park ratio_moon ratio_park odds_ratio president    n
##    <chr>    <int> <int>      <dbl>      <dbl>      <dbl> <chr>     <int>
## 1  강자        5     0    0.00262   0.000552       4.75 moon          5
## 2  공평        5     0    0.00262   0.000552       4.75 moon          5
## 3  대통령의    5     0    0.00262   0.000552       4.75 moon          5
## 4  보통        5     0    0.00262   0.000552       4.75 moon          5
## 5  복지국가    8     0    0.00393   0.000552       7.12 moon          8
## 6  상생        5     0    0.00262   0.000552       4.75 moon          5
## 7  세상        6     0    0.00306   0.000552       5.54 moon          6
## 8  여러분      2    20    0.00131   0.0116         0.113 park         20
## 9  여성        6     0    0.00306   0.000552       5.54 moon          6
## 10 정의        6     0    0.00306   0.000552       5.54 moon          6
## # ... with 10 more rows
```

2. 막대 그래프 만들기

`top10`을 이용해 막대 그래프를 만듭니다. 그래프를 보면 전반적으로 "park"은 단어 빈도가 높지만 "moon"은 낮은 것처럼 보입니다. 이는 "park"에서 가장 많이 사용된 단어인 "행복"의 빈도를 기준으로 두 그래프의 x축 크기를 똑같이 고정했기 때문입니다.

```
ggplot(top10, aes(x = reorder_within(word, n, president),
                  y = n,
                  fill = president)) +
  geom_col() +
  coord_flip() +
  facet_wrap(~ president, scales = "free_y") +
  scale_x_reordered()
```

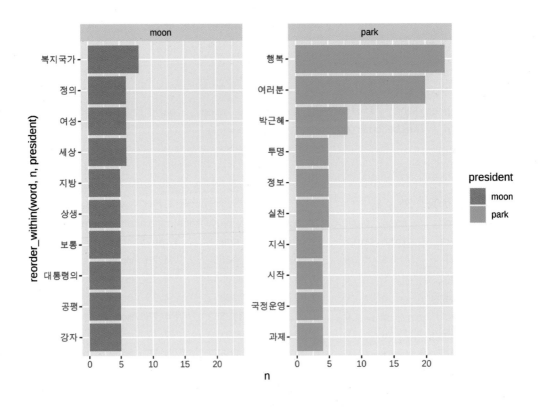

3. 그래프별로 축 설정하기

"moon" 그래프는 "moon"의 단어 빈도 기준으로, "park" 그래프는 "park"의 단어 빈도 기준으로 x축 크기를 정해야 각 연설문의 단어 비중을 제대로 알 수 있습니다. facet_wrap()의 scales에 "free"를 입력하면 x축과 y축의 크기를 모두 그래프별로 정합니다.

```
ggplot(top10, aes(x = reorder_within(word, n, president),
                  y = n,
                  fill = president)) +
  geom_col() +
  coord_flip() +
  facet_wrap(~ president, scales = "free") +
  scale_x_reordered() +
  labs(x = NULL) +                              # x축 삭제
  theme(text = element_text(family = "nanumgothic"))  # 폰트
```

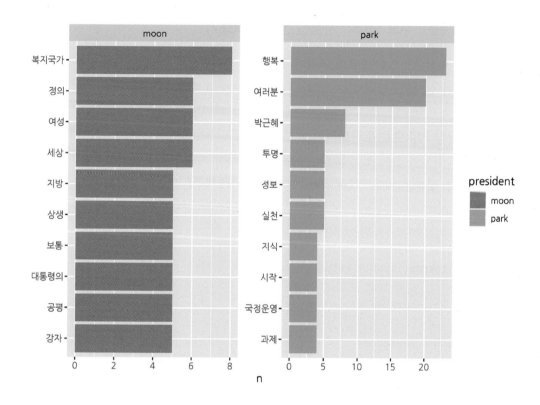

그래프를 보면 "moon"의 "복지국가"와 "park"의 "행복"은 막대 길이가 같지만 빈도는 다릅니다.이처럼 x축 크기가 그래프마다 다르면 막대 길이가 같아도 실제 값은 다르기 때문에 해석할 때 조심해야 합니다. 오즈비를 이용해 만든 막대 그래프는 각 텍스트에서 상대적으로 중요한 단어가 무엇인지 표현하기 위해 만듭니다. 막대 길이를 보고 두 텍스트의 단어 빈도를 비교하면 안 되고, 각 텍스트에서 상대적으로 중요한 단어가 무엇인지만 살펴봐야 합니다.

![keyboard icon] **Do it! 실습** **주요 단어가 사용된 문장 살펴보기**

두 연설문에서 상대적으로 중요한 단어가 무엇인지 확인했으니, 이제 단어가 사용된 문장을 추출해 내용을 살펴보겠습니다.

1. 원문을 문장 기준으로 토큰화하기

두 연설문의 원문이 들어 있는 bind_speeches를 문장 기준으로 토큰화하겠습니다. 다음 코드의 출력 결과를 보면, 위는 "moon", 아래는 "park"의 문장으로 구성되어 있습니다.

```
speeches_sentence <- bind_speeches %>%
  as_tibble() %>%
  unnest_tokens(input = value,
                output = sentence,
                token = "sentences")

head(speeches_sentence)

## # A tibble: 6 x 2
##    president sentence
##    <chr>     <chr>
## 1 moon       정권교체 하겠습니다!
## 2 moon       정치교체 하겠습니다!
## 3 moon       시대교체 하겠습니다!
(... 생략 ...)
```

```
tail(speeches_sentence)

## # A tibble: 6 x 2
##    president sentence
##    <chr>     <chr>
## 1 park       국민들이 꿈으로만 가졌던 행복한 삶을 실제로 이룰 수 있도록 ~
## 2 park       국민 여러분의 행복이 곧 저의 행복입니다. ~
## 3 park       사랑하는 조국 대한민국과 국민 여러분을 위해, 앞으로 머나 먼~
(... 생략 ...)
```

2. 주요 단어가 사용된 문장 추출하기 — `str_detect()`

`filter()`와 `str_detect()`를 이용해 각 연설문에서 주요 단어가 사용된 문장을 추출하겠습니다. 추출한 문장을 보면 단어가 어떤 의미로 사용되었는지 알 수 있습니다.

```
speeches_sentence %>%
  filter(president == "moon" & str_detect(sentence, "복지국가"))

## # A tibble: 8 x 2
##    president sentence
##    <chr>     <chr>
## 1 moon      '강한 복지국가'를 향해 담대하게 나아가겠습니다. ~
## 2 moon      2백 년 전 이와 같은 소득재분배, 복지국가의 사상을 가진 위~
## 3 moon      이제 우리는 복지국가를 향해 담대하게 나아갈 때입니다. ~
## 4 moon      부자감세, 4대강 사업 같은 시대착오적 과오를 청산하고, 하루~
## 5 moon      우리는 지금 복지국가로 가느냐, 양극화의 분열된 국가로 가느냐~
## 6 moon      강한 복지국가일수록 국가 경쟁력도 더 높습니다. ~
## 7 moon      결국 복지국가로 가는 길은 사람에 대한 투자, 일자리 창출, ~
## 8 moon      우리는 과감히 강한 보편적 복지국가로 가야 합니다. ~
```

```
speeches_sentence %>%
  filter(president == "park" & str_detect(sentence, "행복"))

## # A tibble: 19 x 2
##    president sentence
##    <chr>     <chr>
## 1 park      저는 오늘, 국민 한 분 한 분의 꿈이 이루어지는 행복한 대~
## 2 park      국가는 발전했고, 경제는 성장했다는데, 나의 삶은 나아지지 ~
## 3 park      과거에는 국가의 발전이 국민의 행복으로 이어졌습니다. ~
## 4 park      개인의 창의력이 중요한 지식기반사회에서는 국민 한 사람, 한~
## 5 park      이제 국정운영의 패러다임을 국가에서 국민으로, 개인의 삶과 ~
## 6 park      국민 개개인의 꿈을 향한 노력이 국가를 발전시키고 국가 발전~
## 7 park      저는 '경제민주화 실현', '일자리 창출', 그리고 '한국형~
## 8 park      국민행복의 길을 열어갈 첫 번째 과제로, 저는 경제민주화를 ~
## 9 park      국민행복의 길을 열어갈 두 번째 과제로, 저는 좋은 일자리 ~
## 10 park     국민행복의 길을 열어갈 세 번째 과제로, 우리의 실정에 맞으~
## # ... with 9 more rows
```

중요도가 비슷한 단어 살펴보기

이번에는 두 연설문에서 중요도가 비슷해 `odds_ratio`가 1에 가까운 단어를 추출해 보겠습니다. 출력 결과를 보면 대부분 보편적인 의미를 지니는 단어임을 알 수 있습니다.

```
frequency_wide %>%
  arrange(abs(1 - odds_ratio)) %>%
  head(10)


## # A tibble: 10 x 6
##    word    moon  park ratio_moon ratio_park odds_ratio
##    <chr>  <int> <int>      <dbl>      <dbl>      <dbl>
## 1 때문        4     3    0.00218    0.00221      0.989
## 2 강화        3     2    0.00175    0.00165      1.06
## 3 부담        3     2    0.00175    0.00165      1.06
## 4 세계        3     2    0.00175    0.00165      1.06
## 5 책임        3     2    0.00175    0.00165      1.06
(... 생략 ...)
```

🖱 abs()는 절대값을 구하는 함수입니다.

중요도가 비슷하면서 빈도가 높은 단어 추출하기

앞에서 추출한 단어는 중요도는 비슷하지만 빈도가 낮기 때문에 강조한 단어는 아닙니다. 이번에는 두 연설문에 5번 이상 사용되고 `odds_ratio`가 1에 가까운 단어를 추출하겠습니다. 출력 결과를 보면 두 연설문 모두 "사회", "사람", "경제" 등을 강조했음을 알 수 있습니다.

```
frequency_wide %>%
  filter(moon >= 5 & park >= 5) %>%
  arrange(abs(1 - odds_ratio)) %>%
  head(10)


## # A tibble: 10 x 6
##    word    moon  park ratio_moon ratio_park odds_ratio
##    <chr>  <int> <int>      <dbl>      <dbl>      <dbl>
## 1 사회       14     9    0.00655    0.00552      1.19
## 2 사람        9     9    0.00436    0.00552      0.791
## 3 경제       15    15    0.00698    0.00883      0.791
## 4 지원        5     5    0.00262    0.00331      0.791
## 5 우리       17    10    0.00786    0.00607      1.29
(... 생략 ...)
```

03-3
로그 오즈비로 단어 비교하기

로그 오즈비(log odds ratio)를 활용해 단어를 비교하는 방법을 알아보겠습니다. 어떤 값에 로그를 취하면 1보다 큰 값은 양수, 1보다 작은 값은 음수가 됩니다. 앞에서 구한 `odds_ratio`에 로그를 취하면 "moon"에서 비중이 커서 `odds_ratio`가 1보다 큰 단어는 양수가 됩니다. 반대로, "park"에서 비중이 커서 odds_ratio가 1보다 작은 단어는 음수가 됩니다. 이처럼 단어 빈도로 로그 오즈비를 구하면 단어가 두 텍스트 중 어디에서 비중이 큰지에 따라 서로 다른 부호를 갖습니다.

주요 텍스트	단어	오즈비	로그 오즈비
moon	복지국가	7.12	1.96
moon	세상	5.54	1.71
park	박근혜	0.09	-2.43
park	여러분	0.11	-2.18

'단어 빈도 로그 오즈비'는 단어 빈도 오즈비에 로그를 취해 구합니다. 수식으로 나타내면 다음과 같습니다. 수식에서 n은 각 단어의 빈도, total은 전체 단어 빈도를 의미합니다.

$$\text{log odds ratio} = \log\left(\frac{\left(\frac{n+1}{\text{total}+1}\right)_{\text{Text A}}}{\left(\frac{n+1}{\text{total}+1}\right)_{\text{Text B}}}\right)$$

로그 오즈비로 막대 그래프를 만들면 단어가 어느 텍스트에서 중요한지에 따라 반대되는 축 방향으로 표현되어 텍스트의 차이를 분명하게 드러낼 수 있습니다. 연설문 분석에 적용하면, "moon"에서 중요한 단어는 막대가 오른쪽을 향하고 "park"에서 중요한 단어는 막대가 왼쪽을 향하게 됩니다. 93쪽의 그래프를 참고하세요.

 **Do it! 실습** 로그 오즈비 구하기

앞에서 구한 `odds_ratio`를 `log()`에 적용하면 로그 오즈비를 구할 수 있습니다.

```
frequency_wide <- frequency_wide %>%
  mutate(log_odds_ratio = log(odds_ratio))
```

`log_odds_ratio`의 부호와 크기를 보면 단어가 어느 연설문에서 더 중요하게 사용되었는지 알 수 있습니다. `log_odds_ratio`가 0보다 큰 양수일수록 `"moon"`에서 비중이 크다는 의미 이고, 반대로 0보다 작은 음수일수록 `"park"`에서 비중이 크다는 의미입니다. 0에 가까우면 두 연설문에서 비중이 비슷하다는 의미입니다.

```
# moon에서 비중이 큰 단어
frequency_wide %>%
  arrange(-log_odds_ratio)

## # A tibble: 955 x 7
##    word    moon  park ratio_moon ratio_park odds_ratio log_odds_ratio
##    <chr>  <int> <int>      <dbl>      <dbl>      <dbl>          <dbl>
##  1 복지국가    8     0    0.00393   0.000552       7.12           1.96
##  2 세상       6     0    0.00306   0.000552       5.54           1.71
##  3 여성       6     0    0.00306   0.000552       5.54           1.71
##  4 정의       6     0    0.00306   0.000552       5.54           1.71
##  5 강자       5     0    0.00262   0.000552       4.75           1.56
##  6 공평       5     0    0.00262   0.000552       4.75           1.56
##  7 대통령의    5     0    0.00262   0.000552       4.75           1.56
##  8 보통       5     0    0.00262   0.000552       4.75           1.56
##  9 상생       5     0    0.00262   0.000552       4.75           1.56
## 10 지방       5     0    0.00262   0.000552       4.75           1.56
## # ... with 945 more rows
```

```
# park에서 비중이 큰 단어
frequency_wide %>%
  arrange(log_odds_ratio)
```

```
## # A tibble: 955 x 7
##    word   moon  park ratio_moon ratio_park odds_ratio log_odds_ratio
##    <chr>  <int> <int>    <dbl>      <dbl>      <dbl>        <dbl>
##  1 박근혜    0     8  0.000436    0.00496     0.0879        -2.43
##  2 여러분    2    20  0.00131     0.0116      0.113         -2.18
##  3 행복      3    23  0.00175     0.0132      0.132         -2.03
##  4 실천      0     5  0.000436    0.00331     0.132         -2.03
##  5 정보      0     5  0.000436    0.00331     0.132         -2.03
##  6 투명      0     5  0.000436    0.00331     0.132         -2.03
##  7 과제      0     4  0.000436    0.00276     0.158         -1.84
##  8 국정운영  0     4  0.000436    0.00276     0.158         -1.84
##  9 시작      0     4  0.000436    0.00276     0.158         -1.84
## 10 지식      0     4  0.000436    0.00276     0.158         -1.84
## # ... with 945 more rows
```

```
# 비중이 비슷한 단어
frequency_wide %>%
  arrange(abs(log_odds_ratio))
```

```
## # A tibble: 955 x 7
##    word   moon  park ratio_moon ratio_park odds_ratio log_odds_ratio
##    <chr>  <int> <int>    <dbl>      <dbl>      <dbl>        <dbl>
##  1 때문     4     3  0.00218     0.00221     0.989        -0.0109
##  2 강화     3     2  0.00175     0.00165     1.06          0.0537
##  3 부담     3     2  0.00175     0.00165     1.06          0.0537
##  4 세계     3     2  0.00175     0.00165     1.06          0.0537
##  5 책임     3     2  0.00175     0.00165     1.06          0.0537
##  6 협력     3     2  0.00175     0.00165     1.06          0.0537
##  7 거대     2     1  0.00131     0.00110     1.19          0.171
##  8 교체     2     1  0.00131     0.00110     1.19          0.171
##  9 근본적   2     1  0.00131     0.00110     1.19          0.171
## 10 기반     2     1  0.00131     0.00110     1.19          0.171
## # ... with 945 more rows
```

로그 오즈비 간단히 구하기

로그 오즈비만 필요하다면 오즈비 변수를 따로 만들지 않아도 다음과 같이 간단히 구할 수 있습니다.

```
frequency_wide <- frequency_wide %>%
  mutate(log_odds_ratio = log(((moon + 1) / (sum(moon + 1))) /
                             ((park + 1) / (sum(park + 1)))))
```

Do it! 실습 로그 오즈비를 이용해 중요한 단어 비교하기

로그 오즈비를 이용해 각 연설문에서 상대적으로 중요한 단어를 10개씩 추출하겠습니다. 우선 group_by()와 ifelse()를 이용해 log_odds_ratio가 0보다 크면 "moon", 그렇지 않으면 "park"을 부여한 president 변수를 만들어 항목별로 분리합니다. 그런 다음, slice_max()와 abs()를 이용해 log_odds_ratio의 절댓값 기준으로 상위 10개 단어를 추출합니다. 이렇게 하면 log_odds_ratio가 "moon"에서 가장 큰 단어 10개, "park"에서 가장 작은 단어 10개를 추출합니다.

출력한 단어를 보면 81쪽에서 오즈비를 이용해 상·하위 10개를 추출했을 때와 같습니다.

```
top10 <- frequency_wide %>%
  group_by(president = ifelse(log_odds_ratio > 0, "moon", "park")) %>%
  slice_max(abs(log_odds_ratio), n = 10, with_ties = F)

top10 %>%
  arrange(-log_odds_ratio) %>%
  select(word, log_odds_ratio, president)

## # A tibble: 20 x 3
## # Groups:   president [2]
##    word    log_odds_ratio president
##    <chr>            <dbl> <chr>
## 1 복지국가          1.96 moon
## 2 세상              1.71 moon
## 3 여성              1.71 moon
## 4 정의              1.71 moon
## 5 강자              1.56 moon
```

```
## 6 공평               1.56 moon

...
## 15 행복              -2.03 park
## 16 실천              -2.03 park
## 17 정보              -2.03 park
## 18 투명              -2.03 park
## 19 여러분            -2.18 park
## 20 박근혜            -2.43 park
```

Do it! 실습 　 막대 그래프 만들기

top10을 이용해 막대 그래프를 만들겠습니다. 그래프를 보면 각 단어가 어느 연설문에서 중요한지에 따라 서로 다른 축 방향으로 표현되어 텍스트의 차이가 잘 드러납니다.

```
ggplot(top10, aes(x = reorder(word, log_odds_ratio),
                  y = log_odds_ratio,
                  fill = president)) +
  geom_col() +
  coord_flip() +
  labs(x = NULL) +
  theme(text = element_text(family = "nanumgothic"))
```

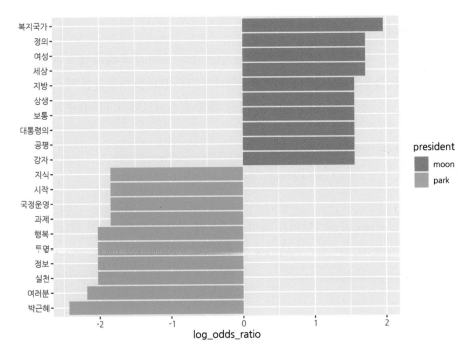

03-4
TF-IDF — 여러 텍스트의 단어 비교하기

오즈비는 두 조건의 확률을 이용해 계산하므로 세 개 이상의 텍스트를 비교할 때 사용하기에는 적절하지 않습니다. 텍스트를 둘씩 짝지어 따로 비교할 수도 있지만, 비교할 텍스트가 많으면 계산 절차가 번거롭고 결과를 해석하기 어렵기 때문에 효율적이지 않습니다.

중요한 단어란 무엇일까?

셋 이상의 텍스트를 비교하는 가장 쉬운 방법은 각 텍스트에 자주 사용된 단어를 알아보는 것입니다. 하지만 앞에서 살펴보았듯이 어디서나 자주 사용되는 흔한 단어는 중요하다고 보기 어렵습니다. 예를 들어 대부분의 자기소개서에 '저는'이라는 단어가 많이 나오지만 이 단어를 중요하다고 할 수는 없습니다.

중요한 단어는 **흔하지 않으면서도 특정 텍스트에서는 자주 사용된 단어**라고 할 수 있습니다. 이런 단어는 텍스트가 다른 텍스트와 구별되는 특징, 즉 개성을 드러냅니다. 예를 들어 어떤 자기소개서에 '스카이다이빙'이라는 흔하지 않은 단어가 여러 번 사용되었다면 이 단어는 글쓴이의 개성을 잘 드러내므로 중요하다고 볼 수 있습니다.

TF-IDF의 의미 알아보기

TF-IDF(Term Frequency - Inverse Document Frequency)는 어떤 단어가 **흔하지 않으면서도 특정 텍스트에서는 자주 사용된 정도**를 나타낸 지표입니다. TF-IDF를 이용하면 텍스트의 개성을 드러내는 주요 단어를 찾을 수 있습니다. 계산 과정을 살펴보면서 TF-IDF의 의미를 알아보겠습니다.

🍙 TF-IDF는 우리말로 '단어 빈도-역문서 빈도'라고 합니다.

TF

TF-IDF에서 TF(Term Frequency)는 단어가 특정 텍스트에 사용된 횟수, '단어 빈도'를 의미합니다. 다음 표의 숫자는 자기소개서에 단어가 사용된 횟수, TF입니다.

단어	자기소개서 A	자기소개서 B	자기소개서 C
저는	15	10	10
스카이다이빙	3	0	0
자기주도적	3	5	3
데이터	0	5	1
배낭여행	2	3	5

DF와 IDF

DF(Document Frequency)는 단어가 사용된 텍스트 수 '문서 빈도'를 의미합니다. DF가 클수록 여러 문서에 흔하게 사용된 일반적인 단어라고 할 수 있습니다.

IDF(Inverse Document Frequency)는 전체 문서 수(N)에서 DF가 차지하는 비중을 구하고, 그 값의 역수에 로그를 취한 값입니다. 우리말로는 '역문서 빈도'라고 합니다.

$$\text{IDF} = \log \frac{\text{N}}{\text{DF}}$$

IDF는 DF의 역수이므로 DF가 클수록 작아지고, 반대로 DF가 작을수록 커집니다. 따라서 IDF가 클수록 드물게 사용되는 특이한 단어, IDF가 작을수록 흔하게 사용되는 일반적인 단어라고 할 수 있습니다.

다음 표를 보면, '스카이다이빙'을 사용한 자기소개서는 1개밖에 없으므로 IDF가 1.1로 높습니다. 따라서 '스카이다이빙'은 흔하지 않은 단어라고 볼 수 있습니다. 반면, '저는', '자기주도적', '배낭여행'은 모든 자기소개서에 사용되어 IDF가 0이므로 흔한 단어라고 볼 수 있습니다.

단어	DF	IDF
저는	3	$\log \dfrac{3}{3} = 0$
스카이다이빙	1	$\log \dfrac{3}{1} = 1.1$
자기주도적	3	$\log \dfrac{3}{3} = 0$
데이터	2	$\log \dfrac{3}{2} = 0.4$
배낭여행	3	$\log \dfrac{3}{3} = 0$

• 소수점 둘째 자리에서 반올림하여 표기하였습니다.

TF-IDF

TF-IDF는 TF(단어 빈도)와 IDF(역 문서 빈도)를 곱한 값입니다. TF-IDF는 어떤 단어가 분석 대상이 되는 텍스트 내에서 많이 사용될수록 커지고(TF), 동시에 해당 단어가 사용된 텍스트가 드물수록 커지는(IDF) 특성을 지닙니다. 즉, '**흔하지 않은 단어인데 특정 텍스트에서 자주 사용될수록**' 큰 값을 지닙니다. 그러므로 각 텍스트에서 TF-IDF가 큰 단어를 보면 다른 텍스트와 구별되는 특징을 알 수 있습니다.

$$\text{TF-IDF} = TF \times \log \frac{\text{N}}{\text{DF}}$$

다음 표에서 TF만 보면 어떤 자기소개서든 가장 많이 사용된 단어는 '저는'입니다. 하지만 TF-IDF가 높은 단어는 자기소개서마다 다릅니다. 자기소개서 A에서 TF-IDF가 가장 높은 단어는 '스카이다이빙'입니다. 따라서 '저는'이 아니라 '스카이다이빙'이 자기소개서 A의 특징을 가장 잘 드러낸다고 할 수 있습니다.

자기소개서 B와 C는 둘 모두 TF-IDF가 가장 높은 단어가 '데이터'입니다. 그런데 자기소개서 B는 '데이터'를 5번 사용해 TF-IDF가 2이고, 자기소개서 C는 1번 사용해 TF-IDF가 0.4입니다. 따라서 '데이터'는 자기소개서 B의 특징을 더 잘 드러내는 단어라고 할 수 있습니다.

단어	자기소개서 A	자기소개서 B	자기소개서 C
저는	$15 \times \log \frac{3}{3} = 0$	$10 \times \log \frac{3}{3} = 0$	$10 \times \log \frac{3}{3} = 0$
스카이다이빙	$3 \times \log \frac{3}{1} = 3.3$	$0 \times \log \frac{3}{1} = 0$	$0 \times \log \frac{3}{1} = 0$
자기주도적	$3 \times \log \frac{3}{3} = 0$	$5 \times \log \frac{3}{3} = 0$	$3 \times \log \frac{3}{3} = 0$
데이터	$0 \times \log \frac{3}{2} = 0$	$5 \times \log \frac{3}{2} = 2$	$1 \times \log \frac{3}{2} = 0.4$
배낭여행	$2 \times \log \frac{3}{3} = 0$	$3 \times \log \frac{3}{3} = 0$	$5 \times \log \frac{3}{3} = 0$

• 소수점 둘째 자리에서 반올림하여 표기하였습니다.

Do it! 실습 TF-IDF 구하기

TF-IDF를 활용해 텍스트를 분석해 보겠습니다.

1. 단어 빈도 구하기

역대 대통령의 대선 출마 선언문을 담은 `speeches_presidents.csv`를 불러와 기본적인 전처리를 한 다음 명사를 추출해 단어 빈도를 구하겠습니다. CSV 파일을 불러올 때는 `readr` 패키지의 `read_csv()`를 이용합니다. `read_csv()`는 데이터를 다루기 편한 tibble 구조로 만들어 주고, 데이터를 불러오는 속도도 `read.csv()`보다 빠릅니다.

```
# 데이터 불러오기
install.packages("readr")
library(readr)

raw_speeches <- read_csv("speeches_presidents.csv")
raw_speeches

## # A tibble: 4 x 2
##    president value
##    <chr>     <chr>
## 1 문재인      "정권교체 하겠습니다!    정치교체 하겠습니다!    시대교체 ~
## 2 박근혜      "존경하는 국민 여러분! 저는 오늘, 국민 한 분 한 분의 꿈~
## 3 이명박      "존경하는 국민 여러분, 사랑하는 한나라당 당원 동지 여러분!~
## 4 노무현      "어느때인가 부터 제가 대통령이 되겠다고 말을 하기 시작했습니~
```

🍚 노무현 전 대통령의 대선 출마 선언문 출처: bit.ly/easytext_32
🍚 이명박 전 대통령의 대선 출마 선언문 출처: bit.ly/easytext_33

```
# 기본적인 전처리
speeches <- raw_speeches %>%
  mutate(value = str_replace_all(value, "[^가-힣]", " "),
         value = str_squish(value))

# 토큰화
speeches <- speeches %>%
  unnest_tokens(input = value,
                output = word,
                token = extractNoun)

# 단어 빈도 구하기
frequency <- speeches %>%
  count(president, word) %>%
  filter(str_count(word) > 1)

frequency

## # A tibble: 1,513 x 3
##    president word       n
##    <chr>     <chr> <int>
##  1 노무현    가슴      2
##  2 노무현    가훈      2
##  3 노무현    갈등      1
##  4 노무현    감옥      1
##  5 노무현    강자      1
##  6 노무현    개편      4
##  7 노무현    개혁      4
##  8 노무현    건국      1
##  9 노무현    경선      1
## 10 노무현    경쟁      1
## # ... with 1,503 more rows
```

2. TF-IDF 구하기

tidytext 패키지의 bind_tf_idf()를 이용하면 TF-IDF를 구할 수 있습니다.
bind_tf_idf()에는 다음과 같은 파라미터를 입력합니다.

- term: 단어
- document: 텍스트 구분 기준
- n: 단어 빈도

frequency를 bind_tf_idf()에 적용해 TF-IDF를 구한 다음 tf_idf가 높은 순으로 정렬하겠습니다. 출력 결과를 보면 tf, idf, tf_idf가 추가되었음을 알 수 있습니다.

```
frequency <- frequency %>%
  bind_tf_idf(term = word,              # 단어
              document = president,     # 텍스트 구분 변수
              n = n) %>%                # 단어 빈도
  arrange(-tf_idf)

frequency

## # A tibble: 1,513 x 6
##    president word       n      tf   idf tf_idf
##    <chr>     <chr>  <int>   <dbl> <dbl>  <dbl>
##  1 노무현    공식       6  0.0163  1.39 0.0227
##  2 노무현    비젼       6  0.0163  1.39 0.0227
##  3 노무현    정계       6  0.0163  1.39 0.0227
##  4 이명박    리더십     6  0.0158  1.39 0.0219
##  5 노무현    권력       9  0.0245 0.693 0.0170
##  6 노무현    개편       4  0.0109  1.39 0.0151
##  7 이명박    당원       4  0.0105  1.39 0.0146
##  8 이명박    동지       4  0.0105  1.39 0.0146
##  9 이명박    일류국가   4  0.0105  1.39 0.0146
## 10 박근혜    박근혜     8 0.00962  1.39 0.0133
## # ... with 1,503 more rows
```

🐢 bind_tf_idf()로 생성한 tf는 94쪽에서 설명한 TF와 달리 대상 텍스트의 전체 단어 수에서 해당 단어의 수가 차지하는 '비율'을 의미합니다. 단어 빈도를 전체 단어 빈도로 나눈 비율이므로 텍스트에 사용된 전체 단어 수가 많을수록 작아집니다.

• TF-IDF가 높은 단어 살펴보기

TF-IDF를 이용하면 텍스트의 특징을 드러내는 중요한 단어가 무엇인지 파악할 수 있습니다. `tf_idf`가 높은 단어를 살펴보면 각 대통령이 다른 대통령들과 달리 무엇을 강조했는지 알 수 있습니다.

```
frequency %>% filter(president == "문재인")

## # A tibble: 688 x 6
##    president word       n      tf   idf  tf_idf
##    <chr>     <chr>   <int>   <dbl> <dbl>   <dbl>
## 1 문재인    복지국가    8 0.00608  1.39 0.00843
## 2 문재인    여성        6 0.00456  1.39 0.00633
## 3 문재인    공평        5 0.00380  1.39 0.00527
## 4 문재인    담쟁이      5 0.00380  1.39 0.00527
## 5 문재인    대통령의    5 0.00380  1.39 0.00527
## # ... with 683 more rows
```

```
frequency %>% filter(president == "박근혜")

## # A tibble: 407 x 6
##    president word       n      tf   idf  tf_idf
##    <chr>     <chr>   <int>   <dbl> <dbl>   <dbl>
## 1 박근혜    박근혜      8 0.00962  1.39  0.0133
## 2 박근혜    정보        5 0.00601  1.39 0.00833
## 3 박근혜    투명        5 0.00601  1.39 0.00833
## 4 박근혜    행복       23 0.0276  0.288 0.00795
## 5 박근혜    교육        9 0.0108  0.693 0.00750
## # ... with 402 more rows
```

```
frequency %>% filter(president == "이명박")

## # A tibble: 202 x 6
##    president word       n      tf   idf  tf_idf
##    <chr>     <chr>   <int>   <dbl> <dbl>   <dbl>
## 1 이명박    리더십      6 0.0158  1.39  0.0219
## 2 이명박    당원        4 0.0105  1.39  0.0146
## 3 이명박    동지        4 0.0105  1.39  0.0146
## 4 이명박    일류국가    4 0.0105  1.39  0.0146
## 5 이명박    한나라      7 0.0184 0.693  0.0128
## # ... with 197 more rows
```

```
frequency %>% filter(president == "노무현")

## # A tibble: 216 x 6
##    president word      n     tf   idf tf_idf
##    <chr>     <chr> <int>  <dbl> <dbl>  <dbl>
## 1 노무현      공식      6 0.0163 1.39  0.0227
## 2 노무현      비전      6 0.0163 1.39  0.0227
## 3 노무현      정계      6 0.0163 1.39  0.0227
## 4 노무현      권력      9 0.0245 0.693 0.0170
## 5 노무현      개편      4 0.0109 1.39  0.0151
## # ... with 211 more rows
```

• **TF-IDF가 낮은 단어 살펴보기**

TF-IDF가 낮은 단어를 살펴보면 역대 대통령들이 공통으로 사용한 흔한 단어를 알 수 있습니다. 출력 결과를 보면 **"국민"**, **"경제"** 등 범용적인 단어의 TF-IDF가 0임을 알 수 있습니다.

```
frequency %>%
  filter(president == "문재인") %>%
  arrange(tf_idf)

## # A tibble: 688 x 6
##    president word      n      tf   idf tf_idf
##    <chr>     <chr> <int>   <dbl> <dbl>  <dbl>
## 1 문재인      경쟁      6 0.00456     0      0
## 2 문재인      경제     15 0.0114      0      0
## 3 문재인      고통      4 0.00304     0      0
## 4 문재인      과거      1 0.000760    0      0
## 5 문재인      국민     21 0.0160      0      0
## # ... with 683 more rows
```

```
frequency %>%
  filter(president == "박근혜") %>%
  arrange(tf_idf)
```

```
## # A tibble: 407 x 6
##   president word     n     tf   idf tf_idf
##   <chr>    <chr> <int>  <dbl> <dbl>  <dbl>
## 1 박근혜    경쟁     1 0.00120     0      0
## 2 박근혜    경제    15 0.0180      0      0
## 3 박근혜    고통     4 0.00481     0      0
## 4 박근혜    과거     2 0.00240     0      0
## 5 박근혜    국민    72 0.0865      0      0
## # ... with 402 more rows
```

Do it! 실습 **막대 그래프 만들기**

각 연설문에서 TF-IDF가 높은 단어를 추출해 막대 그래프를 만들겠습니다. 출력한 그래프를 보면 역대 대통령의 개성을 드러내는 단어를 파악할 수 있습니다.

```r
# 주요 단어 추출
top10 <- frequency %>%
  group_by(president) %>%
  slice_max(tf_idf, n = 10, with_ties = F)


# 그래프 순서 정하기
top10$president <- factor(top10$president,
                          levels = c("문재인", "박근혜", "이명박", "노무현"))


# 막대 그래프 만들기
ggplot(top10, aes(x = reorder_within(word, tf_idf, president),
                  y = tf_idf,
                  fill = president)) +
  geom_col(show.legend = F) +
  coord_flip() +
  facet_wrap(~ president, scales = "free", ncol = 2) +
  scale_x_reordered() +
  labs(x = NULL) +
  theme(text = element_text(family = "nanumgothic"))
```

🖱 factor()를 이용해 변수 항목의 levels를 정하면 원하는 순서로 그래프를 나열할 수 있습니다.

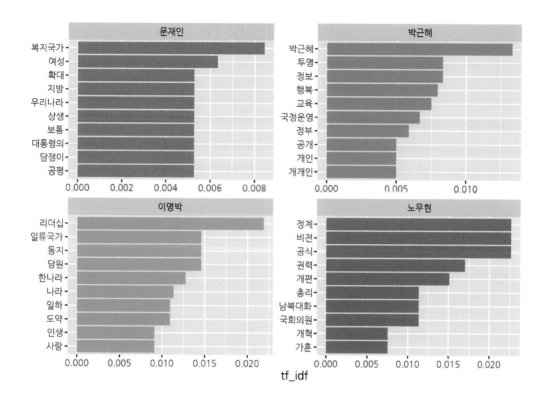

TF-IDF의 한계와 대안

알아 두면 좋아요!

모든 문서에 사용된 단어는 IDF가 0이므로 TF-IDF도 0이 됩니다. 따라서 TF-IDF를 활용하면 어떤 단어가 특정 문서에 특출나게 많이 사용되더라도 모든 문서에 사용되면 발견할 수 없는 한계가 있습니다.

'weighted log odds'를 활용하면 이런 한계를 극복할 수 있습니다. weighted log odds는 단어 등장 확률을 가중치로 이용하기 때문에, 어떤 단어가 모든 문서에 사용되더라도 특정 문서에 많이 사용되면 발견할 수 있습니다. 또한, 오즈비와 달리 셋 이상의 문서를 비교할 때도 사용할 수 있는 장점이 있습니다. tidylo 패키지를 이용하면 weighted log odds를 쉽게 구할 수 있습니다. 다음 글을 참고하세요.

- tidylo 패키지 깃허브 주소: github.com/juliasilge/tidylo

정리하기

1. 단어 빈도 비교하기

```r
# 토큰화
speeches <- speeches %>%
  unnest_tokens(input = value,
                output = word,
                token = extractNoun)

# 하위 집단별 단어 빈도 구하기
frequency <- speeches %>%
  count(president, word) %>%
  filter(str_count(word) > 1)

# 가장 많이 사용된 단어 추출
top10 <- frequency %>%
  group_by(president) %>%
  slice_max(n, n = 10, with_ties = F)
```

2. 로그 오즈비로 단어 비교하기

```r
# long form을 wide form으로 변환
frequency_wide <- frequency %>%
  pivot_wider(names_from = president,
              values_from = n,
              values_fill = list(n = 0))

# 로그 오즈비 구하기
frequency_wide <- frequency_wide %>%
  mutate(log_odds_ratio = log(((moon + 1) / (sum(moon + 1))) /
                              ((park + 1) / (sum(park + 1)))))
# 상대적으로 중요한 단어 추출
top10 <- frequency_wide %>%
  group_by(president = ifelse(log_odds_ratio > 0, "moon", "park")) %>%
  slice_max(abs(log_odds_ratio), n = 10, with_ties = F)
```

3. TF-IDF로 단어 비교하기

```r
# TF-IDF 구하기
frequency <- frequency %>%
  bind_tf_idf(term = word,
              document = president,
              n = n) %>%
  arrange(-tf_idf)

# 상대적으로 중요한 단어 추출
top10 <- frequency %>%
  arrange(tf_idf) %>%
  group_by(president) %>%
  slice_max(tf_idf, n = 10, with_ties = F)
```

분석 도전!

역대 대통령의 대선 출마 선언문을 담은 speeches_presidents.csv를 이용해 문제를 해결해 보세요.

Q1.1 speeches_presidents.csv를 불러와 이명박 전 대통령과 노무현 전 대통령의 연설문을 추출하고
분석에 적합하게 전처리하세요.

Q1.2 연설문에서 명사를 추출한 다음 연설문별 단어 빈도를 구하세요.

Q1.3 로그 오즈비를 이용해 두 연설문에서 상대적으로 중요한 단어를 10개씩 추출하세요.

Q1.4 두 연설문에서 상대적으로 중요한 단어를 나타낸 막대 그래프를 만드세요.

역대 대통령의 취임사를 담은 inaugural_address.csv를 이용해 문제를 해결해 보세요.

Q2.1 다음 코드를 실행해 inaugural_address.csv를 불러온 다음 분석에 적합하게 전처리하고 연설문에서
명사를 추출하세요.

```
raw_speeches <- read_csv("inaugural_address.csv")
```

🌐 문재인 대통령의 취임사 출처: bit.ly/easytext_34
🌐 이명박, 박근혜, 노무현 전 대통령의 취임사 출처: bit.ly/easytext_35

Q2.2 TF-IDF를 이용해 각 연설문에서 상대적으로 중요한 단어를 10개씩 추출하세요.

Q2.3 각 연설문에서 상대적으로 중요한 단어를 나타낸 막대 그래프를 만드세요.

정답: github.com/youngwoos/Doit_textmining

감정 분석:
어떤 마음으로 글을 썼을까?

텍스트에 어떤 감정이 담겨있는지 분석하는 방법을 감정 분석(sentiment analysis)이라고 합니다. 감정 분석을 하면 글쓴이가 어떤 감정을 담아 글을 썼는지, 사람들이 어떤 주제를 긍정적으로 느끼는지 아니면 부정적으로 느끼는지 파악할 수 있습니다. 이 장에서는 텍스트의 감정을 분석하는 방법을 알아봅니다.

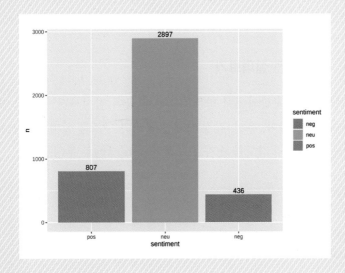

04-1 감정 사전 활용하기

04-2 댓글 감정 분석하기

04-3 감정 범주별 주요 단어 살펴보기

04-4 감정 사전 수정하기

04-1
감정 사전 활용하기

감정 분석을 할 때는 '감정 사전'을 활용합니다. 감정 사전은 감정을 나타낸 단어와 감정의 강도를 표현한 숫자로 구성됩니다. 감정 사전을 이용해서 문장의 단어에 감정 점수를 부여한 다음 합산하면 문장이 어떤 감정을 표현하는지 파악할 수 있습니다.

감성 사전		감정 점수 부여	합산

감성 사전	
만족스럽다	+2
예쁘고	+2
좋아서	+2
괜찮다	+1
나쁘고	-2
비싸다	-2

감정 점수 부여

+2 +2 +2
디자인 예쁘고 마감도 좋아서 만족스럽다. = +6

+1   -2   -2
디자인은 괜찮다. 그런데 마감이 나쁘고 가격도 비싸다. = -3

⌨ Do it! 실습 감정 사전 살펴보기

군산대학교 소프트웨어융합공학과에서 만든 'KNU 한국어 감성사전'을 이용해 감정 분석을 하는 방법을 알아보겠습니다. 우선, 감정 사전을 불러와 구조를 살펴보겠습니다. 감정 사전은 감정 단어 word와 감정의 강도를 숫자로 표현한 polarity로 구성됩니다.

```
# 감정 사전 불러오기
library(dplyr)
library(readr)
dic <- read_csv("knu_sentiment_lexicon.csv")
```

🐢 'KNU 한국어 감성사전' 출처: github.com/park1200656/KnuSentiLex

```
# 긍정 단어
dic %>%
  filter(polarity == 2) %>%
  arrange(word)


## # A tibble: 2,602 x 2
##   word             polarity
##   <chr>               <dbl>
## 1 가능성이 늘어나다          2
## 2 가능성이 있다고           2
## 3 가능하다              2
## 4 가볍고 상쾌하다          2
## 5 가볍고 상쾌한           2
## # ... with 2,597 more rows
```

```
# 부정 단어
dic %>%
  filter(polarity == -2) %>%
  arrange(word)


## # A tibble: 4,799 x 2
##   word             polarity
##   <chr>               <dbl>
## 1 가난               -2
## 2 가난뱅이             -2
## 3 가난살이             -2
## 4 가난살이하다           -2
## 5 가난설음             -2
## # ... with 4,794 more rows
```

감정 단어의 종류 살펴보기

감정 단어를 나타낸 word는 한 단어로 구성된 단일어, 두 개 이상의 단어가 결합된 복합어,
^^, ㅠㅠ 같은 이모티콘으로 구성됩니다. polarity는 +2에서 -2까지 5가지 정수로 되어 있
습니다. 긍정 단어는 +, 부정 단어는 -로 표현됩니다. 긍정과 부정 중 어느 한쪽으로 판단하
기 어려운 중성 단어는 0으로 표현됩니다.

```
dic %>%
  filter(word %in% c("좋은", "나쁜"))


## # A tibble: 2 x 2
##   word  polarity
##   <chr>    <dbl>
## 1 좋은         2
## 2 나쁜        -2
```

```
dic %>%
  filter(word %in% c("기쁜", "슬픈"))


## # A tibble: 2 x 2
##   word  polarity
##   <chr>    <dbl>
## 1 슬픈        -2
## 2 기쁜         2
```

```
# 이모티콘
library(stringr)
dic %>%
  filter(!str_detect(word, "[가-힣]")) %>%
  arrange(word)
```

```
## # A tibble: 77 x 2
##   word  polarity
##   <chr>    <dbl>
## 1 -_-^        -1
## 2 (-;          1
## 3 (-_-)       -1
## 4 (;_;)       -1
## 5 (^-^)        1
## # ... with 72 more rows
```

감정 사전의 단어는 총 14,854개입니다. 긍정 단어 4,871개, 부정 단어 9,829개, 중성 단어 154개로 구성됩니다.

```
dic %>%
  mutate(sentiment = ifelse(polarity >=  1, "pos",
                     ifelse(polarity <= -1, "neg", "neu"))) %>%
  count(sentiment)

## # A tibble: 3 x 2
##   sentiment      n
##   <chr>      <int>
## 1 neg         9829
## 2 neu          154
## 3 pos         4871
```

⌨ Do it! 실습 문장의 감정 점수 구하기

1. 단어 기준으로 토큰화하기

감정 사전을 이용해 문장의 감정 점수를 구하는 방법을 알아보겠습니다. 우선, 분석할 텍스트의 단어를 감정 사전의 단어와 대조할 수 있도록 토큰화해야 합니다. 감정 사전은 형태소가 아니라 단어로 구성되어 있으므로 분석할 텍스트도 단어로 토큰화해야 합니다. unnest_tokens()를 이용해 샘플 텍스트를 단어로 토큰화하겠습니다. 이때 drop = F를 입력해 원문을 제거하지 않도록 합니다. 이렇게 하면 각 단어가 어느 문장에서 추출됐는지 알 수 있습니다.

```
df <- tibble(sentence = c("디자인 예쁘고 마감도 좋아서 만족스럽다.",
                          "디자인은 괜찮다. 그런데 마감이 나쁘고 가격도 비싸다."))
df

## # A tibble: 2 x 1
##   sentence
##   <chr>
## 1 디자인 예쁘고 마감도 좋아서 만족스럽다.
## 2 디자인은 괜찮다. 그런데 마감이 나쁘고 가격도 비싸다.
```

```
library(tidytext)
df <- df %>%
  unnest_tokens(input = sentence,
                output = word,
                token = "words",
                drop = F)

df

## # A tibble: 12 x 2
##    sentence                                        word
##    <chr>                                           <chr>
##  1 디자인 예쁘고 마감도 좋아서 만족스럽다.          디자인
##  2 디자인 예쁘고 마감도 좋아서 만족스럽다.          예쁘고
##  3 디자인 예쁘고 마감도 좋아서 만족스럽다.          마감도
##  4 디자인 예쁘고 마감도 좋아서 만족스럽다.          좋아서
##  5 디자인 예쁘고 마감도 좋아서 만족스럽다.          만족스럽다
##  6 디자인은 괜찮다. 그런데 마감이 나쁘고 가격도 비싸다.  디자인은
##  7 디자인은 괜찮다. 그런데 마감이 나쁘고 가격도 비싸다.  괜찮다
##  8 디자인은 괜찮다. 그런데 마감이 나쁘고 가격도 비싸다.  그런데
##  9 디자인은 괜찮다. 그런데 마감이 나쁘고 가격도 비싸다.  마감이
## 10 디자인은 괜찮다. 그런데 마감이 나쁘고 가격도 비싸다.  나쁘고
## 11 디자인은 괜찮다. 그런데 마감이 나쁘고 가격도 비싸다.  가격도
## 12 디자인은 괜찮다. 그런데 마감이 나쁘고 가격도 비싸다.  비싸다
```

? 단어에 감정 점수 부여하기

토큰화한 단어에 감정 점수를 부여하겠습니다. `dplyr` 패키지의 `left_join()`을 이용해
`word` 기준으로 감정 사전을 결합하면 각 단어에 감정 점수가 부여됩니다. 단어가 감정 사전
에 없으면 `polarity`의 값이 NA가 되는데, 이때는 0을 부여합니다.

다음 코드의 출력 결과를 보면 첫 번째 문장의 "예쁘고", "좋아서", "만족스럽다"에 긍정 점수가 부여되었습니다. 두 번째 문장은 "괜찮다"에 긍정 점수가 부여됐고, "나쁘고", "비싸다"에는 부정 점수가 부여되었습니다.

```
df <- df %>%
  left_join(dic, by = "word") %>%
  mutate(polarity = ifelse(is.na(polarity), 0, polarity))

df

## # A tibble: 12 x 3
##    sentence                              word      polarity
##    <chr>                                 <chr>        <dbl>
##  1 디자인 예쁘고 마감도 좋아서 만족스럽다.    디자인          0
##  2 디자인 예쁘고 마감도 좋아서 만족스럽다.    예쁘고          2
##  3 디자인 예쁘고 마감도 좋아서 만족스럽다.    마감도          0
##  4 디자인 예쁘고 마감도 좋아서 만족스럽다.    좋아서          2
##  5 디자인 예쁘고 마감도 좋아서 만족스럽다.    만족스럽다        2
## ...
##  9 디자인은 괜찮다. 그런데 마감이 나쁘고 가격도 ~   마감이          0
## 10 디자인은 괜찮다. 그런데 마감이 나쁘고 가격도 ~   나쁘고         -2
## 11 디자인은 괜찮다. 그런데 마감이 나쁘고 가격도 ~   가격도          0
## 12 디자인은 괜찮다. 그런데 마감이 나쁘고 가격도 ~   비싸다         -2
```

3. 문장별로 감정 점수 합산하기

sencence별로 감정 점수를 합산하겠습니다. 출력 결과를 보면, 첫 번째 문장은 세 단어가 +2이므로 합산해 6이 되었습니다. 두 번째 문장은 한 단어는 +1, 두 단어는 -2이므로 합산해 -3이 되었습니다.

```
score_df <- df %>%
  group_by(sentence) %>%
  summarise(score = sum(polarity))

score_df

## # A tibble: 2 x 2
##   sentence                              score
##   <chr>                                 <dbl>
## 1 디자인 예쁘고 마감도 좋아서 만족스럽다.       6
## 2 디자인은 괜찮다. 그런데 마감이 나쁘고 가격도 비싸다.   -3
```

04-2
댓글 감정 분석하기

이제 실제 텍스트를 이용해 감정 분석을 하겠습니다. `news_comment_parasite.csv`에는 2020년 2월 10일 엉화 '기생충'의 아카데미상 수상 소식을 다룬 기사에 달린 댓글이 들어 있습니다. 댓글을 분석해 긍정적인 댓글과 부정적인 댓글 중 무엇이 더 많은지, 어떤 내용의 댓글이 달렸는지 알아보겠습니다.

📟 Do it! 실습 기본적인 전처리

우선, 기사 댓글 데이터를 불러와 기본적인 전처리를 하겠습니다.

- **고유 번호 변수 만들기**: 댓글의 내용이 같아도 구별할 수 있도록 `mutate()`와 `row_number()`를 이용해 고유 번호 `id`를 추가합니다.

- **html 특수 문자 제거하기**: 웹에서 만들어진 텍스트는 ` ` 같은 html 특수 문자가 포함되어 있어서 내용을 알아보기 불편합니다. `textclean` 패키지의 `replace_html()`을 이용해 html 태그를 공백으로 바꾸고, `stringr` 패키지의 `str_squish()`를 이용해 중복 공백을 제거합니다.

- **특수 문자와 두 글자 미만 단어 포함하기**: 다음 코드를 보면 앞장과 달리 특수 문자를 제거하고 두 글자 이상의 단어만 남기는 작업을 하지 않습니다. 감정 사전에 특수 문자, 모음, 자음으로 된 두 글자 미만의 이모티콘도 포함되어 있는데, 이런 단어도 텍스트의 감정을 분석하는 데 활용해야 하기 때문입니다.

```r
# 데이터 불러오기
raw_news_comment <- read_csv("news_comment_parasite.csv")

# 기본적인 전처리
install.packages("textclean")
library(textclean)
```

```
news_comment <- raw_news_comment %>%
  mutate(id = row_number(),
         reply = str_squish(replace_html(reply)))

# 데이터 구조 확인
glimpse(news_comment)

## Rows: 4,150
## Columns: 6
## $ reg_time <dttm> 2020-02-10 16:59:02, 2020-02-10 13:32...
## $ reply    <chr> "정말 우리 집에 좋은 일이 생겨 기쁘고 행복한 것처럼!! 나의 일...
## $ press    <chr> "MBC", "SBS", "한겨레", "한겨레", "한겨레", "한겨...
## $ title    <chr> "'기생충' 아카데미 작품상까지 4관왕…영화사 새로 썼다", "[영상...
## $ url      <chr> "https://news.naver.com/main/read.nhn?...
## $ id       <int> 1, 2, 3, 4, 5, 6, 7, 8, 9, 10, 11, 12,...
```

🌐 glimpse()는 데이터 구조를 요약해 보여 주는 dplyr 패키지의 함수입니다. 요약 결과를 줄을 맞춰 출력하기 때문에 str() 보다 데이터 구조를 파악하기 좋습니다.

⌨️ Do it! 실습   단어 기준으로 토큰화하고 감정 점수 부여하기

news_comment를 단어 기준으로 토큰화하고 각 단어에 감정 점수를 부여하겠습니다.

```
# 토큰화
word_comment <- news_comment %>%
  unnest_tokens(input = reply,
                output = word,
                token = "words",
                drop = F)

word_comment %>%
  select(word, reply)

## # A tibble: 37,718 x 2
##    word   reply
##    <chr>  <chr>
## 1 정말   정말 우리 집에 좋은 일이 생겨 기쁘고 행복한 것처럼!! 나의 일인 ~
## 2 우리   정말 우리 집에 좋은 일이 생겨 기쁘고 행복한 것처럼!! 나의 일인 ~
## 3 집에   정말 우리 집에 좋은 일이 생겨 기쁘고 행복한 것처럼!! 나의 일인 ~
(... 생략 ...)
```

```
# 감정 점수 부여
word_comment <- word_comment %>%
  left_join(dic, by = "word") %>%
  mutate(polarity = ifelse(is.na(polarity), 0, polarity))


word_comment %>%
  select(word, polarity)


## # A tibble: 37,718 x 2
##    word   polarity
##    <chr>     <dbl>
## 1 정말          0
## 2 우리          0
## 3 집에          0
## 4 좋은          2
## 5 일이          0
## # ... with 37,713 more rows
```

⌨ Do it! 실습   자주 사용된 감정 단어 살펴보기

댓글별로 감정 점수를 합산하기 전에, 어떤 감정 단어가 자주 사용되었는지 알아보겠습니다.

1. 감정 분류하기

감정이 분명하게 드러난 단어를 중심으로 살펴보기 위해 polarity가 2이면 pos(긍정), -2이면 neg(부정), 그 외에는 neu(중립)를 부여한 변수 sentiment를 만들겠습니다. sentiment로 빈도를 구하면 어떤 감정을 표현한 단어가 많은지 알 수 있습니다.

```
word_comment <- word_comment %>%
  mutate(sentiment = ifelse(polarity ==  2, "pos",
                     ifelse(polarity == -2, "neg", "neu")))

word_comment %>%
  count(sentiment)
```

```
## # A tibble: 3 x 2
##   sentiment     n
##   <chr>     <int>
## 1 neg         285
## 2 neu       36671
## 3 pos         762
```

2. 막대 그래프 만들기

중립 단어는 제외하고, 긍정 단어와 부정 단어 중 가장 자주 사용된 단어를 10개씩 추출해
막대 그래프를 만들겠습니다.

```
top10_sentiment <- word_comment %>%
  filter(sentiment != "neu") %>%
  count(sentiment, word) %>%
  group_by(sentiment) %>%
  slice_max(n, n = 10)


top10_sentiment
(... 생략 ...)
```

```
# 막대 그래프 만들기
library(ggplot2)
ggplot(top10_sentiment, aes(x = reorder(word, n),
                            y = n,
                            fill = sentiment)) +
  geom_col() +
  coord_flip() +
  geom_text(aes(label = n), hjust = -0.3) +
  facet_wrap(~ sentiment, scales = "free") +
  scale_y_continuous(expand = expansion(mult = c(0.05, 0.15))) +
  labs(x = NULL) +
  theme(text = element_text(family = "nanumgothic"))
```

🐢 scale_y_continuous()에 입력한 expansion()은 막대와 그래프 경계의 간격을 넓히는 기능을 합니다. 막대 끝에 표현한 빈
도 값이 그래프 경계 밖으로 벗어나지 않도록 하기 위해 사용합니다.

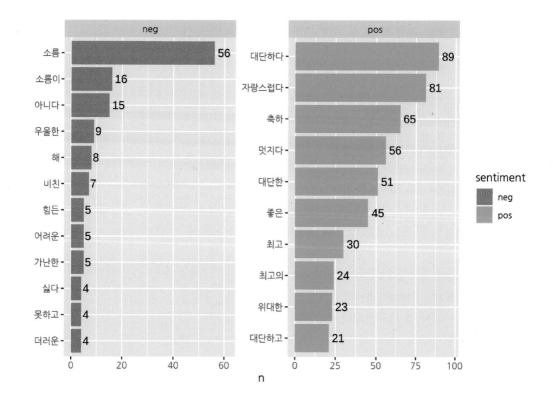

그래프를 보면 긍정 단어는 **"대단하다"**, **"자랑스럽다"**, **"축하"** 등의 빈도가 높습니다. 아카데미상 수상을 축하하는 댓글들에 사용된 단어라고 예상할 수 있습니다. 부정 단어는 **"소름"**, **"아니다"**, **"우울한"** 등의 빈도가 높습니다. 영화를 보며 생긴 부정적인 감정을 표현한 댓글들에 사용된 단어라고 예상할 수 있습니다.

앞에서 추출한 단어들은 댓글에 사용된 단어 중 감정 사전에 있는 일부입니다. 텍스트의 전반적인 내용을 파악하려면 감정 점수가 부여되지 않은 단어까지 포함해 분석해야 합니다. 이 방법은 04-3에서 자세히 다룹니다.

🍚 **"소름"**, **"미친"** 등은 부정적인 단어가 아니라 긍정적인 감정을 극적으로 표현하는 단어일 수도 있기 때문에 감정 사전을 수정해서 점수를 부여해야 합니다. 이에 대해서는 04-4에서 다룹니다.

댓글별로 감정 점수를 구해 감정 점수가 높은 댓글이 어떤 내용을 담고 있는지 살펴보겠습니다.

1. 댓글별 감정 점수 구하기

word_comment를 id, reply별로 분리한 다음 polarity를 합산해 감정 점수를 구합니다. 그런 다음 이후 분석 작업을 그룹별로 처리하지 않도록 ungroup()을 이용해 그룹을 해제합니다.

id로 먼저 나누는 이유는 내용이 같은 댓글이 여럿 있더라도 서로 다른 댓글로 취급하기 위함입니다. id별로 먼저 나누지 않으면 내용이 같은 댓글들의 점수가 모두 하나로 합산됩니다.

```
score_comment <- word_comment %>%
  group_by(id, reply) %>%
  summarise(score = sum(polarity)) %>%
  ungroup()

score_comment %>%
  select(score, reply)

## # A tibble: 4,140 x 2
##    score reply
##    <dbl> <chr>
## 1      6 정말 우리 집에 좋은 일이 생겨 기쁘고 행복한 것처럼!! 나의 일인 ~
## 2      6 와 너무 기쁘다! 이 시국에 정말 내 일같이 기쁘고 감사하다!!! 축~
## 3      4 우리나라의 영화감독분들 그리고 앞으로 그 꿈을 그리는 분들에게 큰 영~
## 4      3 봉준호 감독과 우리나라 대한민국 모두 자랑스럽다. 세계 어디를 가고 ~
## 5      0 노벨상 탄느낌이네요 축하축하 합니다
## # ... with 4,135 more rows
```

2. 감정 점수 높은 댓글 살펴보기

감정 점수 기준으로 내림차순 정렬하면 감정이 강하게 표현된 댓글을 살펴볼 수 있습니다. 출력 결과에서 감정 점수가 높은 댓글을 보면 제작진의 수상을 축하하고 대한민국의 위상이 올라간 것을 기뻐하는 긍정적인 내용이 주를 이룹니다. 감정 점수가 낮은 댓글을 보면 감독의 정치 성향이나 영화 내용으로 연상되는 사회 문제를 비판하는 부정적인 내용이 주를 이루고 있습니다.

```
# 긍정 댓글
score_comment %>%
  select(score, reply) %>%
  arrange(-score)

## # A tibble: 4,140 x 2
##    score reply
##    <dbl> <chr>
## 1     11 아니 다른상을 받은것도 충분히 대단하고 굉장하지만 최고의 영예인 작품~
## 2      9 봉준호의 위대한 업적은 진보 영화계의 위대한 업적이고 대한민국의 업적~
## 3      7 이 수상소식을 듣고 억수로 기뻐하는 가족이 있을것 같다. SNS를 통~
## 4      7 감사 감사 감사 수상 소감도 3관왕 답네요
## 5      6 정말 우리 집에 좋은 일이 생겨 기쁘고 행복한 것처럼!! 나의 일인 ~
## # ... with 4,135 more rows
```

```
# 부정 댓글
score_comment %>%
  select(score, reply) %>%
  arrange(score)

## # A tibble: 4,140 x 2
##    score reply
##    <dbl> <chr>
## 1     -7 기생충 영화 한국인 으로써 싫다 대단히 싫다!! 가난한 서민들의 마지~
## 2     -6 이 페미민국이 잘 되는 게 아주 싫다. 최악의 나쁜일들과 불운, 불행~
## 3     -5 특정 인물의 성공을 국가의 부흥으로 연관짓는 것은 미개한 발상이다. ~
## 4     -4 좌파들이 나라 망신 다 시킨다..ㅜ 설레발 오지게 치더니..꼴랑 각본~
## 5     -4 부패한 386 민주화 세대 정권의 무분별한 포퓰리즘으로 탄생한 좀비들~
## # ... with 4,135 more rows
```

Do it! 실습   감정 경향 살펴보기

긍정적인 댓글이 많은지 아니면 부정적인 댓글이 많은지, 전반적인 감정 경향을 알아보겠습니다.

1. 감정 점수 빈도 구하기

댓글의 감정 점수 빈도를 보면, 감정 사전에 없는 단어만 사용해 0점이 부여된 댓글이 가장 많고, 점수가 높거나 낮은 양 극단으로 갈 수록 빈도가 감소하는 경향이 있습니다.

```
score_comment %>%
  count(score)

## # A tibble: 17 x 2
##    score       n
##    <dbl>   <int>
##  1    -7       1
##  2    -6       1
##  3    -5       1
##  4    -4      17
##  5    -3      35
##  6    -2     175
##  7    -1     206
##  8     0    2897
##  9     1     222
## 10     2     432
## 11     3      57
## 12     4      71
## 13     5       7
## 14     6      14
## 15     7       2
## 16     9       1
## 17    11       1
```

2. 감정 분류하고 막대 그래프 만들기

score 기준으로 댓글의 감정을 분류하겠습니다. 1 이상이면 pos, -1 이하면 neg, 그 외에는 neu으로 분류하겠습니다.

```
score_comment <- score_comment %>%
  mutate(sentiment = ifelse(score >=  1, "pos",
                     ifelse(score <= -1, "neg", "neu")))
```

sentiment별 빈도와 비율을 구해 댓글의 전반적인 감정 경향을 살펴보겠습니다. 출력 결과를 보면, 중립 댓글이 70%로 가장 많고, 긍정 댓글은 19.5%, 부정 댓글은 10.5%로 구성됩니다.

```
frequency_score <- score_comment %>%
  count(sentiment) %>%
  mutate(ratio = n/sum(n)*100)

frequency_score

## # A tibble: 3 x 3
##   sentiment      n ratio
##   <chr>      <int> <dbl>
## 1 neg          436  10.5
## 2 neu         2897  70.0
## 3 pos          807  19.5
```

frequency_score를 이용해 막대 그래프를 만들겠습니다. 출력한 그래프를 보면 중립, 긍정, 부정 순으로 댓글이 많음을 한눈에 알 수 있습니다.

```
# 막대 그래프 만들기
ggplot(frequency_score, aes(x = sentiment, y = n, fill = sentiment)) +
  geom_col() +
  geom_text(aes(label = n), vjust = -0.3) +
  scale_x_discrete(limits = c("pos", "neu", "neg"))
```

scale_x_discrete()는 x축 순서를 정하는 기능을 합니다. 따로 정하지 않으면 항목의 알파벳 순서로 정렬합니다.

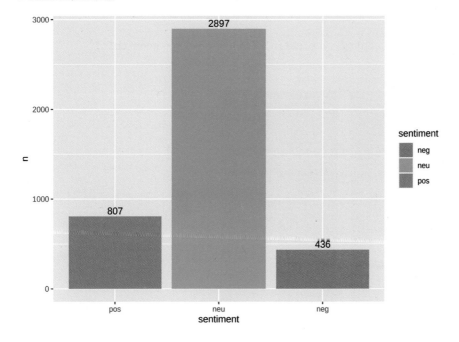

3. 비율 누적 막대 그래프 만들기

이번에는 감정 범주 비율을 나타낸 누적 막대 그래프를 만들어 보겠습니다. 하나의 막대 위에 여러 범주의 비율을 표현한 누적 막대 그래프를 만들면 구성 요소의 비중 차이를 한눈에 파악할 수 있습니다.

• 샘플 데이터로 비율 누적 막대 그래프 만들기

샘플 데이터로 누적 막대 그래프를 만들어 보겠습니다. 누적 막대 그래프를 만들려면 데이터에 x축, y축, 누적 막대를 표현할 변수가 있어야 합니다. 다음 코드로 출력한 그래프를 보면, x축이 contry, y축이 ratio로 구성되고, 각 막대가 fill에 지정한 sex별로 누적되어 있습니다.

```r
df <- tibble(contry = c("Korea", "Korea", "Japen", "Japen"),    # 축
             sex = c("M", "F", "M", "F"),                        # 누적 막대
             ratio = c(60, 40, 30, 70))                          # 값
df

## # A tibble: 4 x 3
##    contry sex    ratio
##    <chr>  <chr>  <dbl>
## 1 Korea  M         60
## 2 Korea  F         40
## 3 Japen  M         30
## 4 Japen  F         70

ggplot(df, aes(x = contry, y = ratio, fill = sex)) + geom_col()
```

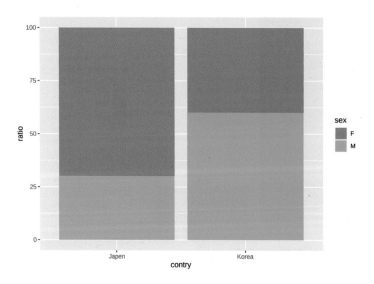

geom_text()를 이용하면 막대에 비율을 표기할 수 있습니다. 다음 코드에서 paste0()는
비율에 %를 붙이는 기능을 하고, position_stack(vjust = 0.5)은 비율을 막대의 가운데
에 표시하는 기능을 합니다.

```
ggplot(df, aes(x = contry, y = ratio, fill = sex)) +
  geom_col() +
  geom_text(aes(label = paste0(ratio, "%")),            # % 표시
            position = position_stack(vjust = 0.5))     # 가운데 표시
```

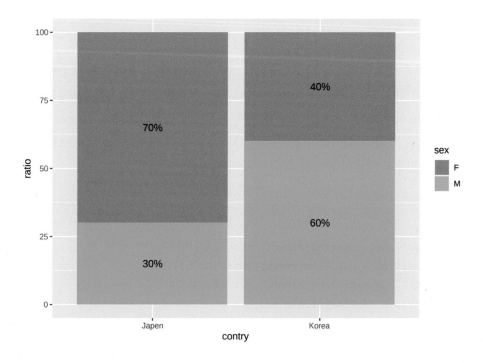

• 댓글의 감정 비율로 누적 막대 그래프 만들기

댓글의 감정 비율을 나타낸 frequency_score를 이용해 누적 막대 그래프를 만들겠습니다.
frequency_score에는 샘플 데이터의 contry처럼 x축을 구성할 변수가 없습니다. 이때는
임의의 값을 넣은 더미 변수(dummy variable)를 만들어 활용하면 됩니다. frequency_score
에 dummy 변수를 추가하겠습니다. 여기서는 0을 입력하지만 다른 어떤 값을 입력해도 괜찮
습니다.

```
# 더미 변수 생성
frequency_score$dummy <- 0
frequency_score

## # A tibble: 3 x 4
##    sentiment     n ratio dummy
##    <chr>     <int> <dbl> <dbl>
## 1 neg         436  10.5     0
## 2 neu        2897  70.0     0
## 3 pos         807  19.5     0
```

frequency_score로 막대 그래프를 만들겠습니다. x축에는 dummy, y축에는 ratio, fill에
는 sentiment를 입력한 다음 geom_col()을 이용해 막대 그래프를 만듭니다. geom_text()
에 입력한 ratio는 round()를 이용해 소수점 둘째 자리에서 반올림합니다. theme()을 이
용해 x축의 이름, 값, 눈금을 삭제합니다. 출력한 그래프를 보면 막대가 sentiment별로 누
적되어 어떤 감정 범주의 댓글이 많은지 쉽게 알 수 있습니다.

```
ggplot(frequency_score, aes(x = dummy, y = ratio, fill = sentiment)) +
  geom_col() +
  geom_text(aes(label = paste0(round(ratio, 1), "%")),
            position = position_stack(vjust = 0.5)) +
  theme(axis.title.x = element_blank(),    # x축 이름 삭제
        axis.text.x  = element_blank(),    # x축 값 삭제
        axis.ticks.x = element_blank())     # x축 눈금 삭제
```

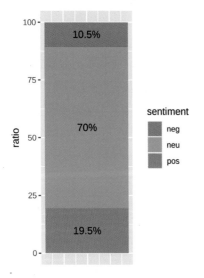

04-3
감정 범주별 주요 단어 살펴보기

로그 오즈비를 이용해 긍정 댓글과 부정 댓글에 상대적으로 어떤 단어가 자주 사용되었는지 알아보겠습니다.

⌨️ Do it! 실습   감정 범주별 단어 빈도 구하기

긍정 댓글과 부정 댓글의 단어 빈도를 구하겠습니다.

1. 토큰화하고 두 글자 이상 한글 단어만 남기기

문장별 감정 점수가 부여된 `score_comment`를 단어 기준으로 토큰화하고 의미를 해석할 수 있게 두 글자 이상의 한글 단어만 남기겠습니다. 앞에서 감정 점수를 구할 때는 감정 사전의 특수 문자, 모음, 자음으로 된 이모티콘도 활용해야 하므로 특수 문자를 제거하고 두 글자 이상의 한글 단어만 남기는 작업을 하지 않았습니다. 여기서는 감정 단어가 아니라 의미를 해석할 수 있는 단어를 분석하므로 두 글자 이상의 한글 단어만 남겨야 합니다.

```
comment <- score_comment %>%
  unnest_tokens(input = reply,            # 단어 기준 토큰화
                output = word,
                token = "words",
                drop = F) %>%
  filter(str_detect(word, "[가-힣]") &    # 한글 추출
         str_count(word) >= 2)            # 두 글자 이상 추출
```

🐢 이 코드는 word에 **"문장a"** 같이 한글이 아닌 문자가 함께 있어도 추출합니다. 한글이 아닌 문자가 포함된 행을 제거하려면 filter(!str_detect(word, "[^가-힣]"))를 입력하면 됩니다. 여기서는 그런 문자가 없어서 어떤 방법으로 해도 결과가 같습니다.

2. 감정 범주별 단어 빈도 구하기

sentiment별 word의 빈도를 구해 긍정 댓글과 부정 댓글에 어떤 단어가 자주 사용되었는지 살펴보겠습니다.

```
# 감정 및 단어별 빈도 구하기
frequency_word <- comment %>%
  count(sentiment, word, sort = T)
```

```
# 긍정 댓글 고빈도 단어
frequency_word %>%
  filter(sentiment == "pos")

## # A tibble: 5,234 x 3
##   sentiment word            n
##   <chr>     <chr>       <int>
## 1 pos       봉준호        106
## 2 pos       정말           97
## 3 pos       대단하다        83
## 4 pos       진짜           79
## 5 pos       자랑스럽다      78
## # ... with 5,229 more rows
```

```
# 부정 댓글 고빈도 단어
frequency_word %>%
  filter(sentiment == "neg")

## # A tibble: 4,080 x 3
##   sentiment word            n
##   <chr>     <chr>       <int>
## 1 neg       소름           49
## 2 neg       봉준호         47
## 3 neg       기생충         33
## 4 neg       이런           33
## 5 neg       정말           32
## # ... with 4,075 more rows
```

추출한 단어를 보면 긍정 댓글과 부정 댓글의 내용이 어떻게 다른지 알 수 있습니다. 하지만 단순히 빈도가 높은 단어를 추출했기 때문에 **"봉준호"**, **"기생충"** 같은 동일한 단어도 많이 추출되었습니다. 긍정 댓글과 부정 댓글의 차이를 이해하려면 양쪽에서 상대적으로 자주 사용된 단어를 비교해야 합니다.

⌨ Do it! 실습   상대적으로 자주 사용된 단어 비교하기

로그 오즈비를 구해 긍정 댓글과 부정 댓글에서 상대적으로 자주 사용된 단어가 무엇인지 살펴보겠습니다.

1. 로그 오즈비 구하기

frequency_word에서 중립 댓글을 제거한 다음 wide form으로 변환해 로그 오즈비를 구합니다.

```r
library(tidyr)
comment_wide <- frequency_word %>%
  filter(sentiment != "neu") %>%
  pivot_wider(names_from = sentiment,
              values_from = n,
              values_fill = list(n = 0))

comment_wide
```

```
## # A tibble: 8,380 x 3
##    word        pos   neg
##    <chr>     <int> <int>
## 1 봉준호       106    47
## 2 정말          97    32
## 3 대단하다      83     1
## 4 진짜          79    26
## 5 자랑스럽다    78     1
## # ... with 8,375 more rows
```

```r
# 로그 오즈비 구하기
comment_wide <- comment_wide %>%
  mutate(log_odds_ratio = log(((pos + 1) / (sum(pos + 1))) /
                                ((neg + 1) / (sum(neg + 1)))))

comment_wide
```

```
## # A tibble: 8,380 x 4
##    word        pos   neg log_odds_ratio
##    <chr>     <int> <int>          <dbl>
## 1 봉준호       106    47          0.589
## 2 정말          97    32          0.876
## 3 대단하다      83     1          3.52
## 4 진짜          79    26          0.873
## 5 자랑스럽다    78     1          3.46
## # ... with 8,375 more rows
```

2. 로그 오즈비가 가장 큰 단어 10개씩 추출하기

긍정 댓글과 부정 댓글에서 로그 오즈비가 가장 큰 단어를 10개씩 추출하겠습니다. 먼저 `log_odds_ratio`가 0보다 크면 `"pos"`, 그렇지 않으면 `"neg"`로 분류한 다음, `log_odds_ratio`의 절댓값이 가장 높은 단어를 10개씩 추출합니다. 출력 결과를 보면, 긍정 댓글과 부정 댓글에 상대적으로 어떤 단어가 자주 사용되었는지 알 수 있습니다.

```
top10 <- comment_wide %>%
  group_by(sentiment = ifelse(log_odds_ratio > 0, "pos", "neg")) %>%
  slice_max(abs(log_odds_ratio), n = 10)

top10 %>% print(n = Inf)  ─── tibble의 모든 행 출력

## # A tibble: 30 x 5
## # Groups:   sentiment [2]
##    word    pos   neg log_odds_ratio sentiment
##    <chr> <int> <int>          <dbl> <chr>
##  1 소름      2    49          -3.03 neg
##  2 좌빨      1    21          -2.61 neg
##  3 못한      0     7          -2.29 neg
##  4 미친      0     7          -2.29 neg
##  5 좌좀      0     6          -2.16 neg
##  6 소름이    1    12          -2.08 neg
##  7 가난한    0     5          -2.00 neg
##  8 모르는    0     5          -2.00 neg
##  9 아쉽다    0     5          -2.00 neg
## 10 닭그네    0     4          -1.82 neg
(... 생략 ...)
```

• 로그 오즈비가 동점인 단어는 제외하고 추출하기

출력 결과의 `A tibble: 30 x 5`를 보면 `top10`이 30행으로 구성됨을 알 수 있습니다. 긍정 댓글과 부정 댓글에서 로그 오즈비가 가장 큰 단어를 10개씩 추출했는데 20행이 아니라 30행인 이유는 부정 댓글에서 `log_odds_ratio`가 동점인 단어가 모두 추출됐기 때문입니다. `slice_max()`에 `with_ties = F`를 입력해 동점을 제외하고 로그 오즈비가 가장 큰 단어를 10개씩 추출하겠습니다. 출력 결과의 `A tibble: 20 x 5`를 보면 20개의 단어가 추출되었음을 알 수 있습니다.

```
top10 <- comment_wide %>%
  group_by(sentiment = ifelse(log_odds_ratio > 0, "pos", "neg")) %>%
  slice_max(abs(log_odds_ratio), n = 10, with_ties = F)

top10

## # A tibble: 20 x 5
## # Groups:   sentiment [2]
##    word    pos   neg log_odds_ratio sentiment
##    <chr> <int> <int>          <dbl> <chr>
##  1 소름      2    49          -3.03 neg
##  2 좌빨      1    21          -2.61 neg
##  3 못한      0     7          -2.29 neg
##  4 미친      0     7          -2.29 neg
##  5 좌좀      0     6          -2.16 neg
##  6 소름이    1    12          -2.08 neg
##  7 가난한    0     5          -2.00 neg
##  8 모르는    0     5          -2.00 neg
##  9 아쉽다    0     5          -2.00 neg
## 10 닭그네    0     4          -1.82 neg
(... 생략 ...)
```

3. 막대 그래프 만들기

로그 오즈비를 이용해 막대 그래프를 만들겠습니다. 출력한 그래프를 보면 긍정 댓글과 부정 댓글에 상대적으로 어떤 단어가 많이 사용되었는지 알 수 있습니다.

```
# 막대 그래프 만들기
ggplot(top10, aes(x = reorder(word, log_odds_ratio),
                  y = log_odds_ratio,
                  fill = sentiment)) +
  geom_col() +
  coord_flip() +
  labs(x = NULL) +
  theme(text = element_text(family = "nanumgothic"))
```

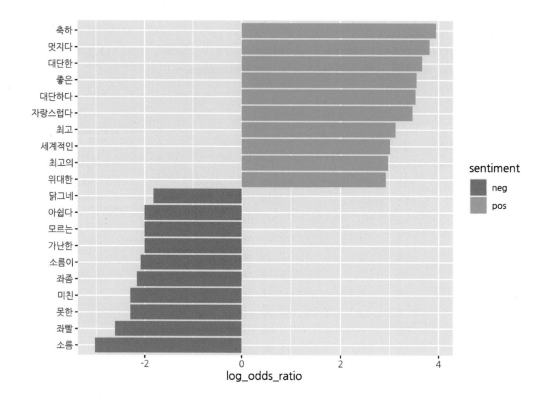

04-4
감정 사전 수정하기

앞의 출력 결과를 보면 **"소름"**, **"미친"**과 같은 단어는 상대적으로 부정 댓글에 자주 사용되었습니다. 그런데 이런 단어는 부정적인 표현이라고 단정하기 어렵습니다. 긍정적인 감정을 극적으로 표현할 때도 사용되기 때문입니다.

Do it! 실습 감정 단어가 사용된 원문 살펴보기

댓글 원문을 살펴보면 **"소름"**과 **"미친"**이 주로 긍정적인 의미로 사용되었음을 알 수 있습니다.

```
# "소름"이 사용된 댓글
score_comment %>%
  filter(str_detect(reply, "소름")) %>%
  select(reply)

## # A tibble: 131 x 1
##   reply
##   <chr>
## 1 소름돋네요
## 2 와..진짜소름 저 소리처음질렀어요 눈물나요.. ㅠㅠ~
## 3 생중계 보며 봉준호 할 때 소름이~~~!! ㅠㅠ 수상소감들으며 함께 가슴이 벅차~
## 4 와 보다가 소름 짝 수고들하셨어요
## 5 한국어 소감 듣는데 소름돋네 축하드립니다
## # ... with 126 more rows
```

```
# "미친"이 사용된 댓글
score_comment %>%
  filter(str_detect(reply, "미친")) %>%
  select(reply)
```

```
## # A tibble: 15 x 1
##   reply
##   <chr>
## 1 와 3관왕 미친
## 2 미친거야 이건~~
## 3 Korea 대단합니다 김연아 방탄 봉준호 스포츠 음악 영화 못하는게 없어요 좌빨~
## 4 청룡영화제에서 다른나라가 상을 휩쓴거죠? 와..미쳤다 미국영화제에서 한국이 빅5~
## 5 설마했는데 감독상, 작품상, 각본상을 죄다 휩쓸어버릴 줄이야. 이건 미친 꿈이야~
## # ... with 10 more rows
```

긍정적인 의미로 사용된 단어가 감정 사전에 부정적인 단어로 분류되어 있으면 이런 문제가
생깁니다. 감정 사전 dic을 살펴보면, 이 단어들의 감정 점수가 모두 음수로 되어 있습니다.

```
dic %>% filter(word %in% c("소름", "소름이", "미친"))

## # A tibble: 3 x 2
##   word    polarity
##   <chr>     <dbl>
## 1 소름이       -2
## 2 소름         -2
## 3 미친         -2
```

감정 분석은 감정 사전에 기반을 두기 때문에 텍스트의 맥락이 감정 사전의 맥락과 다르면
이처럼 반대되는 감정 점수를 부여하는 오류가 발생합니다. 좀 더 정확하게 분석하려면 감
정 사전을 수정해서 활용해야 합니다.

Do it! 실습 감정 사전 수정하기

감정 사전을 수정해서 분석에 활용해 보겠습니다. 'KNU 한국어 감성사전' 원본 dic에서 "소
름이", "소름", "미친"의 polarity를 양수 2로 수정해 새 감정 사전 new_dic을 만들겠습니다.

```
new_dic <- dic %>%
  mutate(polarity = ifelse(word %in% c("소름", "소름이", "미친"), 2, polarity))
```

```
new_dic %>% filter(word %in% c("소름", "소름이", "미친"))

## # A tibble: 3 x 2
##    word   polarity
##    <chr>     <dbl>
## 1 소름이         2
## 2 소름           2
## 3 미친           2
```

⌨ Do it! 실습 수정한 사전으로 감정 점수 부여하기

수정한 감정 사전을 활용해 댓글을 다시 분석하겠습니다. 댓글을 단어 기준으로 토큰화한
word_comment에서 앞에서 부여한 감정 점수 polarity를 제거한 다음, 수정한 감정 사전을
이용해 감정 점수를 부여하고 NA를 0으로 변환합니다.

```
new_word_comment <- word_comment %>%
  select(-polarity) %>%
  left_join(new_dic, by = "word") %>%
  mutate(polarity = ifelse(is.na(polarity), 0, polarity))
```

⌨ Do it! 실습 댓글별 감정 점수 구하기

댓글별로 감정 점수를 합산하겠습니다. 이후 분석 작업은 그룹별로 처리하지 않도록
ungroup()을 이용해 그룹을 해제하겠습니다.

```
new_score_comment <- new_word_comment %>%
  group_by(id, reply) %>%
  summarise(score = sum(polarity)) %>%
  ungroup()

new_score_comment %>%
  select(score, reply) %>%
  arrange(-score)
(... 생략 ...)
```

Do it! 실습 감정 경향 살펴보기

전반적인 감정 경향을 분석해 보겠습니다.

1. 감정 분류하기

score를 기준으로 1 이상이면 pos, -1 이하면 neg, 그 외에는 neu로 분류합니다.

```
# 1점 기준으로 긍정 중립 부정 분류
new_score_comment <- new_score_comment %>%
  mutate(sentiment = ifelse(score >=  1, "pos",
                     ifelse(score <= -1, "neg", "neu")))
```

2. 감정 범주별 빈도와 비율 구하기

sentiment별 빈도와 비율을 구하고 원본 감정 사전을 활용했을 때와 비교해 보겠습니다. 출력 결과를 보면 부정 댓글 "neg"의 비율이 10.5%에서 8.89%로 줄어들고, 긍정 댓글 "pos"의 비율이 19.5%에서 21.3%로 늘어났습니다.

```
# 원본 감정 사전 활용
score_comment %>%
  count(sentiment) %>%
  mutate(ratio = n/sum(n)*100)

## # A tibble: 3 x 3
##   sentiment      n ratio
##   <chr>      <int> <dbl>
## 1 neg          436  10.5
## 2 neu         2897  70.0
## 3 pos          807  19.5
```

```
# 수정한 감정 사전 활용
new_score_comment %>%
  count(sentiment) %>%
  mutate(ratio = n/sum(n)*100)

## # A tibble: 3 x 3
##   sentiment      n ratio
##   <chr>      <int> <dbl>
## 1 neg          368  8.89
## 2 neu         2890 69.8
## 3 pos          882 21.3
```

3. 분석 결과 비교하기

감정 범주 비율이 달라진 이유는 수정한 사전으로 감정 점수를 부여하자 "소름", "소름이", "미친"이 사용된 댓글 일부가 긍정 댓글로 분류되었기 때문입니다. 다음 코드의 출력 결과를 보면 이 단어를 사용한 댓글의 감정 범주 빈도가 달라졌음을 알 수 있습니다.

```
word <- "소름|소름이|미친"
```

```
# 원본 감정 사전 활용
score_comment %>%
  filter(str_detect(reply, word)) %>%
  count(sentiment)


## # A tibble: 3 x 2
##    sentiment      n
##    <chr>      <int>
## 1 neg           73
## 2 neu           63
## 3 pos            9
```

```
# 수정한 감정 사전 활용
new_score_comment %>%
  filter(str_detect(reply, word)) %>%
  count(sentiment)


## # A tibble: 3 x 2
##    sentiment      n
##    <chr>      <int>
## 1 neg            5
## 2 neu           56
## 3 pos           84
```

🐢 str_detect()에 여러 문자를 입력할 때는 |로 문자를 구분해야 합니다. |는 '또는'을 의미하는 정규 표현식입니다.

🐢 수정한 사전을 사용하더라도 댓글에 함께 사용된 단어들의 감정 점수가 낮으면 부정 댓글로 분류될 수 있습니다.

알아 두면 좋아요!

신조어에 감정 점수를 부여하는 방법

감정 분석은 감정 사전에 기반을 두기 때문에 '쩐다', '핵노잼' 처럼 감정 사전에 없는 신조어에는 감정 점수가 부여되지 않는 한계가 있습니다. 다음 코드의 출력 결과를 보면 두 문장 모두 점수가 부여되지 않습니다.

```
df <- tibble(sentence = c("이번 에피소드 쩐다",
                          "이 영화 핵노잼")) %>%
  unnest_tokens(input = sentence,
                output = word,
                token = "words",
                drop = F)


df %>%
  left_join(dic, by = "word") %>%
  mutate(polarity = ifelse(is.na(polarity), 0, polarity)) %>%
  group_by(sentence) %>%
  summarise(score = sum(polarity))
```

```
## # A tibble: 2 x 2
##    sentence           score
##    <chr>              <dbl>
## 1 이 영화 핵노잼          0
## 2 이번 에피소드 쩐다       0
```

다음과 같이 감정 사전에 신조어와 감정 점수를 추가하면 신조어에도 감정 점수를 부여할 수 있습니다.

```
# 신조어 목록 생성
newword <- tibble(word = c("쩐다", "핵노잼"),
                  polarity = c(2, -2))

# 사전에 신조어 추가
newword_dic <- bind_rows(dic, newword)

# 새 사전으로 감정 점수 부여
df %>%
  left_join(newword_dic, by = "word") %>%
  mutate(polarity = ifelse(is.na(polarity), 0, polarity)) %>%
  group_by(sentence) %>%
  summarise(score = sum(polarity))

## # A tibble: 2 x 2
##    sentence           score
##    <chr>              <dbl>
## 1 이 영화 핵노잼          -2
## 2 이번 에피소드 쩐다        2
```

어떤 신조어를 사전에 추가할지 모르겠다면 감정 점수가 부여되지 않은 단어 중에 빈도가 높은 단어를 살펴보면 도움이 됩니다. 빈도가 높은 단어 중에 감정을 표현하는 단어가 있으면 점수를 부여해 사전에 추가하면 됩니다.

⌨ Do it! 실습 감정 범주별 주요 단어 살펴보기

수정한 감정 사전을 이용해 감정 점수를 구했으니 로그 오즈비를 새로 구해 긍정 댓글과 부정 댓글에 상대적으로 많이 사용된 단어를 살펴보겠습니다.

1. 두 글자 이상 한글 단어만 남기고 단어 빈도 구하기

문장별 감정 점수가 부여된 `new_score_comment`를 단어 기준으로 토큰화하고 두 글자 이상의 한글 단어만 남깁니다. 그런 다음, `sentiment`별 `word`의 빈도를 구합니다.

```r
# 토큰화 및 전처리
new_comment <- new_score_comment %>%
  unnest_tokens(input = reply,
                output = word,
                token = "words",
                drop = F) %>%
  filter(str_detect(word, "[가-힣]") &
           str_count(word) >= 2)

# 감정 및 단어별 빈도 구하기
new_frequency_word <- new_comment %>%
  count(sentiment, word, sort = T)
```

2. 로그 오즈비 구하기

`new_frequency_word`에서 중립 댓글을 제거한 다음 wide form으로 변환해 로그 오즈비를 구합니다.

```r
# Wide form으로 변환
new_comment_wide <- new_frequency_word %>%
  filter(sentiment != "neu") %>%    # 중립 제외
  pivot_wider(names_from = sentiment,
              values_from = n,
              values_fill = list(n = 0))

# 로그 오즈비 구하기
new_comment_wide <- new_comment_wide %>%
  mutate(log_odds_ratio = log(((pos + 1) / (sum(pos + 1))) /
                                ((neg + 1) / (sum(neg + 1)))))
```

3. 로그 오즈비가 큰 단어로 막대 그래프 만들기

긍정 댓글과 부정 댓글에서 로그 오즈비가 가장 큰 단어를 10개씩 추출한 다음, 막대 그래프를 만들어 상대적으로 많이 사용된 단어를 비교하겠습니다.

```r
new_top10 <- new_comment_wide %>%
  group_by(sentiment = ifelse(log_odds_ratio > 0, "pos", "neg")) %>%
  slice_max(abs(log_odds_ratio), n = 10, with_ties = F)

# 막대 그래프 만들기
ggplot(new_top10, aes(x = reorder(word, log_odds_ratio),
                      y = log_odds_ratio,
                      fill = sentiment)) +
  geom_col() +
  coord_flip() +
  labs(x = NULL) +
  theme(text = element_text(family = "nanumgothic"))
```

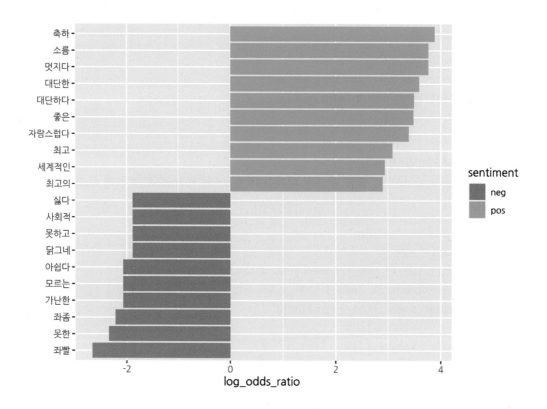

4. 주요 단어가 사용된 댓글 살펴보기

주요 단어가 사용된 댓글을 추출해 내용을 살펴보겠습니다. 다음 코드의 출력 결과를 보면 긍정 댓글은 수상을 축하하고 대한민국의 위상이 올라갔다는 내용이 주를 이룹니다.

```
# 긍정 댓글 원문
new_score_comment %>%
  filter(sentiment == "pos" & str_detect(reply, "축하")) %>%
  select(reply)


## # A tibble: 189 x 1
##    reply
##    <chr>
## 1 정말 우리 집에 좋은 일이 생겨 기쁘고 행복한 것처럼!! 나의 일인 양 행복합니~
## 2 와 너무 기쁘다! 이 시국에 정말 내 일같이 기쁘고 감사하다!!! 축하드려요 진~
## 3 우리나라의 영화감독분들 그리고 앞으로 그 꿈을 그리는 분들에게 큰 영감을 주시게~
## # ... with 186 more rows
```

```
new_score_comment %>%
  filter(sentiment == "pos" & str_detect(reply, "소름")) %>%
  select(reply)


## # A tibble: 77 x 1
##    reply
##    <chr>
## 1 생중계 보며 봉준호 할 때 소름이~~~!! ㅠㅠ 수상소감들으며 함께 가슴이 벅차~
## 2 와 보다가 소름 짝 수고들하셨어요
## 3 대단하다!! 봉준호 이름 나오자마자 소름
## # ... with 74 more rows
```

부정 댓글은 수상 자체보다는 감독의 정치 성향이나 댓글을 단 사용자들의 정치 성향을 비판하는 내용이 주를 이루고 있음을 알 수 있습니다.

```
# 부정 댓글 원문
new_score_comment %>%
  filter(sentiment == "neg" & str_detect(reply, "좌빨")) %>%
  select(reply)
```

```
## # A tibble: 34 x 1
##    reply
##    <chr>
## 1 자칭 보수들은 분노의 타이핑중 ㅋㅋㅋㅋㅋㅋ전세계를 좌빨로 몰수는 없고 자존심에 ~
## 2 자칭보수 왈 : 미국에 로비했다 ㅋㅋ좌빨영화가 상받을리 없다 ㅋㅋㅋㅋㅋㅋ 본인~
## 3 좌빨 봉준호 영화는 쳐다도 안본다 ㅋㅋㅋㅋㅋㅋㅋㅋㅋㅋㅋ~
## # ... with 31 more rows
```

```
new_score_comment %>%
  filter(sentiment == "neg" & str_detect(reply, "못한")) %>%
  select(reply)
```

```
## # A tibble: 7 x 1
##    reply
##    <chr>
## 1 한번도경험하지. 못한 조국가족사기단기생충. 개봉박두~
## 2 여기서 정치얘기하는 건 학창시절 공부 못한 거 인증하는 꼴... 주제좀 벗어나지~
## 3 이 기사를 반문으로 먹고 사는 자유왜국당과, mb아바타 간철수 댓글알바들이 매우~
## # ... with 4 more rows
```

5. 분석 결과 비교하기

긍정 댓글과 부정 댓글에서 로그 오즈비가 가장 큰 단어를 10개씩 추출한 다음 원본 감정 사전을 활용했을 때와 비교해 보겠습니다. 다음 코드의 출력 결과를 보면, 원본 감정 사전을 사용했을 때와 달리 **"소름"**이 긍정 댓글에 자주 사용한 단어로 추출되고 **"미친"**은 목록에서 사라졌습니다.

```
# 수정한 감정 사전 활용
new_top10 %>%
  select(-pos, -neg) %>%
  arrange(-log_odds_ratio)
```

```
# 원본 감정 사전 활용
top10 %>%
  select(-pos, -neg) %>%
  arrange(-log_odds_ratio)
```

```
## # A tibble: 20 x 3
## # Groups:   sentiment [2]
##    word  log_odds_ratio sentiment
##    <chr>          <dbl> <chr>
## 1 축하            3.88 pos
## 2 멋지다          3.76 pos
## 3 소름            3.76 pos
...
## 18 좌좀          -2.22 neg
## 19 못한          -2.36 neg
## 20 좌빨          -2.68 neg
```

```
## # A tibble: 20 x 3
## # Groups:   sentiment [2]
##    word  log_odds_ratio sentiment
##    <chr>          <dbl> <chr>
## 1 축하            3.95 pos
## 2 멋지다          3.81 pos
## 3 대단한          3.66 pos
...
## 18 미친          -2.29 neg
## 19 좌빨          -2.61 neg
## 20 소름          -3.03 neg
```

"미친"이 목록에서 사라진 이유는 로그 오즈비가 10위 안에 들지 못할 정도로 낮기 때문입니다. 다음 코드의 출력 결과를 보면 "미친"의 로그 오즈비가 1.80입니다. new_top10에서 긍정 단어 10위인 "최고의"의 로그 오즈비가 2.90이므로 "미친"이 목록에 포함되지 않은 것입니다.

```
new_comment_wide %>%
  filter(word == "미친")

## # A tibble: 1 x 4
##   word  pos   neg log_odds_ratio
##   <chr> <int> <int>          <dbl>
## 1 미친      7     0           1.80
```

알아 두면 좋아요!

단어의 감정 점수는 신중하게 정해야 합니다.

같은 단어도 맥락에 따라 표현하는 감정이 다르기 때문에 단어의 감정 점수는 신중하게 정해야 합니다. 예를 들어 '빠르다'라는 단어는 스마트폰 사용 후기라면 속도가 빠르다는 의미로 사용될 테니 긍정어라고 볼 수 있습니다. 하지만 동영상 강의 후기라면 강의 진행 속도나 강사의 말이 빠르다는 의미로 사용될 테니 부정어라고 볼 수 있습니다. 분석하는 텍스트의 맥락에 맞게 단어의 감정 점수를 정해야 정확히 분석할 수 있습니다.

 **정리하기**

1. 자주 사용된 감정 단어 살펴보기

```r
# 단어에 감정 점수 부여
word_comment <- word_comment %>%
  left_join(dic, by = "word") %>%
  mutate(polarity = ifelse(is.na(polarity), 0, polarity))

# 감정 분류
word_comment <- word_comment %>%
  mutate(sentiment = ifelse(polarity ==  2, "pos",
                     ifelse(polarity == -2, "neg", "neu")))

# 자주 사용된 감정 단어 추출
top10_sentiment <- word_comment %>%
  filter(sentiment != "neu") %>%
  count(sentiment, word) %>%
  group_by(sentiment) %>%
  slice_max(n, n = 10)
```

2. 텍스트의 감정 점수 구하기

```r
# 텍스트별로 단어의 감정 점수 합산
score_comment <- word_comment %>%
  group_by(id, reply) %>%
  summarise(score = sum(polarity)) %>%
  ungroup()
```

3. 감정 범주별 주요 단어 살펴보기

```r
# 감정 범주 변수 생성
score_comment <- score_comment %>%
  mutate(sentiment = ifelse(score >=  1, "pos",
                     ifelse(score <= -1, "neg", "neu")))


# 토큰화 및 전처리
comment <- score_comment %>%
  unnest_tokens(input = reply,
                output = word,
                token = "words",
                drop = F) %>%
  filter(str_detect(word, "[가-힣]") &
         str_count(word) >= 2)


# 감정 범주별 단어 빈도 구하기
frequency_word <- comment %>%
  count(sentiment, word, sort = T)


# 로그 오즈비 구하기
comment_wide <- frequency_word %>%
  filter(sentiment != "neu") %>%
  pivot_wider(names_from = sentiment,
              values_from = n,
              values_fill = list(n = 0))


comment_wide <- comment_wide %>%
  mutate(log_odds_ratio = log(((pos + 1) / (sum(pos + 1))) /
                              ((neg + 1) / (sum(neg + 1)))))


# 긍정, 부정 텍스트에 상대적으로 자주 사용된 단어 추출
top10 <- comment_wide %>%
  group_by(sentiment = ifelse(log_odds_ratio > 0, "pos", "neg")) %>%
  slice_max(abs(log_odds_ratio), n = 10)
```

분석 도전!

"news_comment_BTS.csv"에는 2020년 9월 21일 방탄소년단이 '빌보드 핫 100 차트' 1위에 오른 소식을 다룬 기사에 달린 댓글이 들어있습니다. "news_comment_BTS.csv"를 이용해 문제를 해결해 보세요.

Q1 "news_comment_BTS.csv"를 불러온 다음 행 번호를 나타낸 변수를 추가하고 분석에 적합하게 전처리하세요.

Q2 댓글을 띄어쓰기 기준으로 토큰화하고 감정 사전을 이용해 댓글의 감정 점수를 구하세요.

Q3 감정 범주별 빈도를 나타낸 막대 그래프를 만드세요.

Q4 댓글을 띄어쓰기 기준으로 토큰화한 다음 감정 범주별 단어 빈도를 구하세요.

Q5 로그 오즈비를 이용해 긍정 댓글과 부정 댓글에 상대적으로 자주 사용된 단어를 10개씩 추출하세요.

Q6 긍정 댓글과 부정 댓글에 상대적으로 자주 사용된 단어를 나타낸 막대 그래프를 만드세요.

Q7 'Q3'에서 만든 데이터를 이용해 '긍정 댓글에 가장 자주 사용된 단어'를 언급한 댓글을 감정 점수가 높은 순으로 출력하세요.

Q8 'Q3'에서 만든 데이터를 이용해 '부정 댓글에 가장 자주 사용된 단어'를 언급한 댓글을 감정 점수가 낮은 순으로 출력하세요.

정답: github.com/youngwoos/Doit_textmining

144 **Do it!** 쉽게 배우는 R 텍스트 마이닝

의미망 분석:
어떤 맥락에서 단어를 썼을까?

단어의 의미는 문장에 함께 사용된 단어에 따라 달라집니다. 단어의 빈도를 분석하면 중요한 단어가 무엇인지는 알 수 있지만, 단어가 어떤 맥락에서 사용됐는지는 알 수 없습니다. 텍스트의 맥락을 이해하려면 단어의 관계를 이용해 의미망(semantic network)을 만들고 단어들이 어떻게 연결되는지 살펴봐야 합니다. 이 장에서는 의미망을 이용해 단어의 관계를 분석하는 방법을 알아봅니다.

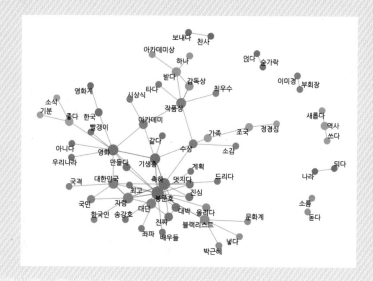

05-1
동시 출현 단어 분석 — Co-occurrence analysis

'손-장갑', '머리-모자' 처럼 관계가 있는 단어가 있습니다. 이와 같은 단어 간의 관계를 살펴보는 분석 방법을 **동시 출현 단어 분석**(co-occurrence analysis) 이라고 합니다. 동시 출현 단어를 이용해 텍스트에 어떤 단어가 함께 사용되었는지 살펴보고 네트워크 그래프를 만드는 방법을 알아보겠습니다.

Do it! 실습   기본적인 전처리

영화 '기생충' 관련 기사의 댓글을 불러와 분석에 적합하게 전처리 하겠습니다.

```r
# 기생충 기사 댓글 불러오기
library(readr)
raw_news_comment <- read_csv("news_comment_parasite.csv")

# 전처리
library(dplyr)
library(stringr)
library(textclean)

news_comment <- raw_news_comment %>%
  select(reply) %>%
  mutate(reply = str_replace_all(reply, "[^가-힣]", " "),
         reply = str_squish(reply),
         id = row_number())
```

[Do it! 실습] 토큰화하기

명사의 의미는 문장에 함께 사용된 형용사와 동사에 따라 달라집니다. 동시 출현 단어 분석은 단어가 사용된 맥락을 살펴보는 게 중요하므로 명사뿐 아니라 형용사와 동사도 함께 추출해야 합니다.

1. 형태소 분석기를 이용해 품사 기준으로 토큰화하기

지금까지는 토큰화할 때 명사를 추출하도록 KoNLP 패키지의 extractNoun()을 사용했습니다. 하지만 여기서는 다른 품사도 함께 추출해야 하므로 SimplePos22()를 사용해야 합니다. SimplePos22()는 문장의 단어를 22개의 품사로 구분해 줍니다.

다음 코드의 출력 결과를 보면 문장을 구성하는 각 단어 뒤에 "/nc", "/pv" 같이 품사를 나타내는 태그(tag, 꼬리표)가 붙어 있습니다. 태그를 이용하면 원하는 품사의 단어를 추출할 수 있습니다.

```
library(tidytext)
library(KoNLP)

comment_pos <- news_comment %>%
  unnest_tokens(input = reply,
                output = word,
                token = SimplePos22,
                drop = F)

comment_pos %>%
  select(word, reply)

## # A tibble: 39,956 x 2
##    word          reply
##    <chr>         <chr>
## 1 정말/ma        정말 우리 집에 좋은 일이 생겨 기쁘고 행복한 것처럼 나의 ~
## 2 우리/np        정말 우리 집에 좋은 일이 생겨 기쁘고 행복한 것처럼 나의 ~
## 3 집/nc+에/jc~    정말 우리 집에 좋은 일이 생겨 기쁘고 행복한 것처럼 나의 ~
## 4 좋/pa+은/et~   정말 우리 집에 좋은 일이 생겨 기쁘고 행복한 것처럼 나의 ~
## 5 일/nc+이/jc~   정말 우리 집에 좋은 일이 생겨 기쁘고 행복한 것처럼 나의 ~
## # ... with 39,951 more rows
```

🐢 SimplePos22()가 품사를 어떻게 구분하는지 궁금하다면 다음 자료를 참고하세요.
  • Introduction to KoNLP API: bit.ly/easytext_51

2. 품사 분리하여 행 구성하기 — `separate_rows()`

comment_pos의 word는 집/nc+에/jc처럼 여러 품사가 결합되어 있습니다. 원하는 품사만 추출하기 쉽도록 한 행이 한 품사로 구성되게 만들겠습니다.

tidyr 패키지의 `separate_rows()`는 sep에 입력한 정규 표현식에 따라 텍스트를 여러 행으로 나누는 함수입니다. sep에 "[+]"를 입력하면 "+"가 등장할 때마다 행을 나누어 한 행이 한 단어로 구성됩니다.

```
# 품사별로 행 분리
library(tidyr)
comment_pos <- comment_pos %>%
  separate_rows(word, sep = "[+]")

comment_pos %>%
  select(word, reply)

## # A tibble: 70,553 x 2
##   word     reply
##   <chr>    <chr>
## 1 정말/ma  정말 우리 집에 좋은 일이 생겨 기쁘고 행복한 것처럼 나의 일인 ~
## 2 우리/np  정말 우리 집에 좋은 일이 생겨 기쁘고 행복한 것처럼 나의 일인 ~
## 3 집/nc    정말 우리 집에 좋은 일이 생겨 기쁘고 행복한 것처럼 나의 일인 ~
## 4 에/jc    정말 우리 집에 좋은 일이 생겨 기쁘고 행복한 것처럼 나의 일인 ~
## 5 좋/pa    정말 우리 집에 좋은 일이 생겨 기쁘고 행복한 것처럼 나의 일인 ~
## # ... with 70,548 more rows
```

3. 품사 추출하기

① 명사 추출하기

이제 분석에 사용할 품사의 단어를 추출하면 됩니다. 명사를 먼저 추출하겠습니다. 단어 뒤에 붙어 있는 태그 "/n"을 이용하면 명사를 추출할 수 있습니다. `str_detect()`를 이용해 "/n"이 붙어 있는 단어를 추출한 다음 `str_remove()`를 이용해 태그를 제거합니다. `str_remove()`에 입력한 "/.*$"는 '/로 시작하는 모든 문자'를 의미하는 정규 표현식이므로 태그 부분만 제거합니다.

```
# 명사 추출하기
noun <- comment_pos %>%
  filter(str_detect(word, "/n")) %>%
  mutate(word = str_remove(word, "/.*$"))

noun %>%
  select(word, reply)

## # A tibble: 27,457 x 2
##   word    reply
##   <chr>   <chr>
## 1 우리    정말 우리 집에 좋은 일이 생겨 기쁘고 행복한 것처럼 나의 일인 양~
## 2 집      정말 우리 집에 좋은 일이 생겨 기쁘고 행복한 것처럼 나의 일인 양~
## 3 일      정말 우리 집에 좋은 일이 생겨 기쁘고 행복한 것처럼 나의 일인 양~
## 4 행복한  정말 우리 집에 좋은 일이 생겨 기쁘고 행복한 것처럼 나의 일인 양~
## 5 것      정말 우리 집에 좋은 일이 생겨 기쁘고 행복한 것처럼 나의 일인 양~
## # ... with 27,452 more rows
```

명사만 추출했으므로 count()를 이용하면 댓글에 어떤 명사가 많이 사용되었는지 알 수 있습니다.

```
noun %>%
  count(word, sort = T)

## # A tibble: 8,069 x 2
##   word      n
##   <chr>   <int>
## 1 영화     463
## 2 기생충   445
## 3 봉준호   372
## 4 것       353
## 5 아카데미 252
## # ... with 8,064 more rows
```

② 동사, 형용사 추출하기

이번에는 동사와 형용사를 추출하겠습니다. 동사에는 **"/pv"**, 형용사에는 **"/pa"**라는 태그가 붙어 있으므로 str_detect()에 **"/pv|/pa"**를 입력하면 됩니다. 그런 다음, str_replace() 의 텍스트 규칙에 **"/.*$"**를 입력해 '/로 시작하는 모든 문자'를 '다'로 바꿉니다. 이렇게 하면 **"받"**은 **"받다"**, **"멋지"**는 **"멋지다"** 처럼, 단어 뒤에 태그 대신 '다'가 붙어 이해하기 편해집니다.

```
# 동사, 형용사 추출하기
pvpa <- comment_pos %>%
  filter(str_detect(word, "/pv|/pa")) %>%            # "/pv", "/pa" 추출
  mutate(word = str_replace(word, "/.*$", "다"))     # "/"로 시작 문자를 "다"로 바꾸기

pvpa %>%
  select(word, reply)

## # A tibble: 5,317 x 2
##   word        reply
##   <chr>       <chr>
## 1 좋다         정말 우리 집에 좋은 일이 생겨 기쁘고 행복한 것처럼 나의 일~
## 2 생기다       정말 우리 집에 좋은 일이 생겨 기쁘고 행복한 것처럼 나의 일~
## 3 기쁘다       정말 우리 집에 좋은 일이 생겨 기쁘고 행복한 것처럼 나의 일~
## 4 축하드리다~  정말 우리 집에 좋은 일이 생겨 기쁘고 행복한 것처럼 나의 일~
## 5 기쁘다       정말 우리 집에 좋은 일이 생겨 기쁘고 행복한 것처럼 나의 일~
## # ... with 5,312 more rows
```

🍚 str_detect()에 여러 문자를 입력할 때는 | 로 구분해야 합니다.

count()를 이용하면 댓글에 어떤 동사와 형용사가 많이 사용되었는지 알 수 있습니다.

```
pvpa %>%
  count(word, sort = T)

## # A tibble: 697 x 2
##   word          n
##   <chr>      <int>
## 1 축하드리다   298
## 2 받다         215
## 3 좋다         170
(... 생략 ...)
```

③ 추출한 데이터 결합하기

앞에서 추출한 noun과 pvpa를 bind_rows()를 이용해 하나로 결합한 다음, 단어의 의미를 이해할 수 있게 두 글자 이상의 단어만 남기겠습니다.

```
# 품사 결합
comment <- bind_rows(noun, pvpa) %>%
  filter(str_count(word) >= 2) %>%
  arrange(id)

comment %>%
  select(word, reply)
```

```
## # A tibble: 26,860 x 2
##   word    reply
##   <chr>   <chr>
## 1 우리     정말 우리 집에 좋은 일이 생겨 기쁘고 행복한 것처럼 나의 일인 양~
## 2 행복한   정말 우리 집에 좋은 일이 생겨 기쁘고 행복한 것처럼 나의 일인 양~
## 3 행복     정말 우리 집에 좋은 일이 생겨 기쁘고 행복한 것처럼 나의 일인 양~
## 4 행복     정말 우리 집에 좋은 일이 생겨 기쁘고 행복한 것처럼 나의 일인 양~
## 5 좋다     정말 우리 집에 좋은 일이 생겨 기쁘고 행복한 것처럼 나의 일인 양~
## # ... with 26,855 more rows
```

알아 두면 좋아요!

명사, 동사, 형용사를 한 번에 추출하기

명사, 동사, 형용사를 추출해 결합한 후 두 글자 이상만 남기는 코드를 다음과 같이 이어서 작성할 수 있습니다.

```
comment_new <- comment_pos %>%
  separate_rows(word, sep = "[+]") %>%
  filter(str_detect(word, "/n|/pv|/pa")) %>%
  mutate(word = ifelse(str_detect(word, "/pv|/pa"),
                       str_replace(word, "/.*$", "다"),
                       str_remove(word, "/.*$"))) %>%
  filter(str_count(word) >= 2) %>%
  arrange(id)
```

이 방법을 사용하면 결과는 같지만 단어 정렬 순서가 다릅니다. 품사별로 따로 처리해 결합하는 방법을 사용하면 id별로 위쪽에는 명사, 아래쪽에는 동사와 형용사를 나열합니다. 반면, 이 방법은 문장에 사용된 순서에 따라 단어를 나열합니다.

토큰화한 텍스트를 이용해 단어의 동시 출현 빈도를 구하겠습니다. `widyr` 패키지의 `pairwise_count()`를 이용하면 동시 출현 빈도를 구할 수 있습니다. `pairwise_count()`에는 다음과 같은 파라미터를 입력합니다.

- `item`: 단어. 여기서는 word를 입력합니다.
- `feature`: 텍스트 구분 기준. 여기서는 id를 입력합니다.
- `sort = T`: 빈도가 높은 순으로 출력 결과를 정렬합니다.

다음 코드의 출력 결과를 보면 두 단어가 몇 번씩 함께 사용되었는지 알 수 있습니다. 첫 번째 행을 보면 **"영화"**와 **"기생충"**이 111번 함께 사용되었고, 전체 댓글에서 가장 많이 사용된 단어쌍임을 알 수 있습니다.

`pairwise_count()`는 한 단어를 기준으로 함께 사용된 모든 단어의 빈도를 구하기 때문에 출력 결과가 **"영화-기생충"**, **"기생충-영화"**와 같이 순서를 바꿔가며 같은 빈도를 지니는 두 개의 행으로 구성되는 특징이 있습니다.

```r
install.packages("widyr")
library(widyr)

pair <- comment %>%
  pairwise_count(item = word,
                 feature = id,
                 sort = T)
pair

## # A tibble: 245,920 x 3
##    item1  item2      n
##    <chr>  <chr>  <dbl>
## 1 영화    기생충    111
## 2 기생충  영화      111
## 3 감독    봉준호     86
## 4 봉준호  감독       86
## 5 감독님  봉준호     66
## # ... with 245,915 more rows
```

특정 단어와 자주 함께 사용된 단어 살펴보기

filter를 이용하면 특정 단어와 자주 함께 사용된 단어가 무엇인지 알 수 있습니다.

```
pair %>% filter(item1 == "영화")

## # A tibble: 2,313 x 3
##   item1 item2      n
##   <chr> <chr>  <dbl>
## 1 영화  기생충   111
## 2 영화  만들다    57
## 3 영화  봉준호    52
## 4 영화  받다      48
## 5 영화  한국      46
## # ... with 2,308 more rows
```

```
pair %>% filter(item1 == "봉준호")

## # A tibble: 1,579 x 3
##   item1  item2          n
##   <chr>  <chr>      <dbl>
## 1 봉준호 감독         86
## 2 봉준호 감독님       66
## 3 봉준호 기생충       54
## 4 봉준호 영화         52
## 5 봉준호 블랙리스트   48
## # ... with 1,574 more rows
```

05-2
동시 출현 네트워크 — Co-occurrence network

동시 출현 빈도를 이용해 단어의 관계를 네트워크 형태로 표현한 것을 **동시 출현 네트워크** (co-occurrence network)라고 합니다. 동시 출현 네트워크를 이용하면 단어들이 어떤 맥락에서 함께 사용되었는지 이해할 수 있습니다.

⌨ Do it! 실습 네트워크 그래프 데이터 만들기 — as_tbl_graph()

동시 출현 네트워크를 만들려면 동시 출현 빈도 데이터를 '네트워크 그래프 데이터'로 변환해야 합니다. `tidygraph` 패키지의 `as_tbl_graph()`를 이용하면 네트워크 그래프 데이터를 만들 수 있습니다.

네트워크가 너무 복잡하지 않도록 `pair`에서 25회 이상 사용된 단어만 추출해 네트워크 그래프 데이터를 만들겠습니다. `graph_comment`를 출력하면 단어를 나타내는 **노드**(node, 꼭짓점) 30개와 단어를 연결하는 **엣지**(edge, 선) 108개로 구성되어있음을 알 수 있습니다. 그래프를 만들 때 이 값들을 활용합니다.

```r
install.packages("tidygraph")
library(tidygraph)

graph_comment <- pair %>%
  filter(n >= 25) %>%
  as_tbl_graph()

graph_comment

## # A tbl_graph: 30 nodes and 108 edges
## #
## # A directed simple graph with 2 components
## #
```

```
## # Node Data: 30 x 1 (active)
##    name
##    <chr>
## 1 영화
## 2 기생충
## 3 감독
## 4 봉준호
## 5 감독님
## 6 만들다
## # ... with 24 more rows
## #
## # Edge Data: 108 x 3
##     from    to    n
##    <int> <int> <dbl>
## 1     1    2    111
## 2     2    1    111
## 3     3    4     86
## # ... with 105 more rows
```

🐢 분석 결과물을 확인하기 전에는 빈도가 몇 이상인 단어를 추출하는 게 적당한지 알 수 없습니다. 빈도를 조절하며 그래프를 여러 번 만들어 보면서 적당한 값을 찾아야 합니다.

⌨️ Do it! 실습 네트워크 그래프 만들기 — ggraph()

ggraph 패키지의 ggraph()를 이용하면 네트워크 그래프를 만들 수 있습니다.

• ggraph()에 graph_comment를 입력한 다음 geom_edge_link()를 추가해 단어를 엣지로 연결합니다.

• geom_node_point()를 추가해 단어를 노드로 구성합니다.

• geom_node_text에 aes(label = name)을 입력해 노드에 단어를 표시합니다.

```
install.packages("ggraph")
library(ggraph)

ggraph(graph_comment) +
  geom_edge_link() +            # 엣지
  geom_node_point() +           # 노드
  geom_node_text(aes(label = name)) # 텍스트
```

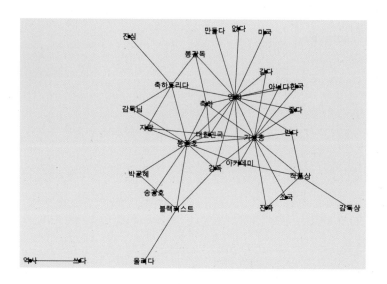

그래프를 큰 화면에 출력하는 방법

네트워크 그래프는 큰 이미지로 봐야 전체 구성을 파악할 수 있습니다. Plots 창의 Zoom 아이콘을 클릭해 큰 화면에서 그래프를 살펴보세요. 또는 이미지 출력 창을 별도로 열면 큰 화면에서 그래프를 살펴볼 수 있습니다. 윈도우에서는 `windows()`, macOS에서는 `x11()`을 실행해 창을 크게 만든 다음 그래프를 출력해 보세요.

그래프 다듬기

네트워크 그래프를 보기 좋게 수정하겠습니다. 우선, 노드의 한글을 표현하는 데 사용할 폰트를 설정합니다.

```
library(showtext)
font_add_google(name = "Nanum Gothic", family = "nanumgothic")
showtext_auto()
```

함수의 파라미터를 이용해 엣지와 노드의 색깔, 크기, 텍스트 위치 등을 수정합니다. `ggraph()`의 `layout`은 네트워크의 형태를 정하는 기능을 합니다. `layout`을 정하면 난수를 이용해 매번 다른 모양의 그래프를 만들므로 `set.seed()`로 난수를 고정해 항상 같은 모양의 그래프를 만들도록 합니다.

🎱 난수를 사용하는 함수는 사용하는 패키지 버전과 OS 환경에 따라 출력 결과가 다를 수 있습니다.

```
set.seed(1234)                                    # 난수 고정
ggraph(graph_comment, layout = "fr") +            # 레이아웃

  geom_edge_link(color = "gray50",                # 엣지 색깔
                 alpha = 0.5) +                   # 엣지 명암

  geom_node_point(color = "lightcoral",           # 노드 색깔
                  size = 5) +                      # 노드 크기

  geom_node_text(aes(label = name),               # 텍스트 표시
                 repel = T,                        # 노드 밖 표시
                 size = 5,                         # 텍스트 크기
                 family = "nanumgothic") +         # 폰트

  theme_graph()                                    # 배경 삭제
```

🐢 노드 텍스트의 폰트는 geom_node_text()의 family를 이용해 별도로 설정해야 합니다. theme()으로 그래프 전체의 폰트를 바꾸더라도 노드 텍스트에는 적용되지 않습니다.

🐢 ggraph()의 layout을 이용해 네트워크를 다양한 모양으로 만들 수 있습니다. 레이아웃에 따라 네트워크가 어떻게 달라지는지 궁금하다면 다음 페이지를 살펴보세요. • Introduction to ggraph: bit.ly/easytext_52

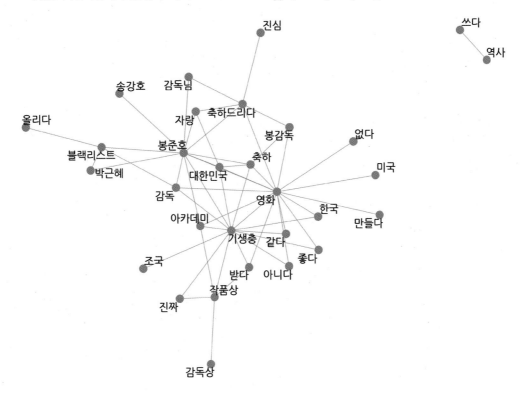

네트워크 그래프 함수 만들기

앞으로 네트워크 그래프를 자주 만들므로 코드를 반복 작성하지 않도록 함수를 만들어 활용하겠습니다.

```
word_network <- function(x) {
  ggraph(x, layout = "fr") +
    geom_edge_link(color = "gray50",
                   alpha = 0.5) +
    geom_node_point(color = "lightcoral",
                    size = 5) +
    geom_node_text(aes(label = name),
                   repel = T,
                   size = 5,
                   family = "nanumgothic") +
    theme_graph()
}
```

as_tbl_graph()로 만든 네트워크 그래프 데이터를 word_network()에 적용하면 네트워크 그래프를 출력합니다.

```
set.seed(1234)
word_network(graph_comment)
(... 생략 ...)
```

Do it! 실습   유의어 처리하기

출력한 그래프를 보면 **"감독"**, **"봉감독"**, **"봉준호감독"** 처럼 의미가 비슷한 단어가 개별 노드로 되어 있어 복잡하고 해석하기 어렵습니다. 표현은 다르지만 의미가 비슷한 단어를 **유의어**(synonyms)라 합니다. 유의어를 한 단어로 통일하면 네트워크 구조가 간결해지고 단어의 관계가 좀 더 분명하게 드러납니다.

comment에서 유의어를 통일한 다음 네트워크 그래프 데이터를 다시 만들겠습니다. 출력한 그래프를 보면 네트워크 구조가 간결해졌음을 알 수 있습니다.

```
# 유의어 처리하기
comment <- comment %>%
  mutate(word = ifelse(str_detect(word, "감독") &
                       !str_detect(word, "감독상"), "봉준호", word),
         word = ifelse(word == "오르다", "올리다", word),
         word = ifelse(str_detect(word, "축하"), "축하", word))
```

> "감독상"을 제외하고 "감독"이 들어간 모든 단어 → "봉준호"
> "오르다" → "올리다"
> "축하"가 들어간 모든 단어 → "축하"

```
# 단어 동시 출현 빈도 구하기
pair <- comment %>%
  pairwise_count(item = word,
                 feature = id,
                 sort = T)
```

```
# 네트워크 그래프 데이터 만들기
graph_comment <- pair %>%
  filter(n >= 25) %>%
  as_tbl_graph()
```

```
# 네트워크 그래프 만들기
set.seed(1234)
word_network(graph_comment)
```

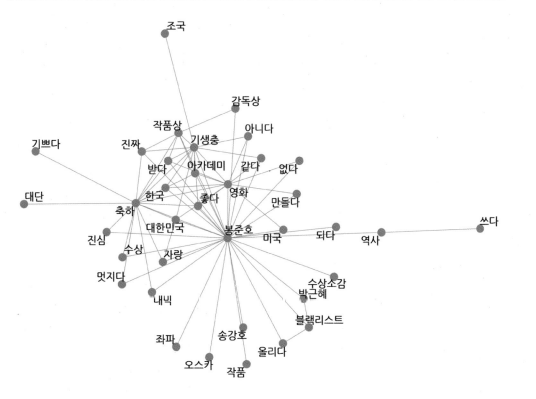

연결 중심성과 커뮤니티 표현하기

네트워크 그래프는 수많은 단어를 노드로 표현하기 때문에 어떤 단어를 중심으로 해석해야
할지 판단하기 어렵습니다. 그래프에 연결 중심성과 커뮤니티를 표현하면 단어의 관계를 더
분명하게 파악할 수 있습니다.

연결 중심성이란

연결 중심성(degree centrality)은 **노드가 다른 노드들과 얼마나 밀접하게 연결되는지 나타낸
값**입니다. 연결 중심성으로 노드 크기를 조정하면 어떤 단어를 눈여겨봐야 할지 판단하기
쉬워집니다.

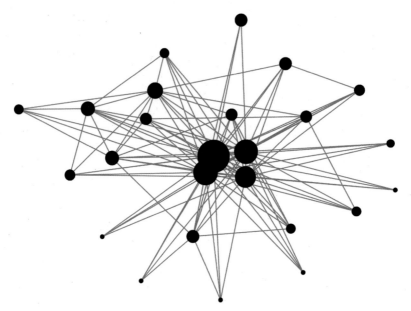

연결 중심성을 나타낸 네트워크 그래프(다른 노드와 빈번하게 연결될수록 노드의 크기가 큽니다)

커뮤니티란

어떤 단어들은 관계가 가까워 자주 함께 사용되고 어떤 단어들은 그렇지 않습니다. **단어 간
의 관계가 가까워 빈번하게 연결된 노드 집단**을 **커뮤니티**(community)라고 합니다. 노드를 커
뮤니티별로 구분 지어 서로 다른 색으로 표현하면 네트워크 구조를 이해하기 쉬워집니다.

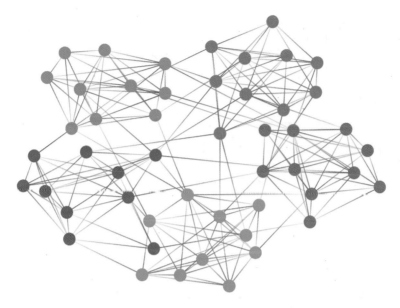

커뮤니티를 나타낸 네트워크 그래프(관계가 가까운 노드는 같은 색으로 표현됩니다)

1. 네트워크 그래프 데이터에 연결 중심성, 커뮤니티 변수 추가하기

네트워크 그래프에 연결 중심성과 커뮤니티를 표현하는 방법을 알아보겠습니다. 먼저, 단어 동시 출현 빈도를 담은 pair를 이용해 네트워크 그래프 데이터를 만든 다음, 연결 중심성과 커뮤니티를 나타낸 변수를 추가합니다.

- **네트워크 그래프 데이터 만들기**: pair에서 25회 이상 함께 사용된 단어만 추출한 다음 tidygraph 패키지의 as_tbl_graph()를 이용해 네트워크 그래프 데이터를 만듭니다. 이 때, as_tbl_graph()에 directed = F를 입력해 방향성이 없도록 설정합니다. 뒤이어 활용할 group_infomap()은 방향성 없는 네트워크 그래프 데이터에서만 커뮤니티를 찾아줍니다.

- **연결 중심성, 커뮤니티 변수 추가하기**: tidygraph 패키지의 centrality_degree()는 노드의 연결 중심성을 구하고, group_infomap()은 커뮤니티를 찾는 기능을 합니다. 두 함수를 mutate()에 적용해 연결 중심성과 커뮤니티를 나타낸 변수를 추가합니다.

- group_infomap()은 커뮤니티를 정수형 숫자로 표현합니다. 변수가 숫자인 상태로 그래프를 만들면 노드가 그룹에 따라 다른 색으로 표현되는 게 아니라 숫자 크기에 따라 농도가 다른 그라데이션으로 표현됩니다. as.factor()를 이용해 group_infomap()의 결과를 factor 타입으로 변환하면 이런 현상을 피할 수 있습니다.

다음 코드의 출력 결과를 보면 노드에 centrality와 group이 추가됐음을 알 수 있습니다.

🐢 난수를 사용하는 함수는 사용하는 패키지 버전과 OS 환경에 따라 출력 결과가 다를 수 있습니다.

```
set.seed(1234)
graph_comment <- pair %>%
  filter(n >= 25) %>%
  as_tbl_graph(directed = F) %>%
  mutate(centrality = centrality_degree(),     # 연결 중심성
         group = as.factor(group_infomap()))  # 커뮤니티

graph_comment
## # A tbl_graph: 36 nodes and 152 edges
## #
## # An undirected multigraph with 1 component
## #
## # Node Data: 36 x 3 (active)
##    name       centrality group
##    <chr>           <dbl> <fct>
## 1 봉준호              62 4
## 2 축하                34 2
## 3 영화                26 3
## 4 블랙리스트            6 6
## 5 기생충              26 1
## 6 대한민국             10 3
(... 생략 ...)
```

🐢 group_infomap()은 그룹을 생성할 때 난수를 이용하기 때문에 코드를 실행할 때마다 값이 조금씩 바뀝니다. set.seed()로 난수를 고정하면 항상 같은 값을 출력합니다.

2. 네트워크 그래프에 연결 중심성, 커뮤니티 표현하기

graph_comment를 이용해 연결 중심성과 커뮤니티를 표현한 네트워크 그래프를 만들겠습니다.

- geom_node_point()에 aes()를 추가하고, 연결 중심성에 따라 노드 크기를 정하도록 size = centrality를 입력합니다.

- 커뮤니티 별로 노드 색깔을 다르게 정하도록 aes()에 color = group을 입력합니다.

- 범례를 표현하지 않도록 geom_node_point()에 show.legend = F를 입력합니다.

- 노드 크기를 연결 중심성에 따라 결정하면 너무 크거나 너무 작아서 알아보기 불편합니다. 노드 크기를 5~15 범위로 유지하도록 scale_size(range = c(5, 15))를 추가합니다.

```
set.seed(1234)
ggraph(graph_comment, layout = "fr") +          # 레이아웃

  geom_edge_link(color = "gray50",              # 엣지 색깔
                 alpha = 0.5) +                  # 엣지 명암

  geom_node_point(aes(size = centrality,        # 노드 크기
                      color = group),           # 노드 색깔
                  show.legend = F) +            # 범례 삭제
  scale_size(range = c(5, 15)) +                # 노드 크기 범위

  geom_node_text(aes(label = name),             # 텍스트 표시
                 repel = T,                     # 노드밖 표시
                 size = 5,                      # 텍스트 크기
                 family = "nanumgothic") +      # 폰트

  theme_graph()                                 # 배경 삭제
```

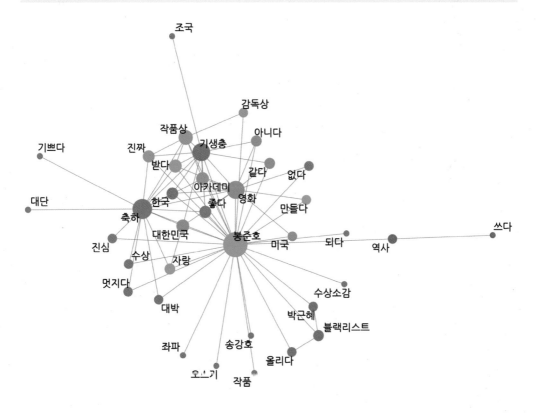

3. 네트워크의 주요 단어 살펴보기

네트워크 그래프의 주요 단어가 어떤 맥락에서 사용되었는지 알아보겠습니다.

• 주요 단어의 커뮤니티 살펴보기

가장 눈에 띄는 단어는 노드 크기가 가장 큰 **"봉준호"**입니다. graph_comment에서 name이
"봉준호"인 행을 출력하면 4번 커뮤니티로 분류되어 있음을 알 수 있습니다.

```
graph_comment %>%
  filter(name == "봉준호")

## # A tbl_graph: 1 nodes and 0 edges
## #
## # An undirected simple graph with 1 component
## #
## # Node Data: 1 x 3 (active)
##   name    centrality group
##   <chr>        <dbl> <fct>
## 1 봉준호          62 4
(... 생략 ...)
```

• 같은 커뮤니티로 분류된 단어 살펴보기

graph_comment에서 group이 4인 노드를 추출해 데이터 프레임으로 변환하면 **"봉준호"**가
어떤 단어와 같은 커뮤니티로 분류되었는지 알 수 있습니다.

```
graph_comment %>%
  filter(group == 4) %>%
  arrange(-centrality) %>%
  data.frame()

##      name centrality group
## 1  봉준호         62     4
## 2    받다         10     4
## 3    자랑          6     4
## 4  만들다          4     4
```

• 연결 중심성이 높은 주요 단어 살펴보기

graph_comment를 연결 중심성이 높은 순으로 출력하면 어떤 단어를 눈여겨 봐야할지 알 수 있습니다. 다음 출력 결과를 보면, **"봉준호"** 다음으로 **"축하"**의 연결 중심성이 높고, 2번 커뮤니티로 분류되었음을 알 수 있습니다.

```
graph_comment %>%
  arrange(-centrality)


## # A tbl_graph: 36 nodes and 152 edges
## #
## # An undirected multigraph with 1 component
## #
## # Node Data: 36 x 3 (active)
##     name      centrality group
##     <chr>          <dbl> <fct>
## 1 봉준호             62 4
## 2 축하               34 2
## 3 영화               26 3
## 4 기생충             26 1
## 5 작품상             14 5
## 6 대한민국           10 3
(... 생략 ...)
```

2번 커뮤니티로 분류된 단어를 살펴보면, 주로 봉준호 감독의 수상을 축하하는 내용임을 알 수 있습니다.

```
graph_comment %>%
  filter(group == 2) %>%
  arrange(-centrality) %>%
  data.frame()


##      name centrality group
## 1    축하         34     2
## 2    좋다          8     2
## 3    진심          4     2
## 4    수상          4     2
## 5    없다          4     2
## 6    대단          2     2
## 7    기쁘다        2     2
```

4. 주요 단어가 사용된 원문 살펴보기

네트워크에 표현된 단어만 봐서는 맥락을 구체적으로 이해하기 어려울 수 있습니다. 단어가 사용된 텍스트 원문을 살펴보면 맥락을 이해하는 데 도움이 됩니다. 주요 단어쌍이 사용된 댓글을 추출해 내용을 살펴보겠습니다.

```
news_comment %>%
  filter(str_detect(reply, "봉준호") & str_detect(reply, "대박")) %>%
  select(reply)

## # A tibble: 19 x 1
##   reply
##   <chr>
## 1 대박 대박 진짜 대박 봉준호 감독님과 우리 배우들 너무 다랑스러워요~
## 2 내가 죽기전에 아카데미에서 한국어를 들을줄이야 봉준호대박 기생충대박~
(... 생략 ...)
```

```
news_comment %>%
  filter(str_detect(reply, "박근혜") & str_detect(reply, "블랙리스트")) %>%
  select(reply)

## # A tibble: 63 x 1
##   reply
##   <chr>
## 1 일베와 자한당이 싫어하는 봉준호 감독이 아카데미에서 상받으니 쪽바리들처럼 엄청 ~
## 2 박근혜 블랙리스트 로 낙인찍은 봉준호 감독님이 아시아 최초로 오스카에서 상을 받~
(... 생략 ...)
```

```
news_comment %>%
  filter(str_detect(reply, "기생충") & str_detect(reply, "조국")) %>%
  select(reply)

## # A tibble: 64 x 1
##   reply
##   <chr>
## 1 조국이가 받아야 한다 기생충 스토리 제공
## 2 한번도경험하지 못한 조국가족사기단기생충 개봉박두~
(... 생략 ...)
```

🐢 tidygraph 패키지에는 centrality_degree() 외에도 연결 중심성을 구하는 다양한 함수가 있습니다. 또한, group_infomap() 외에도 커뮤니티 탐지 알고리즘을 이용하는 다양한 함수가 있습니다. 다음 페이지를 참고하세요.

• Introducing tidygraph: tidygraph.data-imaginist.com

05-3
단어 간 상관 분석 — Phi coefficient

"영화"와 "기생충"은 댓글에 가장 빈번히 함께 사용된 단어쌍이지만 이 단어들은 대부분의 단어와 자수 함께 사용되기 때문에 텍스트를 이해하는 데 별다른 도움이 되지 않습니다. 단어의 관계를 분석할 때는 단순히 자주 함께 사용된 단어가 아니라 다른 단어에 비해 상대적으로 자주 함께 사용된 단어가 무엇인지 살펴봐야 합니다.

파이 계수의 개념 알아보기

파이 계수(phi coefficient)는 두 단어가 함께 사용되는 경우가 각각 사용되는 경우에 비해 얼마나 많은지 나타낸 지표입니다. 파이 계수를 이용하면 어떤 단어와 자주 함께 사용되지만 다른 단어와는 자주 함께 사용되지 않는 단어, 즉 상대적으로 관련성이 큰 단어가 무엇인지 알 수 있습니다.

파이 계수의 의미

파이 계수가 어떤 의미를 지니는지 알아보겠습니다. X와 Y라는 두 단어가 있을 때, 여러 텍스트에서 두 단어의 사용 여부를 놓고 가능한 모든 경우를 따지면 다음과 같이 나누어 볼 수 있습니다.

- X, Y 모두 있음(a)
- X, Y 모두 없음(d)
- X만 있음(b)
- Y만 있음(c)

이를 표로 정리하면 다음과 같습니다.

	단어 Y 있음	단어 Y 없음	전체
단어 X 있음	a	b	$a+b$
단어 X 없음	c	d	$c+d$
전체	$a+c$	$b+d$	

각각의 경우에 해당하는 텍스트의 빈도를 구해 다음 공식에 적용하면 파이 계수를 계산할 수 있습니다.

$$\phi = \frac{ad - bc}{\sqrt{(a+b)(c+d)(a+c)(b+d)}}$$

파이 계수의 범위는 −1 ~ +1입니다. +1에 가까울수록 두 단어가 자주 함께 사용되어 관련성이 크다는 의미입니다. 반대로, −1에 가까울수록 함께 사용되는 경우가 드물어 관련성이 작다는 의미입니다.

Do it! 실습 파이 계수 구하기 — pairwise_cor()

159쪽에서 댓글을 형태소로 토큰화하고 유의어 처리를 완료한 comment를 이용해 파이 계수를 구하겠습니다.

add_count()를 이용해 단어 빈도를 추가하고 20회 이상 사용된 단어만 추출합니다. 사용 빈도가 낮은 단어는 텍스트의 전반적인 구조를 이해하는 데 도움이 되지 않으므로 제거하는 게 좋습니다. 그런 다음 widyr 패키지의 pairwise_cor()를 이용해 파이 계수를 구합니다. pairwise_cor()에는 다음과 같은 파라미터를 입력합니다.

- item: 단어. 여기서는 word를 입력합니다.
- feature: 텍스트 구분 기준. 여기서는 id를 입력합니다.
- sort = T: 파이 계수가 높은 순으로 출력 결과를 정렬합니다.

다음 코드의 출력 결과에서 correlation이 파이 계수를 의미합니다. correlation을 보면 두 단어의 관련성이 얼마나 큰지 알 수 있습니다.

🐱 count()를 이용하면 빈도만 남고 원자료가 제거되지만, add_count()를 이용하면 원자료에 빈도를 나타낸 변수를 추가합니다.

```
word_cors <- comment %>%
  add_count(word) %>%
  filter(n >= 20) %>%
  pairwise_cor(item = word,
               feature = id,
               sort = T)

word_cors

## # A tibble: 26,732 x 3
##    item1      item2       correlation
##    <chr>      <chr>          <dbl>
## 1 올리다      블랙리스트      0.478
## 2 블랙리스트  올리다          0.478
## 3 역사        쓰다            0.370
## 4 쓰다        역사            0.370
## 5 박근혜      블랙리스트      0.322
## # ... with 26,727 more rows
```

Do it! 실습   특정 단어와 관련성이 큰 단어 살펴보기

특정 단어와 관련성이 큰 단어를 살펴보겠습니다. 출력 결과를 보면 단순히 자주 사용된 단어가 아니라 상대적으로 자주 함께 사용된 단어가 무엇인지 알 수 있습니다.

```
word_cors %>%
  filter(item1 == "대한민국")

## # A tibble: 163 x 3
##    item1    item2  correlation
##    <chr>    <chr>     <dbl>
## 1 대한민국  국민     0.182
## 2 대한민국  자랑     0.158
## 3 대한민국  위상     0.149
## 4 대한민국  국격     0.129
## 5 대한민국  위대한   0.100
## # ... with 158 more rows
```

```
word_cors %>%
  filter(item1 == "역사")

## # A tibble: 163 x 3
##    item1  item2  correlation
##    <chr>  <chr>     <dbl>
## 1 역사    쓰다    0.370
## 2 역사    최초    0.117
## 3 역사    한국    0.0982
## 4 역사    순간    0.0910
## 5 역사    한국영화 0.0821
## # ... with 158 more rows
```

Do it! 실습　파이 계수로 막대 그래프 만들기

파이 계수로 막대 그래프를 만들면 관심 단어가 어떤 단어와 관련성이 높은지 한눈에 살펴
볼 수 있습니다.

1. 관심 단어별로 파이 계수가 큰 단어 추출하기

word_cors에서 관심 단어별로 파이 계수가 가장 큰 단어를 8개씩 추출하겠습니다.

```r
# 관심 단어 목록 생성
target <- c("대한민국", "역사", "수상소감", "조국", "박근혜", "블랙리스트")

top_cors <- word_cors %>%
  filter(item1 %in% target) %>%
  group_by(item1) %>%
  slice_max(correlation, n = 8)
```

2. 막대 그래프 만들기

top_cors를 이용해 그래프를 만듭니다. 출력한 그래프를 보면 관심 단어가 어떤 단어와 관
련성이 큰지 한눈에 알 수 있습니다.

```r
# 그래프 순서 정하기
top_cors$item1 <- factor(top_cors$item1, levels = target)

library(ggplot2)
ggplot(top_cors, aes(x = reorder_within(item2, correlation, item1),
                     y = correlation,
                     fill = item1)) +
  geom_col(show.legend = F) +
  facet_wrap(~ item1, scales = "free") +
  coord_flip() +
  scale_x_reordered() +
  labs(x = NULL) +
  theme(text = element_text(family = "nanumgothic"))
```

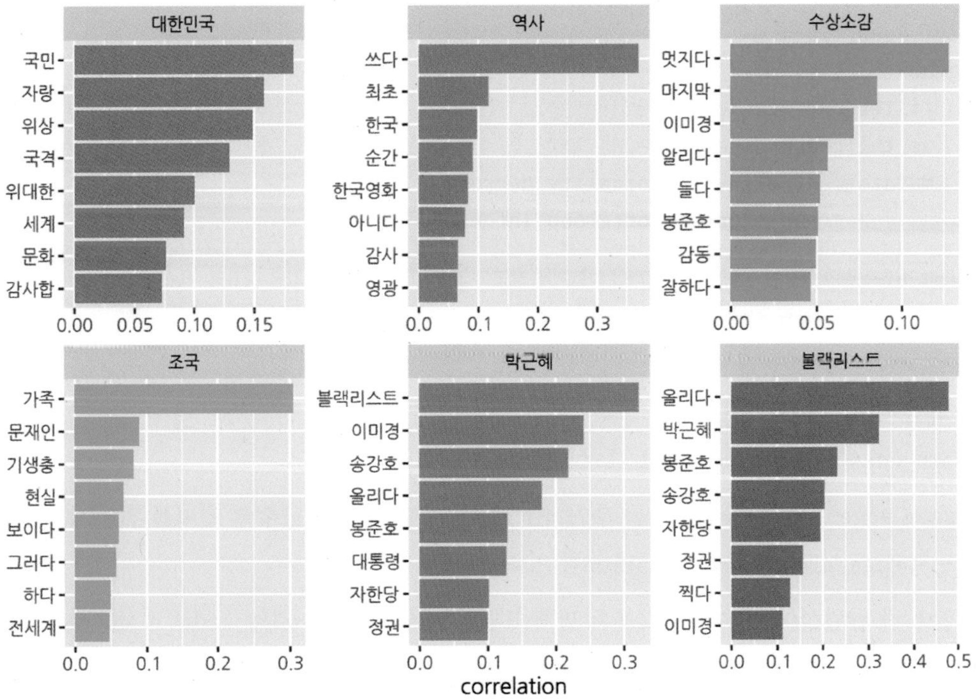

Do it! 실습 파이 계수로 네트워크 그래프 만들기

파이 계수를 이용해 네트워크 그래프를 만들겠습니다. 동시 출현 빈도를 이용해 네트워크 그래프를 만들 때와 같은 방법을 이용하면 됩니다. 파이 계수로 네트워크 그래프를 만들면 관련성이 큰 단어 중심으로 텍스트의 맥락을 살펴볼 수 있습니다.

1. 네트워크 그래프 데이터 만들기, 연결 중심성과 커뮤니티 추가하기

네트워크가 너무 복잡하지 않고 관련성이 큰 단어 중심으로 만들어지도록 `word_cors`에서 `correlation`이 `0.15` 이상인 단어쌍만 추출합니다. 그런 다음, 네트워크 그래프 데이터를 만들고 연결 중심성과 커뮤니티를 추가합니다.

```
set.seed(1234)
graph_cors <- word_cors %>%
  filter(correlation >= 0.15) %>%
  as_tbl_graph(directed = F) %>%
  mutate(centrality = centrality_degree(),
         group = as.factor(group_infomap()))
```

🦔 파이 계수가 얼마 이상인 단어쌍을 추출해야 하는지는 정답이 없습니다. 추출 기준 값을 바꾸어 가며 여러 번 그래프를 만들어 본 다음 적당한 값을 찾아야 합니다.

2. 네트워크 그래프 만들기

graph_cors를 이용해 네트워크 그래프를 만들겠습니다.

- geom_edge_link()에 aes()를 추가하고, 단어 간 관련성이 클수록 엣지를 진하게 표현하도록 edge_alpha = correlation를 입력합니다.

- 단어 간 관련성이 클수록 엣지를 두껍게 표현하도록 aes()에 edge_width = correlation를 입력합니다.

출력한 그래프를 보면 관련성이 큰 단어쌍을 한눈에 알 수 있습니다.

```
set.seed(1234)
ggraph(graph_cors, layout = "fr") +

  geom_edge_link(color = "gray50",
                 aes(edge_alpha = correlation,    # 엣지 명암
                     edge_width = correlation),    # 엣지 두께
                 show.legend = F) +                # 범례 삭제
  scale_edge_width(range = c(1, 4)) +              # 엣지 두께 범위

  geom_node_point(aes(size = centrality,
                      color = group),
                  show.legend = F) +
  scale_size(range = c(5, 10)) +

  geom_node_text(aes(label = name),
                 repel = T,
                 size = 5,
                 family = "nanumgothic") +

  theme_graph()
```

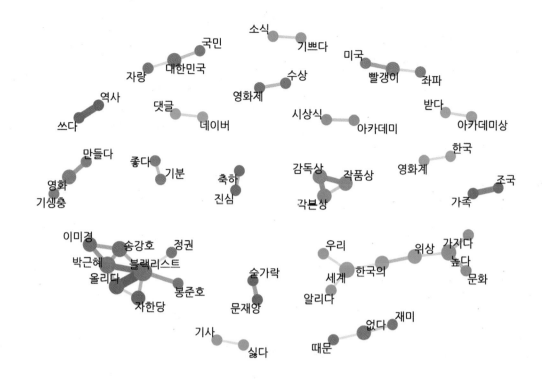

동시 출현 빈도, 파이 계수로 만든 네트워크 그래프의 차이점

네트워크 그래프를 만들 때 동시 출현 빈도를 이용하면 **"봉준호"**, **"영화"** 처럼 '여러 단어와 자주 함께 사용된 단어쌍' 중심으로 네트워크가 형성됩니다. 반면, 파이 계수를 이용하면 '다른 단어에 비해 상대적으로 자주 함께 사용된 단어쌍' 중심으로 네트워크가 형성됩니다. 동시 출현 빈도를 이용한 그래프는 노드 대부분이 서로 연결되어 구조가 복잡하고 군집이 잘 드러나지 않습니다. 반면, 파이 계수를 이용한 그래프는 관련성이 큰 단어끼리만 연결되어 단어 군집이 명확하게 드러나는 장점이 있습니다.

네트워크 그래프를 만들 때 자주 사용된 단어를 파악하려면 동시 출현 빈도를 활용하는 게 좋고, 밀접하게 관련된 단어쌍을 파악하려면 파이 계수를 활용하는 게 좋습니다.

같은 단어도 함께 사용된 단어에 따라 의미가 달라질 수 있습니다. 예를 들어 '사과를 먹다'와 '사과를 하다'에서 '사과'는 뒤에 오는 단어에 따라 과일이 되기도 하고 미안한 마음을 표현하는 행위가 되기도 합니다. '감을 잡다' 혹은 '귀가 얇다' 처럼, 어떤 단어는 다른 단어와 연결되어 새로운 의미를 만들어 내기도 합니다.

동시 출현 빈도와 파이 계수를 이용해 분석하면 단어가 함께 사용된 횟수만 고려하기 때문에 단어가 연결될 때 생기는 의미를 무시하게 됩니다. 단어가 텍스트에 함께 사용되기만 하면 관련이 있다고 가정하기 때문에 종종 이해하기 어려운 단어쌍이 등장하는 단점도 있습니다. 단어가 연결될 때 생기는 의미를 고려해 분석하려면 단순히 자주 함께 사용된 단어가 아니라 자주 연이어 사용된 단어를 살펴봐야 합니다.

엔그램이란

연이어 사용된 n개의 단어를 엔그램(n-gram)이라고 합니다. 엔그램에서 엔(n)은 몇 단어가 연속되는지를 의미합니다. 두 단어가 연속되면 바이그램(bigram) 또는 2-gram, 세 단어가 연속되면 트라이그램(trigram) 또는 3-gram이라 합니다.

텍스트를 엔그램으로 토큰화해 분석하면 단어 앞뒤에 연이어 사용된 단어를 함께 살펴보기 때문에 단어가 연결될 때 생기는 의미와 맥락을 이해하게 됩니다. 또한 단어가 얼마나 자주 '함께' 사용되었는지가 아니라 얼마나 자주 '연이어' 사용되었는지를 중심으로 분석하기 때문에 대다수의 텍스트에 사용된 평범한 단어쌍이 아니라 분명한 의미를 드러내는 단어쌍을 발견하게 되는 장점도 있습니다.

![Do it! 실습 아이콘] **Do it! 실습** **엔그램으로 토큰화하기**

텍스트를 엔그램으로 토큰화하는 방법을 알아보겠습니다.

샘플 텍스트로 엔그램 토큰화해보기

tidytext 패키지의 `unnest_tokens()`를 이용하면 텍스트를 엔그램으로 토큰화할 수 있습니다. token에 "ngrams"를 입력하고, 몇 단어를 기준으로 할지 단어 개수를 n에 입력하면됩니다. 2를 입력하면 바이그램, 3을 입력하면 트라이그램이 됩니다. 샘플 텍스트를 엔그램으로 토큰화해 보겠습니다.

```
text <- tibble(value = "대한민국은 민주공화국이다. 대한민국의 주권은 국민에게 있고, 모든
권력은 국민으로부터 나온다.")
```

```
# 바이그램 토큰화
text %>%
  unnest_tokens(input = value,
               output = word,
               token = "ngrams",
               n = 2)

## # A tibble: 9 x 1
##    word
##    <chr>
## 1 대한민국은 민주공화국이다
## 2 민주공화국이다 대한민국의
## 3 대한민국의 주권은
## 4 주권은 국민에게
## 5 국민에게 있고
## 6 있고 모든
## 7 모든 권력은
## 8 권력은 국민으로부터
## 9 국민으로부터 나온다
```

```
# 트라이그램 토큰화
text %>%
  unnest_tokens(input = value,
               output = word,
               token = "ngrams",
               n = 3)

## # A tibble: 8 x 1
##    word
##    <chr>
## 1 대한민국은 민주공화국이다 대한민국의
## 2 민주공화국이다 대한민국의 주권은
## 3 대한민국의 주권은 국민에게
## 4 주권은 국민에게 있고
## 5 국민에게 있고 모든
## 6 있고 모든 권력은
## 7 모든 권력은 국민으로부터
## 8 권력은 국민으로부터 나온다
```

앞 장에서는 토큰화할 때 단어를 기준으로 삼았습니다. 단어를 기준으로 토큰화하는 것은 n이 1인 유니그램(unigram)으로 토큰화하는 것과 같습니다. 다음 코드를 실행하면 두 방법의 결과가 같습니다.

```
# 단어 기준 토큰화
text %>%
  unnest_tokens(input = value,
               output = word,
               token = "words")



## # A tibble: 10 x 1
##   word
##   <chr>
## 1 대한민국은
## 2 민주공화국이다
## 3 대한민국의
## 4 주권은
## 5 국민에게
## # ... with 5 more rows
```

```
# 유니그램 토큰화
text %>%
  unnest_tokens(input = value,
               output = word,
               token = "ngrams",
               n = 1)

## # A tibble: 10 x 1
##   word
##   <chr>
## 1 대한민국은
## 2 민주공화국이다
## 3 대한민국의
## 4 주권은
## 5 국민에게
## # ... with 5 more rows
```

기사 댓글로 바이그램 만들기

영화 '기생충' 관련 기사 댓글을 엔그램으로 토큰화해 분석하겠습니다. 148쪽에서 댓글을 형태소로 토큰화하고 품사별로 행을 분리한 comment_pos를 이용해 바이그램을 만들겠습니다.

① 명사, 동사, 형용사 추출하기

comment_pos에서 명사, 동사, 형용사를 추출해 결합한 후 두 글자 이상만 남깁니다.

```
comment_new <- comment_pos %>%
  separate_rows(word, sep = "[+]") %>%
  filter(str_detect(word, "/n|/pv|/pa")) %>%
  mutate(word = ifelse(str_detect(word, "/pv|/pa"),
                       str_replace(word, "/.*$", "다"),
                       str_remove(word, "/.*$"))) %>%
  filter(str_count(word) >= 2) %>%
  arrange(id)
```

🍵 텍스트 원문을 바이그램으로 바로 토큰화하면 '하다', '했다', '하며', '하므로'처럼 원형이 같지만 표현만 다른 단어들이 전부 개별 단어로 취급됩니다. 단어의 표현이 아니라 의미 중심으로 분석해야 하므로 원문에서 형태소를 추출한 다음 바이그램으로 토큰화해야 합니다.

② 유의어 처리하기

159쪽과 마찬가지로 표현은 다르지만 의미가 비슷한 단어를 한 단어로 통일합니다.

```
comment_new <- comment_new %>%
  mutate(word = ifelse(str_detect(word, "감독") &
                         !str_detect(word, "감독상"), "봉준호", word),
           word = ifelse(word == "오르다", "올리다", word),
           word = ifelse(str_detect(word, "축하"), "축하", word))
```

③ 한 댓글이 하나의 행이 되도록 결합하기

comment_new의 word는 reply에서 추출한 개별 단어로 구성되어 있습니다.

```
comment_new %>%
  select(word)

## # A tibble: 26,860 x 1
##    word
##    <chr>
## 1 우리
## 2 좋다
## 3 생기다
## 4 기쁘다
## 5 행복한
## # ... with 26,855 more rows
```

한 댓글이 하나의 행이 되도록 id별로 word를 결합합니다.

```
line_comment <- comment_new %>%
  group_by(id) %>%
  summarise(sentence = paste(word, collapse = " "))
```

```
line_comment

## # A tibble: 4,007 x 2
##       id sentence
##    <int> <chr>
## 1      1 우리 좋다 생기다 기쁘다 행복한 행복 축하 행복 기쁘다~
## 2      2 기쁘다 시국 기쁘다 감사하다 축하 진심
## 3      3 우리나라 봉준호 불다 크다 영감 봉준호 공동각본쓴 한진 작가님 축하 ~
(... 생략 ...)
```

④ 바이그램으로 토큰화하기

unnest_tokens()를 이용해 line_comment를 바이그램으로 토큰화합니다.

```
bigram_comment <- line_comment %>%
  unnest_tokens(input = sentence,
                output = bigram,
                token = "ngrams",
                n = 2)

bigram_comment

## # A tibble: 23,348 x 2
##       id bigram
##    <int> <chr>
## 1      1 우리 좋다
## 2      1 좋다 생기다
## 3      1 생기다 기쁘다
## 4      1 기쁘다 행복한
## 5      1 행복한 행복
## # ... with 23,343 more rows
```

Do it! 실습 연이어 사용된 단어쌍 빈도 구하기

댓글에 어떤 단어쌍이 자주 사용되었는지 알아보겠습니다.

1. 바이그램 분리하기 — separate()

tidyr 패키지의 separate()를 이용해서 바이그램을 구성하는 두 단어를 분리해 서로 다른
변수에 할당합니다.

```
# 바이그램 분리하기
bigram_seprated <- bigram_comment %>%
  separate(bigram, c("word1", "word2"), sep = " ")


bigram_seprated


## # A tibble: 23,348 x 3
##       id word1   word2
##    <int> <chr>   <chr>
## 1     1 우리    좋다
## 2     1 좋다    생기다
## 3     1 생기다  기쁘다
## 4     1 기쁘다  행복한
## 5     1 행복한  행복
## # ... with 23,343 more rows
```

2. 단어쌍 빈도 구하기

count()로 단어쌍의 빈도를 구하고, na.omit()을 이용해 결측치가 있는 행을 제거합니다.
'축하합니다', '멋집니다' 처럼 한 단어로 된 문장은 바이그램으로 토큰화하면 NA가 됩니다.

```
# 단어쌍 빈도 구하기
pair_bigram <- bigram_seprated %>%
  count(word1, word2, sort = T) %>%
  na.omit()


pair_bigram


## # A tibble: 19,030 x 3
##   word1      word2        n
##   <chr>      <chr>    <int>
## 1 봉준호     봉준호     155
## 2 블랙리스트 올리다      64
## 3 진심       축하        64
## 4 봉준호     축하        57
## 5 봉준호     송강호      34
## # ... with 19,025 more rows
```

3. 단어쌍 살펴보기

동시 출현 단어쌍을 담은 pair와 바이그램 단어쌍을 담은 pair_bigram을 비교해 보겠습니다. 동시 출현 단어쌍은 일반적으로 자주 사용된 단어로 구성되며 단어쌍의 종류가 많고 빈도도 높습니다. 반면, 바이그램 단어쌍은 의미가 연결되는 단어로 구성되며 단어쌍의 종류가 적고 빈도도 낮습니다.

```
# 동시 출현 단어쌍
pair %>%
  filter(item1 == "대한민국")

## # A tibble: 1,010 x 3
##   item1    item2     n
##   <chr>    <chr>  <dbl>
## 1 대한민국   봉준호    70
## 2 대한민국   축하     54
## 3 대한민국   자랑     44
## 4 대한민국   영화     30
## 5 대한민국   기생충    27
## # ... with 1,005 more rows
```

```
# 바이그램 단어쌍
pair_bigram %>%
  filter(word1 == "대한민국")

## # A tibble: 109 x 3
##   word1    word2     n
##   <chr>    <chr>  <int>
## 1 대한민국   국민     21
## 2 대한민국   자랑     15
## 3 대한민국   영화     11
## 4 대한민국   국격      8
## 5 대한민국   위상      7
## # ... with 104 more rows
```

```
# 동시 출현 단어쌍
pair %>%
  filter(item1 == "아카데미")

## # A tibble: 1,243 x 3
##   item1    item2     n
##   <chr>    <chr>  <dbl>
## 1 아카데미   봉준호    59
## 2 아카데미   기생충    47
## 3 아카데미   작품상    44
## 4 아카데미   영화     42
## 5 아카데미   축하     30
## # ... with 1,238 more rows
```

```
# 바이그램 단어쌍
pair_bigram %>%
  filter(word1 == "아카데미")

## # A tibble: 141 x 3
##   word1    word2     n
##   <chr>    <chr>  <int>
## 1 아카데미   작품상    22
## 2 아카데미   시상식    19
## 3 아카데미   수상      7
## 4 아카데미   감독상     6
## 5 아카데미   로컬      6
## # ... with 136 more rows
```

pair_bigram을 이용해 네트워크 그래프 데이터를 만든 다음 158쪽에서 작성한 `word_network()`를 이용해 네트워크 그래프를 만들겠습니다.

```
# 네트워크 그래프 데이터 만들기
graph_bigram <- pair_bigram %>%
  filter(n >= 8) %>%
  as_tbl_graph()

# 네트워크 그래프 만들기
set.seed(1234)
word_network(graph_bigram)
```

유의어 통일하고 네트워크 그래프 다시 만들기

출력한 그래프를 보면 "대단", "대단하다" 처럼 의미가 비슷한 단어가 개별 노드로 되어 있어 네트워크가 복잡하고 해석하기 어렵습니다. 단어의 관계가 분명하게 드러나도록 유의어를 통일하고 네트워크 그래프를 다시 만들겠습니다.

- 단어쌍을 담고 있는 `bigram_seprated`에서 비슷한 단어를 통일합니다.

- 같은 단어가 연속 사용된 단어쌍을 해석하는 것은 의미가 없으므로 제거합니다.

- 단어쌍 빈도를 구하고 `na.omit()`을 이용해 결측치를 제거합니다.

```
# 유의어 처리
bigram_seprated <- bigram_seprated %>%
  mutate(word1 = ifelse(str_detect(word1, "대단"), "대단", word1),
         word2 = ifelse(str_detect(word2, "대단"), "대단", word2),

         word1 = ifelse(str_detect(word1, "자랑"), "자랑", word1),
         word2 = ifelse(str_detect(word2, "자랑"), "자랑", word2),

         word1 = ifelse(str_detect(word1, "짝짝짝"), "짝짝짝", word1),
         word2 = ifelse(str_detect(word2, "짝짝짝"), "짝짝짝", word2)) %>%

  # 같은 단어 연속 제거
  filter(word1 != word2)

# 단어쌍 빈도 구하기
pair_bigram <- bigram_seprated %>%
  count(word1, word2, sort = T) %>%
  na.omit()
```

여러 변수의 유의어를 한 번에 처리하기

dplyr 패키지의 `mutate_at()`과 `case_when()`을 이용하면 여러 변수의 유의어를 처리하는 코드를 다음과 같이 작성할 수 있습니다.

```
bigram_seprated_new <- bigram_seprated %>%
  mutate_at(vars("word1", "word2"),
            ~ case_when(
              str_detect(., "대단") ~ "대단",
              str_detect(., "자랑") ~ "자랑",
              str_detect(., "짝짝짝") ~ "짝짝짝",
              T ~ .))
```

pair_bigram을 이용해 네트워크 그래프 데이터를 다시 만듭니다. 네트워크가 너무 복잡하지 않도록 8회 이상 사용된 단어쌍만 추출해 네트워크 그래프 데이터를 생성한 다음 연결 중심성과 커뮤니티를 추가합니다. ggraph()를 이용해 네트워크 그래프를 만듭니다.

```r
# 네트워크 그래프 데이터 만들기
set.seed(1234)
graph_bigram <- pair_bigram %>%
  filter(n >= 8) %>%
  as_tbl_graph(directed = F) %>%
  mutate(centrality = centrality_degree(),      # 중심성
         group = as.factor(group_infomap()))    # 커뮤니티


# 네트워크 그래프 만들기
set.seed(1234)
ggraph(graph_bigram, layout = "fr") +            # 레이아웃

  geom_edge_link(color = "gray50",               # 엣지 색깔
                 alpha = 0.5) +                  # 엣지 명암

  geom_node_point(aes(size = centrality,         # 노드 크기
                      color = group),            # 노드 색깔
                  show.legend = F) +             # 범례 삭제
  scale_size(range = c(4, 8)) +                  # 노드 크기 범위

  geom_node_text(aes(label = name),              # 텍스트 표시
                 repel = T,                      # 노드밖 표시
                 size = 5,                       # 텍스트 크기
                 family = "nanumgothic") +       # 폰트

  theme_graph()                                  # 배경 삭제
```

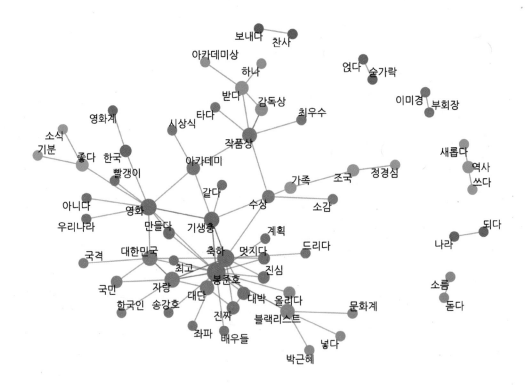

출력한 네트워크 그래프를 보면 자주 연이어 사용된 단어쌍 중심으로 네트워크를 형성하기 때문에 단어의 맥락과 의미를 구체적으로 이해할 수 있습니다. '이미경-부회장', '조국-가족' 처럼 개별 단어의 빈도는 낮지만 자주 연이어 사용되고 함께 사용할 때 분명한 의미를 지니는 단어쌍도 발견할 수 있습니다.

파이 계수, 바이그램 네트워크 그래프의 차이점

네트워크 그래프는 단어쌍을 만들 때 사용한 방법에 따라 특징이 달라집니다. 파이 계수를 사용하면 '관련성이 큰 단어쌍' 중심으로 네트워크가 형성되기 때문에 '빈도가 낮아도 관련성이 큰 단어'가 주로 표현됩니다. 반면, 바이그램을 사용하면 '연이어 자주 사용된 단어쌍' 중심으로 표현되기 때문에 '관련성이 큰 동시에 자주 사용된 단어'가 주로 표현됩니다.

또한, 파이 계수를 사용하면 관련성이 작은 노드들이 연결되지 않아서 단어 군집이 명확하게 드러나지만 단어들의 전반적인 관계를 파악하기는 어렵습니다. 반면, 바이그램을 사용하면 노드가 대부분 연결되기 때문에 군집은 덜 명확하지만 단어들이 전반적으로 어떤 관계를 형성하고 있는지 알 수 있습니다.

어떤 방법으로 네트워크 그래프를 만드는 게 좋을까

지금까지 동시 출현 빈도, 파이 계수, 엔그램을 이용해 네트워크 그래프를 만드는 방법을 알아보았습니다. 각 방법은 특징이 다르므로 분석 목적에 맞게 선택해야 합니다. 세 가지 방법을 모두 사용해 분석 결과를 비교하는 것도 텍스트를 다각도로 이해하는 데 도움이 됩니다.

• **동시 출현 빈도**: 자주 사용된 단어 중심으로 단어들의 관계를 표현하려면 동시 출현 빈도를 사용합니다.

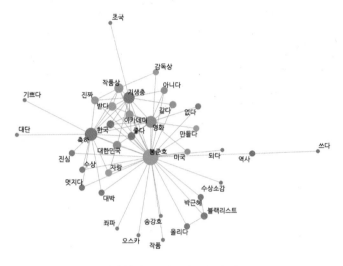

동시 출현 빈도로 만든 네트워크 그래프

• **파이 계수**: 단어가 얼마나 자주 사용되었는지 보다는 관련성이 큰 단어쌍이 무엇인지에 관심이 있고 단어 군집을 잘 드러내고 싶다면 파이 계수를 사용합니다.

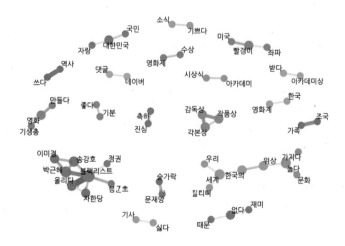

파이 계수로 만든 네트워크 그래프

- **엔그램**: 연이어 사용될 때 의미를 지니는 단어쌍에 관심이 있고 단어들이 전반적으로 어떤 관계를 형성하고 있는지 표현하려면 엔그램을 사용합니다.

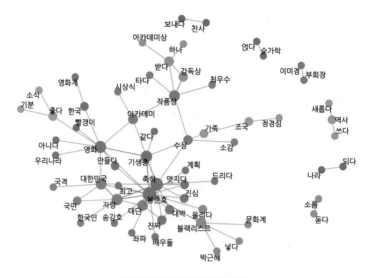

엔그램으로 만든 네트워크 그래프

📋 정리하기

1. 동시 출현 단어 분석 - Co-occurrence analysis

```r
# 품사 기준 토큰화
comment_pos <- news_comment %>%
  unnest_tokens(input = reply,
                output = word,
                token = SimplePos22,
                drop = F)

# 명사, 동사, 형용사 추출
comment <- comment_pos %>%
  separate_rows(word, sep = "[+]") %>%
  filter(str_detect(word, "n|/pv|/pa")) %>%
  mutate(word = ifelse(str_detect(word, "/pv|/pa"),
                       str_replace(word, "/.*$", "다"),
                       str_remove(word, "/.*$"))) %>%
  filter(str_count(word) >= 2) %>%
  arrange(id)

# 단어 동시 출현 빈도 구하기
pair <- comment %>%
  pairwise_count(item = word,
                 feature = id,
                 sort = T)
```

2. 단어 간 상관 분석 - Phi coefficient

```r
# 파이 계수 구하기
word_cors <- comment %>%
  add_count(word) %>%
  filter(n >= 20) %>%
  pairwise_cor(item = word,
               feature = id,
               sort = T)
```

3. 연이어 사용된 단어쌍 분석 - n-gram

```r
# 텍스트를 한 행으로 구성
line_comment <- comment %>%
  group_by(id) %>%
  summarise(sentence = paste(word, collapse = " "))

# 바이그램 토큰화
bigram_comment <- line_comment %>%
  unnest_tokens(input = sentence,
                output = bigram,
                token = "ngrams",
                n = 2)

# 바이그램 분리
bigram_seprated <- bigram_comment %>%
  separate(bigram, c("word1", "word2"), sep = " ")

# 단어쌍 빈도 구하기
pair_bigram <- bigram_seprated %>%
  count(word1, word2, sort = T) %>%
  na.omit()
```

4. 네트워크 그래프 만들기

```r
# 네트워크 그래프 데이터 만들기
set.seed(1234)
graph_comment <- pair_bigram %>%
  filter(n >= 8) %>%
  as_tbl_graph(directed = F) %>%
  mutate(centrality = centrality_degree(),
         group = as.factor(group_infomap()))

# 네트워크 그래프 만들기
set.seed(1234)
ggraph(graph_comment) +
  geom_edge_link() +
  geom_node_point(aes(size = centrality,
                      color = group)) +
  geom_node_text(aes(label = name))
```

📊 분석 도전!

"news_comment_BTS.csv"에는 2020년 9월 21일 방탄소년단이 '빌보드 핫 100 차트' 1위에 오른 소식을 다룬 기사에 달린 댓글이 들어있습니다. "news_comment_BTS.csv"를 이용해 문제를 해결해 보세요.

Q1 "news_comment_BTS.csv"를 불러온 다음 행 번호를 나타낸 변수를 추가하고 분석에 적합하게 전처리하세요.

Q2 댓글에서 명사, 동사, 형용사를 추출하고 '/로 시작하는 모든 문자'를 '다'로 바꾸세요.

Q3 다음 코드를 이용해 유의어를 통일한 다음 한 댓글이 하나의 행이 되도록 단어를 결합하세요.

```
# 유의어 통일하기
comment <- comment %>%
  mutate(word = case_when(str_detect(word, "축하") ~ "축하",
                          str_detect(word, "방탄") ~ "자랑",
                          str_detect(word, "대단") ~ "대단",
                          str_detect(word, "자랑") ~ "자랑",
                          T ~ word))
```

Q4 댓글을 바이그램으로 토큰화한 다음 바이그램 단어쌍을 분리하세요.

Q5 단어쌍 빈도를 구한 다음 네트워크 그래프 데이터를 만드세요.
- 난수를 고정한 다음 네트워크 그래프 데이터를 만드세요.
- 빈도가 3 이상인 단어쌍만 사용하세요.
- 연결 중심성과 커뮤니티를 나타낸 변수를 추가하세요.

Q6 바이그램을 이용해 네트워크 그래프를 만드세요.
- 난수를 고정한 다음 네트워크 그래프를 만드세요.
- 레이아웃을 "fr"로 설정하세요.
- 연결 중심성에 따라 노드 크기를 정하고, 커뮤니티별로 노드 색깔이 다르게 설정하세요.
- 노드의 범례를 삭제하세요.
- 텍스트가 노드 밖에 표시되게 설정하고, 텍스트의 크기를 5로 설정하세요.

> 정답: github.com/youngwoos/Doit_textmining

토픽 모델링:
어떤 주제로 글을 썼을까?

분석할 텍스트가 많다면 텍스트를 주제별로 분류해 핵심 단어를 살펴보면서 어떤
내용을 담고 있는지 파악해야 합니다. 이 장에서는 텍스트의 핵심 주제를 찾아 비
슷한 내용끼리 분류하는 토픽 모델링(topic modeling)을 알아봅니다.

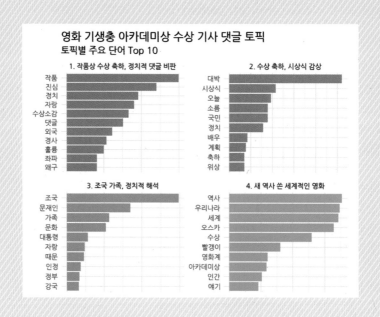

영화 기생충 아카데미상 수상 기사 댓글 토픽
토픽별 주요 단어 Top 10

06-1
토픽 모델링 개념 알아보기

토픽 모델링의 개념을 알아보겠습니다. 다음과 같이 3개의 문서가 있습니다. 문서 1은 '고양이', 문서 2는 '음식', 문서 3은 '고양이와 음식' 모두와 관련 있는 내용입니다. 이 문서들을 토픽(topic, 주제)별로 분류하고 각 토픽이 어떤 내용을 담고 있는지 알아보려고 합니다.

🍙 토픽 모델에서는 텍스트를 'document(문서)', 단어는 'term'으로 표현합니다.

> 문서1: 고양이가 냐옹 하고 운다
> 문서2: 참치 김밥을 먹었다
> 문서3: 털뭉치 고양이가 냐옹 하더니 참치를 먹었다

문서 목록

토픽 모델은 문서와 단어의 관계를 이용해 만듭니다. 토픽 모델을 만들면 문서에 사용된 단어가 두 토픽 중 어디에 등장할 확률이 더 높은지 알 수 있습니다.

토픽의 수를 2개로 정해 모델을 만들었다고 가정하겠습니다. 다음 표를 보면 토픽 A는 고양이 관련 단어, 토픽 B는 음식 관련 단어가 등장할 확률이 높습니다. 이처럼 단어가 등장할 확률을 보면 토픽의 핵심 단어를 알 수 있습니다.

단어	토픽 A	토픽 B
털뭉치	16%	0%
고양이	33%	0%
냐옹	33%	0%
운다	16%	0%
참치	0%	40%
김밥	0%	20%
먹었다	0%	40%

단어별 토픽 확률

문서를 토픽별로 분류하기

토픽 모델을 만들면 문서가 어떤 토픽에 등장할 확률이 높은지 알 수 있습니다. 이 확률을 이용하면 문서를 토픽별로 분류할 수 있습니다. 다음 표를 보면 문서 1과 3은 토픽 A, 문서 2는 토픽 B에 등장할 확률이 높습니다. 따라서 문서 1과 3은 토픽 A로, 문서 2는 토픽 B로 분류하면 됩니다.

	토픽 A	토픽 B
문서 1: 고양이가 냐옹 하고 운다	100%	0%
문서 2: 참치 김밥을 먹었다	0%	100%
문서 3:털뭉치 고양이가 냐옹 하더니 참치를 먹었다	60%	40%

문서별 토픽 확률

토픽 A: 문서 1, 문서 3
토픽 B: 문서 2

토픽별 문서 분류

이처럼 토픽 모델을 만들면 문서가 어떤 주제로 구성되는지 파악할 수 있습니다. 주제를 찾으면 문서를 비슷한 내용끼리 분류할 수 있기 때문에 다량의 문서를 분석할 때 특히 유용합니다.

LDA 모델 알아보기

LDA(Latent Dirichlet Allocation, 잠재 디리클레 할당)는 가장 널리 사용되는 토픽 모델링 알고리즘입니다. LDA는 다음과 같은 가정을 하고 토픽과 단어의 관계를 추정합니다.

토픽은 여러 단어의 혼합으로 구성된다

'고양이' 토픽과 '음식' 토픽을 예를 들어 보겠습니다.

단어	고양이	음식
털	45%	0%
모래	35%	0%
참치	20%	5%
김밥	0%	55%
떡볶이	0%	40%

단어별 토픽 확률

• 한 토픽에 여러 단어가 서로 다른 확률로 포함됩니다

고양이 토픽에는 '털', '모래', '참치'가 흔하게 등장하고, 음식 토픽에는 '김밥', '떡볶이', '참치'가 흔하게 등장합니다. 그런데 고양이 토픽에서 '털', '모래'는 특히 자주 언급되므로 등장 확률이 높지만, '참치'는 다른 토픽에도 등장하므로 '털', '모래'에 비해 등장 확률이 낮을 것입니다.

• 같은 단어가 여러 토픽에 서로 다른 확률로 포함됩니다

'참치'는 고양이가 좋아하는 음식이므로 고양이 토픽과 음식 토픽에 모두 등장합니다. 하지만 '참치'는 사람이 먹는 음식보다는 주로 고양이가 먹는 간식으로 언급되므로, 음식 토픽보다 고양이 토픽에 등장할 확률이 더 높을 것입니다.

> 🙂 앞의 예시는 토픽 모델의 의미를 이해하기 쉽도록 가상으로 만든 것입니다. 실제로는 같은 문서가 여러 토픽에 등장할 가능성이 있고, 같은 단어도 여러 토픽에 등장할 가능성이 있기 때문에 확률이 0이 되지는 않습니다.

문서는 여러 토픽의 혼합으로 구성된다

문서에는 여러 토픽의 단어가 서로 다른 비율로 들어 있습니다. 예를 들어 문서 1에는 토픽 A의 단어가 90%, 토픽 B의 단어가 10% 들어 있고, 문서 2에는 토픽 A의 단어가 30%, 토픽 B의 단어가 70% 들어있을 수 있습니다.

다음 그림에서 왼쪽은 토픽, 오른쪽은 문서를 나타냅니다. 그림에서 보듯, 문서는 무 자르듯 어느 한 토픽에만 속하는 게 아니라 모든 토픽에 속할 확률이 어느 정도 있습니다. 다만, 문서를 분류할 때는 단어 확률이 더 높은 쪽으로 합니다. 예를 들어 문서 1은 토픽 A의 단어 확률이 높으니 토픽 A로, 문서 2는 토픽 B의 단어 확률이 높으니 토픽 B로 분류합니다.

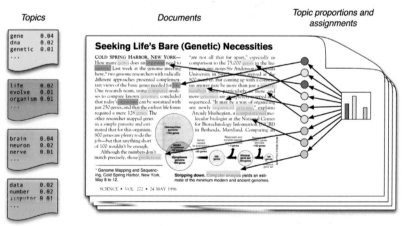

Latent Dirichlet allocation (LDA): bit.ly/easytext_62

- LDA 모델이 만들어지는 과정을 자세히 알고 싶다면 다음 글을 읽어보세요. Topic Modeling, LDA: bit.ly/easytext_61
- 예문을 이용해 토픽 모델을 설명하는 아이디어를 다음 글에서 얻었습니다.
  잠재 디리클레 할당(Latent Dirichlet Allocation, LDA): wikidocs.net/30708

LDA 모델 만들기

LDA 모델의 개념을 살펴보았으니 영화 '기생충' 기사 댓글을 이용해 LDA 모델을 만드는 방법을 알아보겠습니다.

Do it! 실습 전처리하기

1. 기본적인 전처리

영화 '기생충' 관련 기사의 댓글을 불러와 기본적인 전처리를 하겠습니다. 앞 장과는 달리 토픽 모델을 만드는 데 적합하도록 몇 가지 전처리 작업을 추가해야 합니다.

- **중복 문서 제거하기:** 중복 문서가 있으면 계산량이 늘어나 모델을 만드는 시간이 오래 걸리고, 한 토픽에 내용이 똑같은 문서가 여러 개 들어 있는 문제가 생깁니다. 이런 문제를 피하기 위해 dplyr 패키지의 distinct()를 이용해 중복 댓글을 제거합니다. 이때, 댓글이 들어 있는 reply 외에 다른 변수들 모두 보유하도록 .keep_all = T를 입력합니다.

- **짧은 문서 제거하기:** 토픽 모델은 문서가 여러 개 공통으로 사용된 단어를 이용해 토픽을 찾는 과정을 거쳐 만들어집니다. 짧은 문서는 다른 문서와 공통으로 사용된 단어가 적어서 토픽 모델을 만드는 데 적합하지 않습니다. 짧은 문서를 제거하기 위해 str_count()로 세 단어 이상 사용된 댓글만 추출합니다.

```
# 기생충 기사 댓글 불러오기
library(readr)
library(dplyr)

raw_news_comment <- read_csv("news_comment_parasite.csv") %>%
  mutate(id = row_number())

library(stringr)
library(textclean)
```

🐢 문서를 토픽별로 분류하는 작업을 할 때 raw_news_comment를 활용합니다. 이때 문서를 구분할 기준이 필요하기 때문에 row_number()로 댓글의 고유 번호를 부여해 두어야 합니다.

```
# 기본적인 전처리
news_comment <- raw_news_comment %>%
  mutate(reply = str_replace_all(reply, "[^가-힣]", " "),
         reply = str_squish(reply)) %>%

  # 중복 댓글 제거
  distinct(reply, .keep_all = T) %>%

  # 짧은 문서 제거 - 3 단어 이상 추출
  filter(str_count(reply, boundary("word")) >= 3)
```

2. 명사 추출하기

문서의 주제는 명사로 결정되기 때문에 토픽 모델을 만들 때는 명사를 추출해 활용하는 경우가 많습니다. `news_comment`에서 명사를 추출하겠습니다.

문서에 같은 단어가 여러 번 사용되면 내용과 관계없이 단순히 사용 빈도 때문에 특정 토픽으로 분류될 가능성이 높아집니다. 이런 문제를 피하기 위해 각 댓글에서 중복 사용된 단어를 제거하겠습니다.

```
library(tidytext)
library(KoNLP)

# 명사 추출
comment <- news_comment %>%
  unnest_tokens(input = reply,
                output = word,
                token = extractNoun,
                drop = F) %>%
  filter(str_count(word) > 1) %>%

  # 댓글 내 중복 단어 제거
  group_by(id) %>%
  distinct(word, .keep_all = T) %>%
  ungroup() %>%
  select(id, word)
```

```
comment

## # A tibble: 21,457 x 2
##      id word
##   <int> <chr>
## 1     1 우리
## 2     1 행복
## 3     2 시국
(... 생략 ...)
```

3. 빈도 높은 단어 제거하기

분석 대상이 영화 '기생충' 관련 기사에 달린 댓글이기 때문에 '영화', '기생충' 같은 단어는 거의 모든 댓글에 들어 있습니다. 이처럼 빈도가 매우 높은 단어가 포함된 상태로 토픽 모델을 만들면 대부분의 토픽에 똑같은 단어가 주요 단어로 등장해 토픽의 특징을 파악하기 어렵습니다. 빈도가 높은 단어를 제거하면 이런 문제를 피할 수 있습니다. 빈도가 200회 이하인 단어만 추출해 분석에 활용하겠습니다.

```
count_word <- comment %>%
  add_count(word) %>%
  filter(n <= 200) %>%
  select(-n)
```

4. 불용어 제거하기, 유의어 처리하기

4.1 불용어, 유의어 확인하기

count_word에는 "들이", "하다", "하게"처럼 의미를 알 수 없는 단어가 들어 있습니다. 이런 단어는 텍스트를 해석하는 데 도움이 되지 않으므로 제거해야 합니다. 이처럼 **분석 대상에서 제외할 단어를 불용어**(stop word)라고 합니다.

count_word에서 빈도가 높은 단어를 추출해 불용어가 있는지 확인합니다. 표현만 다르고 의미는 비슷한 유의어가 있는지도 함께 확인합니다.

```
# 불용어, 유의어 확인하기
count_word %>%
  count(word, sort = T) %>%
  print(n = 200)
```

```
## # A tibble: 6,022 x 2
##    word            n
##    <chr>       <int>
## 1 작품상          200
## 2 자랑            193
## 3 블랙리스트        173
## 4 조국            170
## 5 한국            165
## # ... with 6,017 more rows
```

4.2 불용어 목록 만들기

출력 결과를 토대로 불용어 목록을 만듭니다.

```
# 불용어 목록 만들기
stopword <- c("들이", "하다", "하게", "하면", "해서", "이번", "하네",
              "해요", "이것", "니들", "하기", "하지", "한거", "해주",
              "그것", "어디", "여기", "까지", "이거", "하신", "만큼")
```

4.3 불용어 제거하고 유의어 수정하기

count_word에서 불용어를 제거한 다음, dplyr 패키지의 recode()를 이용해 유의어를 수정합니다. recode()는 특정 값을 다른 값으로 수정하는 함수입니다.

```
# 불용어, 유의어 처리하기
count_word <- count_word %>%
  filter(!word %in% stopword) %>%
  mutate(word = recode(word,
                       "자랑스럽습니" = "자랑",
                       "자랑스럽" = "자랑",
                       "자한" = "자유한국당",
                       "문재" = "문재인",
                       "한국의" = "한국",
                       "그네" = "박근혜",
                       "추카" = "축하",
                       "셍성" = "징꼉심",
                       "방탄" = "방탄소년단"))
```

불용어 목록을 파일로 만들어 활용하면 편리합니다.

불용어를 제거하는 작업은 텍스트를 분석할 때마다 반복합니다. 자주 등장하는 불용어를 CSV 파일로 저장해두고 필요할 때마다 불러와 활용하면 편리합니다.

```
# 불용어 목록 만들기
stopword <- tibble(word = c("들이", "하다", "하게", "하면", "해서", "이번", "하네",
                            "해요", "이것", "니들", "하기", "하지", "한거", "해주",
                            "그것", "어디", "여기", "까지", "이거", "하신", "만큼"))

# 불용어 목록 저장하기
library(readr)
write_csv(stopword, "stopword.csv")

# 불용어 목록 불러오기
stopword <- read_csv("stopword.csv")

# 불용어 제거하기
count_word <- count_word %>%
  filter(!word %in% stopword$word)
```

stopword는 tibble 구조이므로 다음과 같이 anti_join()을 이용해 불용어를 제거할 수 있습니다.

```
count_word <- count_word %>%
  anti_join(stopword, by = "word")
```

![Do it! 실습 키보드 아이콘] **Do it! 실습** LDA 모델 만들기

1. Document-Term Matrix 만들기

LDA 모델은 **DTM**(Document-Term Matrix, 문서 단어 행렬)을 이용해 만듭니다. DTM은 행은 문서, 열은 단어로 구성해 빈도를 나타낸 행렬입니다. `count_word`를 이용해 DTM을 만들겠습니다.

1.1 문서별 단어 빈도 구하기

DTM을 만들려면 문서별 단어 빈도를 구해야 합니다. `count_word`를 이용해 문서별 단어 빈도를 구합니다.

```
# 문서별 단어 빈도 구하기
count_word_doc <- count_word %>%
  count(id, word, sort = T)


count_word_doc


## # A tibble: 17,592 x 3
##       id word      n
##    <int> <chr> <int>
## 1     35 한국      2
## 2    206 자랑      2
## 3    566 자랑      2
(... 생략 ...)
```

1.2 DTM 만들기 — `cast_dtm()`

`tidytext` 패키지의 `cast_dtm()`은 문서별 단어 빈도를 DTM으로 만드는 함수입니다. `cast_dtm()`을 사용하려면 `tm` 패키지가 설치되어 있어야 합니다. `tm` 패키지를 설치한 다음, `count_word_doc`을 `cast_dtm()`에 적용해 DTM을 만듭니다. `cast_dtm()`에는 다음과 같은 파라미터를 입력합니다.

- `document`: 문서 구분 기준
- `term`: 단어
- `value` : 단어 빈도

다음 코드의 출력 결과에서 (documents: 3203, terms: 5995)를 보면, dtm_comment가 '3,203 문서 × 5,995 단어'로 구성됨을 알 수 있습니다.

```
install.packages("tm")

# DTM 만들기
dtm_comment <- count_word_doc %>%
  cast_dtm(document = id, term = word, value = n)

dtm_comment

## <<DocumentTermMatrix (documents: 3203, terms: 5995)>>
## Non-/sparse entries: 17592/19184393
## Sparsity            : 100%
## Maximal term length: 35
## Weighting           : term frequency (tf)
```

DTM의 내용 확인하기

as.matrix()를 이용하면 DTM의 내용을 확인할 수 있습니다. 출력 결과에서 Docs는 문서 번호, Terms는 단어, 숫자는 문서에 단어가 등장한 빈도를 의미합니다.

```
library(tm)
as.matrix(dtm_comment[1:8, 1:8])

##       Terms
## Docs   한국 자랑 방탄소년단 박근혜 우리 행복 감사 시국
##   35     2    0      0       0     0    0    0    0
##   206    0    2      0       0     0    0    0    0
##   566    1    2      0       0     0    0    0    0
##   578    0    2      0       0     0    0    0    0
##   598    0    2      0       0     0    0    0    0
##   1173   2    0      0       0     0    0    0    0
##   1599   2    1      0       0     0    0    0    0
##   1762   2    0      0       0     0    0    0    0
```

2. LDA 모델 만들기 — LDA()

DTM을 `topicmodels` 패키지의 `LDA()`에 적용해 LDA 모델을 만듭니다. `LDA()`에는 다음과 같은 파라미터를 입력합니다.

- `k`: 토픽 수. 여기서는 8개의 토픽으로 모델을 만들도록 8을 입력합니다.

- `method`: 샘플링 방법. 토픽 모델은 샘플링을 반복하며 토픽과 단어의 분포를 추정하는 과정을 거쳐 만들어집니다. 여기서는 일반적으로 가장 많이 사용되는 깁스 샘플링을 이용하도록 `"Gibbs"`를 입력합니다.

- `control = list(seed = 1234)`: 반복 실행해도 동일한 결과를 만들도록 난수를 고정합니다.

🌀 토픽 수에는 정해진 정답이 없기 때문에 k 값을 바꾸어 가며 여러 모델을 만든 다음, 결과를 비교해 결정하게 됩니다. 토픽 수를 정하는 방법은 06-6에서 자세히 다룹니다.

🌀 난수를 사용하는 함수는 사용하는 패키지 버전과 OS 환경에 따라 출력 결과가 다를 수 있습니다.

```
install.packages("topicmodels")
library(topicmodels)

# 토픽 모델 만들기
lda_model <- LDA(dtm_comment,
                 k = 8,
                 method = "Gibbs",
                 control = list(seed = 1234))
lda_model

## A LDA_Gibbs topic model with 8 topics.
```

`glimpse()`를 이용하면 LDA 모델의 내용을 확인할 수 있습니다.

```
# 모델 내용 확인
glimpse(lda_model)
...
##  ..@ Dim        : int [1:2] 3203 5995
##  ..@ control    : Formal class 'LDA_Gibbscontrol' [package "topicmodels"] ...
##  ..@ k          : int 8
##  ..@ terms      : chr [1:5995] "한국" "사랑" "방탄소년단" "빅큰혜" ...
##  ..@ documents  : chr [1:3203] "35" "206" "566" "578" ...
##  ..@ beta       : num [1:8, 1:5995] -7.81 -10.22 -10.25 -5.83 -10.25 ...
##  ..@ gamma      : num [1:3203, 1:8] 0.151 0.15 0.11 0.114 0.11 ...
( ... 생략 ... )
```

`lda_model`에는 '단어가 각 토픽에 등장할 확률 beta(β)'와 '문서가 각 토픽에 등장할 확률 gamma(γ)'가 들어 있습니다. 5,995개 단어로 토픽 모델을 만들었기 때문에 출력 결과의 `beta : num [1:8, 1:5995]`를 보면 8개 토픽 각각에 5,995개의 베타 값이 있음을 알 수 있습니다. 또한, 3,203개 문서로 토픽 모델을 만들었기 때문에 `gamma : num [1:3203, 1:8]`을 보면 8개 토픽 각각에 3,203개의 감마 값이 있음을 알 수 있습니다.

🥚 깁스 샘플링에 관해 자세히 알고 싶다면 다음 글을 읽어 보세요. • Topic Modeling, LDA: bit.ly/easytext_61

06-3

토픽별 주요 단어 살펴보기

베타(beta, β)는 **단어가 토픽에 등장할 확률**입니다. 베타를 보면 각 토픽에 등장할 가능성이 큰 주요 단어를 알 수 있습니다.

⌨ **Do it! 실습**   토픽별 단어 확률, beta 추출하기 — `tidy()`

`tidytext` 패키지의 `tidy()`를 이용하면 `lda_model`에서 베타와 감마를 추출할 수 있습니다.

beta 추출하기

`tidy()`에 `lda_model`을 적용한 다음 `matrix = "beta"`를 입력해 베타를 추출합니다. 출력 결과를 보면 **"한국"**이 토픽 1에 등장할 확률이 0.000405, 토픽 2에 등장할 확률이 0.0000364입니다.

```
term_topic <- tidy(lda_model, matrix = "beta")
term_topic

## # A tibble: 47,960 x 3
##    topic term     beta
##    <int> <chr>    <dbl>
## 1      1 한국  0.000405
## 2      2 한국  0.0000364
## 3      3 한국  0.0000353
## 4      4 한국  0.00295
## 5      5 한국  0.0000353
## # ... with 47,955 more rows
```

beta 살펴보기

5,995개 단어를 이용해 토픽 모델을 만들었으므로 `term_topic`은 토픽별로 5,995 행으로 되어있습니다.

```
# 토픽별 단어 수
term_topic %>%
  count(topic)

## # A tibble: 8 x 2
##   topic     n
##   <int> <int>
## 1     1  5995
## 2     2  5995
## 3     3  5995
## 4     4  5995
## 5     5  5995
## 6     6  5995
## 7     7  5995
## 8     8  5995
```

beta는 확률 값이므로 한 토픽의 beta를 모두 더하면 1이 됩니다.

```
# 토픽 1의 beta 합계
term_topic %>%
  filter(topic == 1) %>%
  summarise(sum_beta = sum(beta))

## # A tibble: 1 x 1
##   sum_beta
##      <dbl>
## 1        1
```

특정 단어의 토픽별 확률 살펴보기

특정 단어를 추출하면 단어가 어떤 토픽에 등장할 확률이 높은지 알 수 있습니다. 다음 코드의 출력 결과를 보면 "작품상"은 토픽 6에 등장할 확률이 `0.0695`로 가장 높습니다.

```
term_topic %>%
  filter(term == "작품상")


## # A tibble: 8 x 3
##   topic term      beta
##   <int> <chr>    <dbl>
## 1     1 작품상  0.0000368
## 2     2 작품상  0.000763
## 3     3 작품상  0.0000353
## 4     4 작품상  0.0000364
## 5     5 작품상  0.0000353
## 6     6 작품상  0.0695
## 7     7 작품상  0.000727
## 8     8 작품상  0.000388
```

Do it! 실습 **토픽별 주요 단어 살펴보기**

토픽에 등장할 확률이 높은 단어를 살펴보면 토픽의 특징을 이해할 수 있습니다.

특정 토픽에서 beta가 높은 단어 살펴보기

6번 토픽을 추출한 다음 beta 기준으로 내림차순 정렬해 출력하겠습니다. "작품상", "감독상", "수상" 등의 확률이 높은 것을 보면 토픽 6이 영화상 수상과 관련된다는 것을 알 수 있습니다.

```
term_topic %>%
  filter(topic == 6) %>%
  arrange(-beta)


## # A tibble: 5,995 x 3
##   topic term      beta
##   <int> <chr>    <dbl>
## 1     6 작품상   0.0695
## 2     6 감독상   0.0318
## 3     6 한국영화 0.0228
## 4     6 수상     0.0214
## 5     6 각본상   0.0154
## # ... with 5,990 more rows
```

모든 토픽의 주요 단어 살펴보기 — `terms()`

`topicmodels` 패키지의 `terms()`를 이용하면 토픽별로 등장 확률이 높은 단어를 한눈에 확인할 수 있습니다.

```
terms(lda_model, 20) %>%
  data.frame()

##      Topic.1 Topic.2 Topic.3  Topic.4
## 1      작품      대박     조국      역사
## 2      진심     시상식   문재인   우리나라
## 3      정치      오늘     가족      세계
## 4      자랑      국민     문화     오스카
## 5     수상소감    소름    대통령      수상
...
##      Topic.5 Topic.6   Topic.7 Topic.8
## 1      자랑    작품상    블랙리스트   한국
## 2      우리    감독상     박근혜     미국
## 3      최고   한국영화     사람     한국인
## 4      감사     수상      송강호      세계
## 5      생각    각본상     이미경      좌파
( ... 생략 ...)
```

⌨️ **Do it! 실습** **토픽별 주요 단어 시각화하기**

토픽별 주요 단어의 확률을 이용해 막대 그래프를 만들겠습니다.

1. 토픽별로 beta가 가장 높은 단어 추출하기

토픽별로 beta가 가장 높은 단어를 10개씩 추출합니다.

```
# 토픽별 beta 상위 10개 단어 추출
top_term_topic <- term_topic %>%
  group_by(topic) %>%
  slice_max(beta, n = 10)
```

🐢 토픽별 단어 확률에 동점이 있으면 추출한 단어가 10개 보다 많을 수 있습니다. 동점을 제외하고 토픽별 단어 수를 동일하게 맞추려면 `slice_max()`에 `with_ties = F`를 입력하면 됩니다.

2. 막대 그래프 만들기

top_term_topic을 이용해 막대 그래프를 만듭니다. 토픽이 8개이므로 4열로 출력하도록 facet_wrap에 ncol = 4를 입력합니다.

```
install.packages("scales")
library(scales)
library(ggplot2)

ggplot(top_term_topic,
       aes(x = reorder_within(term, beta, topic),
           y = beta,
           fill = factor(topic))) +
  geom_col(show.legend = F) +
  facet_wrap(~ topic, scales = "free", ncol = 4) +
  coord_flip() +
  scale_x_reordered() +
  scale_y_continuous(n.breaks = 4,
                     labels = number_format(accuracy = .01)) +
  labs(x = NULL) +
  theme(text = element_text(family = "nanumgothic"))
```

🍳 scale_y_continuous()에 입력한 n.breaks = 4는 축 눈금을 4개 내외로 정하는 기능을 합니다. labels = number_format(accuracy = .01)은 눈금 숫자를 소수점 첫째 자리에서 반올림하는 기능을 합니다. number_format()을 사용하려면 scales 패키지를 로드해야 합니다.

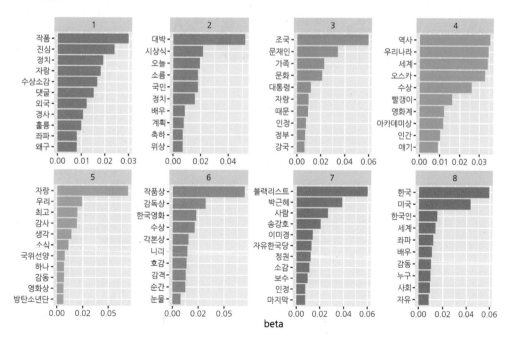

등장 확률이 높은 주요 단어를 보면 토픽이 어떤 특징을 지니는지 알 수 있습니다. 예를 들어 토픽 4의 "역사", "우리나라", "세계"를 보면 이 토픽이 아카데미상 수상의 역사적 의미와 관련됨을 알 수 있습니다. 토픽 7의 "블랙리스트", "박근혜", "자유한국당"을 보면 이 토픽이 정치 문제와 관련됨을 알 수 있습니다.

06-4

문서를 토픽별로 분류하기

감마(gamma, γ)는 **문서가 각 토픽에 등장할 확률**입니다. 감마를 이용하면 문서를 토픽별로 분류할 수 있습니다. 문시를 토픽별로 분류하고 주요 단어와 원문을 함께 살펴보면 토픽의 특징을 자세히 이해할 수 있습니다.

⌨️ **Do it! 실습 문서별 토픽 확률, gamma 추출하기 —** `tidy()`

`tidytext` 패키지의 `tidy()`를 이용하면 `lda_model`에서 감마를 추출할 수 있습니다.

gamma 추출하기

`tidy()`에 `lda_model`을 적용한 다음 `matrix = "gamma"`를 입력해 감마를 추출합니다.

```
doc_topic <- tidy(lda_model, matrix = "gamma")
doc_topic

## # A tibble: 25,624 x 3
##   document topic gamma
##   <chr>    <int> <dbl>
## 1 35           1 0.151
## 2 206          1 0.15
## 3 566          1 0.110
## 4 578          1 0.114
## 5 598          1 0.110
## # ... with 25,619 more rows
```

gamma 살펴보기

3,203개 문서를 이용해 토픽 모델을 만들었으므로 `doc_topic`은 토픽별 3,203 행으로 되어 있습니다.

```
doc_topic %>%
  count(topic)
```

```
## # A tibble: 8 x 2
##    topic     n
##    <int> <int>
## 1     1  3203
## 2     2  3203
## 3     3  3203
## 4     4  3203
## 5     5  3203
## 6     6  3203
## 7     7  3203
## 8     8  3203
```

gamma도 beta와 마찬가지로 확률 값이므로 한 문서의 gamma를 모두 더하면 1이 됩니다.

```
# 문서 1의 gamma 합계
doc_topic %>%
  filter(document == 1) %>%
  summarise(sum_gamma = sum(gamma))

## # A tibble: 1 x 1
##   sum_gamma
##       <dbl>
## 1         1
```

⌨ **Do it! 실습**   문서를 확률이 가장 높은 토픽으로 분류하기

문서별로 gamma가 가장 높은 토픽을 추출하면 문서가 어떤 토픽에 등장할 확률이 높은지 알수 있습니다. 이렇게 얻은 값을 이용하면 각 문서를 확률이 높은 토픽으로 분류할 수 있습니다.

1. 문서별로 확률이 가장 높은 토픽 추출하기

문서별로 gamma가 가장 높은 토픽을 추출합니다.

```
# 문서별로 확률이 가장 높은 토픽 추출
doc_class <- doc_topic %>%
  group_by(document) %>%
  slice_max(gamma, n = 1)
```

```
doc_class

## # A tibble: 5,328 x 3
## # Groups:   document [3,203]
##   document topic gamma
##   <chr>    <int> <dbl>
## 1 1            5 0.159
## 2 10           8 0.168
## 3 100          5 0.153
(... 생략 ...)
```

2. 원문에 확률이 가장 높은 토픽 번호 부여하기

확률이 가장 높은 토픽 번호를 댓글 원문에 부여합니다. `left_join()`을 이용해 댓글 원문이 들어 있는 `raw_news_comment`에 `doc_class`를 결합하면 됩니다. `raw_news_comment`의 `id`와 `doc_class`의 `document`가 문서 번호를 나타낸 고유값이므로, 이 변수를 기준으로 결합합니다.

데이터셋을 결합하려면 기준이 되는 변수의 타입이 같아야 합니다. `raw_news_comment`의 `id`는 integer 타입이고, `doc_class`의 `document`는 chr 타입입니다. `doc_class`의 `document`를 integer 타입으로 변환한 다음 결합합니다.

```
# integer로 변환
doc_class$document <- as.integer(doc_class$document)

# 원문에 토픽 번호 부여
news_comment_topic <- raw_news_comment %>%
  left_join(doc_class, by = c("id" = "document"))

# 결합 확인
news_comment_topic %>%
  select(id, topic)

## # A tibble: 6,275 x 2
##       id topic
##    <int> <int>
## 1     1     5
## 2     2     1
## 3     2     5
(... 생략 ...)
```

3. 토픽별 문서 수 살펴보기

news_comment_topic을 이용해 토픽별 빈도를 구하면 각 토픽으로 문서가 몇 개씩 분류됐는지 알 수 있습니다.

```
news_comment_topic %>%
  count(topic)

## # A tibble: 9 x 2
##    topic     n
##    <int> <int>
## 1      1   660
## 2      2   704
## 3      3   663
## 4      4   609
## 5      5   708
## 6      6   690
## 7      7   649
## 8      8   645
## 9     NA   947
```

topic이 NA인 문서가 있는 이유는 빈도가 높은 단어를 제거하는 전처리 작업을 거치지 않은 raw_news_comment에 doc_class를 결합해 토픽 번호를 부여했기 때문입니다. raw_news_comment는 '빈도가 높은 단어만 있어서 토픽 모델을 만드는 데 사용하지 않은 문서'까지 포함하고 있습니다. 이런 문서의 번호는 doc_class에 없기 때문에 left_join()을 이용해 결합하면 topic이 NA가 됩니다. topic이 NA인 문서는 분석에 활용하지 않으므로 na.omit()을 이용해 제거합니다.

```
news_comment_topic <- news_comment_topic %>%
  na.omit()
```

문서를 한 토픽으로만 분류하기

앞에서 만든 `news_comment_topic`은 같은 문서가 여러 토픽에 중복되어 있습니다. 어떤 문서는 gamma가 가장 높은 토픽이 하나가 아니라 여럿이기 때문입니다. 다음 코드의 출력 결과를 보면 `doc_topic`에서 문서별로 gamma가 가장 높은 행을 추출했는데도 문서의 빈도가 2 이상인 행이 1,301개입니다.

```
doc_topic %>%
  group_by(document) %>%
  slice_max(gamma, n = 1) %>%
  count(document) %>%
  filter(n >= 2)

## # A tibble: 1,301 x 2
## # Groups:   document [1,301]
##   document      n
##   <chr>     <int>
## 1 1001          3
## 2 1002          3
## 3 1009          3
## 4 1010          2
## 5 1023          2
## # ... with 1,296 more rows
```

문서를 한 토픽으로만 분류하려면 `slice_sample()`을 이용해 문서별로 gamma가 가장 높은 행 중 하나를 무작위 추출하면 됩니다. 이렇게 하면 gamma가 가장 높은 행이 하나인 문서는 그대로 남고, gamma가 가장 높은 행이 둘 이상인 문서는 무작위로 한 행만 남습니다. 다음 코드의 출력 결과를 보면 `doc_class_unique`가 토픽 모델을 만드는 데 사용된 문서 수와 동일하게 3,203행으로 되어 있습니다.

🐢 `slice_sample()`은 난수를 이용하므로 `set.seed()`를 먼저 실행해야 동일한 결과를 얻을 수 있습니다.

🐢 난수를 사용하는 함수는 사용하는 패키지 버전과 OS 환경에 따라 출력 결과가 다를 수 있습니다.

```
set.seed(1234)
doc_class_unique <- doc_topic %>%
  group_by(document) %>%
  slice_max(gamma, n = 1) %>%
  slice_sample(n = 1)
```

```
doc_class_unique

## # A tibble: 3,203 x 3
## # Groups:   document [3,203]
##   document topic gamma
##   <chr>     <int> <dbl>
## 1 1             5 0.159
## 2 10            8 0.168
## 3 100           5 0.153
## 4 1000          7 0.15
## 5 1001          1 0.137
## # ... with 3,198 more rows
```

문서를 한 토픽으로만 분류했으므로 모든 문서의 빈도가 1입니다.

```
# 문서 빈도 구하기
doc_class_unique %>%
  count(document, sort = T)

## # A tibble: 3,203 x 2
## # Groups:   document [3,203]
##   document     n
##   <chr>     <int>
## 1 1             1
## 2 10            1
## 3 100           1
## 4 1000          1
## 5 1001          1
## # ... with 3,198 more rows
```

⌨ Do it! 실습 토픽별 문서 수와 단어 시각화하기

문서 수와 주요 단어를 막대 그래프로 함께 표현하면 어떤 토픽으로 분류된 문서가 많은지,
토픽의 특징은 어떠한지 한눈에 파악할 수 있습니다.

1. 토픽별 주요 단어 목록 만들기

토픽별 단어 확률 beta가 들어 있는 term_topic에서 토픽별로 확률이 가장 높은 주요 단어를 6개씩 추출합니다. 이때 확률이 동점인 단어는 제외하도록 slice_max()에 with_ties = F를 입력합니다. 그런 다음 summarise()와 paste()를 이용해 주요 단어를 한 행으로 결합합니다.

```
top_terms <- term_topic %>%
  group_by(topic) %>%
  slice_max(beta, n = 6, with_ties = F) %>%
  summarise(term = paste(term, collapse = ", "))

top_terms

## # A tibble: 8 x 2
##    topic term
##    <int> <chr>
## 1     1 작품, 진심, 정치, 자랑, 수상소감, 댓글
## 2     2 대박, 시상식, 오늘, 국민, 소름, 정치
## 3     3 조국, 문재인, 가족, 문화, 대통령, 자랑
## 4     4 역사, 우리나라, 세계, 오스카, 수상, 빨갱이~
## 5     5 자랑, 우리, 최고, 감사, 생각, 소식
## # ... with 3 more rows
```

2. 토픽별 문서 빈도 구하기

원문과 토픽 번호가 들어 있는 news_comment_topic을 이용해 토픽별 문서 빈도를 구합니다.

```
count_topic <- news_comment_topic %>%
  count(topic)

count_topic

## # A tibble: 8 x 2
##    topic     n
##    <int> <int>
## 1     1   660
## 2     2   704
## 3     3   663
## 4     4   609
## 5     5   708
## # ... with 3 more rows
```

3. 문서 빈도에 주요 단어 결합하기

`count_topic`에 `top_terms`를 결합합니다. 그런 다음, 막대 그래프의 x축에 Topic 1의 형태로 토픽 번호를 표시하기 위해 `topic_name`을 추가합니다.

```
count_topic_word <- count_topic %>%
  left_join(top_terms, by = "topic") %>%
  mutate(topic_name = paste("Topic", topic))

count_topic_word

## # A tibble: 8 x 4
##    topic      n term                              topic_name
##    <int> <int> <chr>                             <chr>
## 1      1   660 작품, 진심, 정치, 자랑, 수상소감,~   Topic 1
## 2      2   704 대박, 시상식, 오늘, 국민, 소름, ~    Topic 2
## 3      3   663 조국, 문재인, 가족, 문화, 대통령,~   Topic 3
## 4      4   609 역사, 우리나라, 세계, 오스카, 수상~  Topic 4
## 5      5   708 자랑, 우리, 최고, 감사, 생각, 소~    Topic 5
## # ... with 3 more rows
```

4. 토픽별 문서 수와 주요 단어로 막대 그래프 만들기

`count_topic_word`를 이용해 막대 그래프를 만들겠습니다. `geom_text()`를 이용해 막대 끝에 문서 빈도를 표시하고, 막대 안에 토픽의 주요 단어를 표시합니다. 출력한 그래프를 보면 막대에 주요 단어와 문서 수가 함께 표현되어 토픽의 특징을 한눈에 파악할 수 있습니다.

```
ggplot(count_topic_word,
       aes(x = reorder(topic_name, n),
           y = n,
           fill = topic_name)) +
  geom_col(show.legend = F) +
  coord_flip() +

  geom_text(aes(label = n) ,              # 문서 빈도 표시
            hjust = -0.2) +               # 막대 밖에 표시
```

```
geom_text(aes(label = term),              # 주요 단어 표시
          hjust = 1.03,                    # 막대 안에 표시
          col = "white",                   # 색깔
          fontface = "bold",               # 두껍게
          family = "nanumgothic") +        # 폰트

scale_y_continuous(expand = c(0, 0),       # y축-막대 간격 줄이기
                   limits = c(0, 820)) +   # y축 범위
labs(x = NULL)
```

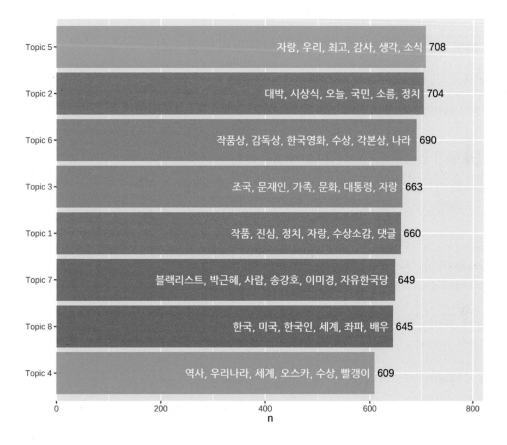

06-5
토픽 이름 짓기

토픽의 이름을 지으면 토픽의 특징을 이해하는 데 도움이 됩니다. 주요 문서의 내용을 살펴보고 토픽 이름을 지은 다음 토픽 이름과 주요 단어를 나타낸 그래프를 만들겠습니다.

⌨ Do it! 실습 토픽별 주요 문서 살펴보고 토픽 이름 짓기

토픽별 주요 문서를 추출해 내용을 살펴본 다음 토픽 이름을 짓겠습니다. news_comment_topic에서 gamma가 높은 행을 추출하면 토픽을 대표하는 문서의 내용을 살펴볼 수 있습니다.

1. 원문을 읽기 편하게 전처리하고 gamma가 높은 순으로 정렬하기
댓글 원문을 읽기 편하게 html 특수 문자를 제거한 다음 gamma가 높은 주요 문서가 먼저 출력되도록 gamma 기준으로 내림차순 정렬합니다.

```
comment_topic <- news_comment_topic %>%
  mutate(reply = str_squish(replace_html(reply))) %>%
  arrange(-gamma)

comment_topic %>%
  select(gamma, reply)

## # A tibble: 5,328 x 2
##    gamma reply
##    <dbl> <chr>
## 1 0.264 "도서관서 여자화장실서 나오는 남자사서보고 카메라있는지없는지 확인했다~
## 2 0.260 "봉준호 송강호 블랙리스트 올리고 CJ 이미경 대표는 박근혜가 보기싫~
## 3 0.239 "보수정권때 블랙리스트에 오른 봉준호 송강호가 보기싫다는 박근혜의 말~
## 4 0.238 "도서관서 여자화장실서 나오는 남자사서보고 카메라있는지없는지 확인했다~
## 5 0.235 "당초 \"1917\"과 \"기생충\"의 접전을[초기엔 1917이 훨~
## # ... with 5,323 more rows
```

2. 주요 단어가 사용된 문서 살펴보기

각 토픽의 주요 단어가 사용된 댓글을 살펴보면 토픽이 어떤 내용을 담고 있는지 알 수 있습니다. 다음 코드의 출력 결과를 보면 토픽 1이 주로 작품상 수상을 축하하거나 정치적인 댓글을 비판하는 내용으로 구성된다는 것을 알 수 있습니다.

```
# 토픽 1 내용 살펴보기
comment_topic %>%
  filter(topic == 1 & str_detect(reply, "작품")) %>%
  head(50) %>%
  pull(reply)
```

```
## [1] "봉감독의 'local'이라는 말에 발끈했나요? 미국 아카데미의 놀라운 변화입니다. 기생
충이란 영화의 작품적 우수성 뿐만 아니라 '봉준호'라는 개인의 네임밸류와 인간적 매력과 천재성
이 이번 아카데미 수상에 큰 역할을 한 것 같네요. 그의 각종 수상소감을 보면 면면히 드러나네
요~~"
## [2] "이 작품을 기준으로 앞으로도 계속 쓰여질 것입니다. 진심으로 축하드립니다^^"
## [3] "이런 위대한 작품과 감독을 블랙리스트에 올려 대중에게서 뺏어 묻어버릴려고 했던 쥐닥
정권 그걸 찬양하는 소시오패스일베충 벌래에게 무한한 저주가 함께하길 기원합니다.^^"
( ... 생략 ... )
```

💬 comment_topic은 tibble 자료형이므로 Console 창 크기에 맞추어 일부만 출력됩니다. pull()을 이용하면 변수를 vector 타입으로 추출하므로 전체 내용을 출력할 수 있습니다.

```
comment_topic %>%
  filter(topic == 1 & str_detect(reply, "진심")) %>%
  head(50) %>%
  pull(reply)
```

```
## [1] "한국문화는 1등수준. 정치는 개돼지 3등수준. 대한민국 문화수준을 엎 그레이드 한 봉
준호감독에게 존경을 표한다. 월드컵4강.봉준호감독 오스카수상. 한국국민들 절대로 잊혀지지않는
대사건이다. 정말 진심으로 축하드립니다.특히 CJ가 한국영화 산업에 큰 발전에 국민의 한 사람으
로 감사드린다."
## [2] "진심 축하드립니다. 대한민국 예술처럼 정치, 경제도 발전해서 살기좋은 나라가 되었으
면 좋겠네요"
## [3] "이 작품을 기준으로 앞으로도 계속 쓰여질 것입니다. 진심으로 축하드립니다^^"
( ... 생략 ... )
```

```
comment_topic %>%
  filter(topic == 1 & str_detect(reply, "정치")) %>%
  head(50) %>%
  pull(reply)
```

```
## [1] "한국문화는 1등수준. 정치는 개돼지 3등수준. 대한민국 문화수준을 옆 그레이드 한 봉
준호감독에게 존경을 표한다. 월드컵4강.봉준호감독 오스카수상. 한국국민들 절대로 잊혀지지않는
대사건이다. 정말 진심으로 축하드립니다.특히 CJ가 한국영화 산업에 큰 발전에 국민의 한 사람으
로 감사드린다. "
## [2] "진심 축하드립니다. 대한민국 예술처럼 정치, 경제도 발전해서 살기좋은 나라가 되었으
면 좋겠네요"
## [3] "좌좀세력, 태극기부대, 빨갱이, 일베애들과 이런것들을 이용애 먹는 정치인들만 없어지
면 우리나라 엄청 발전할텐데...기업, 문화 모두 선진국인데 저런것들이 발목을 잡고 너무 깍아
먹는다. "
(... 생략 ...)
```

🍵 토픽 2~8도 주요 단어가 사용된 댓글을 추출해 내용을 확인해 보세요.

3. 토픽 이름 목록 만들기

댓글 내용을 토대로 토픽 번호와 이름으로 구성된 '토픽 이름 목록'을 만듭니다.

```
# 토픽 이름 목록 만들기
name_topic <- tibble(topic = 1:8,
                    name = c("1. 작품상 수상 축하, 정치적 댓글 비판",
                             "2. 수상 축하, 시상식 감상",
                             "3. 조국 가족, 정치적 해석",
                             "4. 새 역사 쓴 세계적인 영화",
                             "5. 자랑스럽고 감사한 마음",
                             "6. 놀라운 4관왕 수상",
                             "7. 문화계 블랙리스트, 보수 정당 비판",
                             "8. 한국의 세계적 위상"))
```

⌨ Do it! 실습   토픽 이름과 주요 단어 시각화하기

토픽별 주요 단어가 들어 있는 top_term_topic에 name_topic을 결합해 토픽 이름을 부여
한 다음 막대 그래프를 만듭니다. 출력한 그래프를 보면 토픽 이름과 주요 단어가 함께 표현
되어 토픽의 특징을 쉽게 이해할 수 있습니다.

```
# 토픽 이름 결합하기
top_term_topic_name <- top_term_topic %>%
  left_join(name_topic, name_topic, by = "topic")

top_term_topic_name
```

```
## # A tibble: 83 x 4
## # Groups:   topic [8]
##    topic term      beta name
##    <int> <chr>    <dbl> <chr>
## 1     1 작품     0.0299 1. 작품상 수상 축하, 정치적 댓글 비판~
## 2     1 진심     0.0240 1. 작품상 수상 축하, 정치적 댓글 비판~
## 3     1 정치     0.0192 1. 작품상 수상 축하, 정치적 댓글 비판~
## 4     1 자랑     0.0181 1. 작품상 수상 축하, 정치적 댓글 비판~
## 5     1 수상소감~ 0.0166 1. 작품상 수상 축하, 정치적 댓글 비판~
## # ... with 78 more rows
```

🐢 top_term_topic은 206쪽에서 만들었습니다.

```
# 막대 그래프 만들기
ggplot(top_term_topic_name,
       aes(x = reorder_within(term, beta, name),
           y = beta,
           fill = factor(topic))) +
  geom_col(show.legend = F) +
  facet_wrap(~ name, scales = "free", ncol = 2) +
  coord_flip() +
  scale_x_reordered() +

  labs(title = "영화 기생충 아카데미상 수상 기사 댓글 토픽",
       subtitle = "토픽별 주요 단어 Top 10",
       x = NULL, y = NULL) +

  theme_minimal() +
  theme(text = element_text(family = "nanumgothic"),
        title = element_text(size = 12),
        axis.text.x = element_blank(),
        axis.ticks.y = element_blank())
```

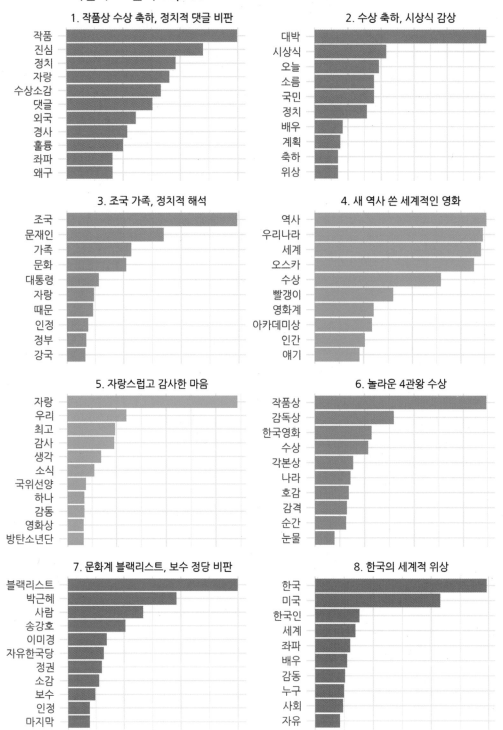

영화 기생충 아카데미상 수상 기사 댓글 토픽
토픽별 주요 단어 Top 10

1. 작품상 수상 축하, 정치적 댓글 비판
작품
진심
정치
자랑
수상소감
댓글
외국
경사
훌륭
좌파
왜구

2. 수상 축하, 시상식 감상
대박
시상식
오늘
소름
국민
정치
배우
계획
축하
위상

3. 조국 가족, 정치적 해석
조국
문재인
가족
문화
대통령
자랑
때문
인정
정부
강국

4. 새 역사 쓴 세계적인 영화
역사
우리나라
세계
오스카
수상
빨갱이
영화계
아카데미상
인간
얘기

5. 자랑스럽고 감사한 마음
자랑
우리
최고
감사
생각
소식
국위선양
하나
감동
영화상
방탄소년단

6. 놀라운 4관왕 수상
작품상
감독상
한국영화
수상
각본상
나라
호감
감격
순간
눈물

7. 문화계 블랙리스트, 보수 정당 비판
블랙리스트
박근혜
사람
송강호
이미경
자유한국당
정권
소감
보수
인정
마지막

8. 한국의 세계적 위상
한국
미국
한국인
세계
좌파
배우
감동
누구
사회
자유

06-6
최적의 토픽 수 정하기

토픽 모델의 구조는 토픽 수에 따라 달라집니다. 토픽 수가 너무 적으면 대부분의 단어가 한 토픽의 주요 단어가 되어 의미가 불분명하고, 반대로 토픽 수가 너무 많으면 여러 토픽에 주요 단어가 중복되어 토픽의 개성이 드러나지 않습니다. 텍스트를 파악하는 데 도움이 되는 모델을 만들려면 적절한 토픽 수를 정해야 합니다.

토픽 수를 정하는 방법 알아보기

방법 1. 모델의 내용을 보고 해석 가능성을 고려해 토픽 수 정하기

토픽 수는 정답이 없기 때문에 분석가가 적당한 개수를 정해 모델을 만든 다음 내용을 보고 판단해야 합니다. ① 주요 단어가 토픽을 잘 대표하는지, ② 문서가 비슷한 내용끼리 잘 분류되었는지, ③ 모델이 텍스트를 해석하는 데 도움이 되는지를 보고 판단하는 것입니다.

이처럼 모델의 해석 가능성을 고려해 판단하는 게 토픽 수를 정하는 가장 일반적인 방법입니다. 하지만 이 방법은 일일이 모델의 내용을 확인해야 하므로 시간이 많이 소요되고, 텍스트의 내용에 관한 전문 지식이 없으면 모델이 타당한지 판단하기 어려운 한계가 있습니다.

방법 2. 여러 모델의 성능 지표를 비교해 토픽 수 정하기

토픽 수를 바꾸어 가며 여러 모델을 만든 다음, 모델이 텍스트를 설명하는 정도를 나타낸 성능 지표를 비교하면 토픽 수가 몇 개일 때 성능이 가장 좋은지 알아낼 수 있습니다. 이처럼 여러 모델의 성능 지표를 비교해 최적값을 찾는 작업을 **하이퍼파라미터 튜닝**(hyperparameter tuning)이라고 합니다.

하이퍼파라미터 튜닝을 하면 전문적인 지식이 없어도 적당한 토픽 수를 정할 수 있는 장점이 있습니다. 하지만 이 방법은 여러 모델을 만들어야 하므로 시간이 많이 소요되는 단점이 있습니다.

방법 3. 두 가지 방법을 함께 사용하기

모델의 성능 지표가 높다고 해서 반드시 텍스트를 이해하는 데 도움이 되는 좋은 모델이라고 할 수는 없습니다. 하이퍼파라미터 튜닝으로 몇 개의 후보 모델을 선정하고 그중에서 해석 가능성이 큰 모델을 최종적으로 선택하면 적절한 토픽 수를 정할 수 있습니다.

🔘 하이퍼파라미터는 모델을 만들 때 사람이 직접 정하는 값입니다. 하이퍼파라미터에 따라 모델의 성능이 달라지기 때문에 성능이 높은 모델을 만들려면 최적값을 찾는 튜닝을 해야 합니다.

하이퍼파라미터 튜닝으로 토픽 수 정하기

1. 토픽 수 바꿔가며 LDA 모델 여러 개 만들기 — FindTopicsNumber()

하이퍼파라미터 튜닝으로 최적의 토픽 수를 정하는 방법을 알아보겠습니다. ldatuning 패키지의 FindTopicsNumber()를 이용하면 토픽 수를 바꾸어 가며 여러 모델을 만들어 성능 지표를 비교할 수 있습니다. FindTopicsNumber()에는 다음과 같은 파라미터를 입력합니다.

- dtm: Document Term Matrix. 여기서는 200쪽에서 만든 dtm_comment를 입력합니다.
- topics: 비교할 최소-최대 토픽 수. 여기서는 2에서 20까지 비교하도록 2:20을 입력합니다.
- return_models: 모델 저장 여부. 기본값이 FALSE이므로 값을 입력하지 않으면 성능 지표만 구하고 모델은 저장하지 않습니다. 모델을 저장하도록 TRUE를 입력합니다.
- control = list(seed = 1234): 반복 실행해도 동일한 결과를 만들도록 난수를 고정합니다.

🔘 다음 코드는 19개의 LDA 모델을 만들기 때문에 컴퓨터 성능에 따라 실행하는 데 시간이 오래 걸릴 수 있습니다.

🔘 난수를 사용하는 함수는 사용하는 패키지 버전과 OS 환경에 따라 출력 결과가 다를 수 있습니다.

```
install.packages("ldatuning")
library(ldatuning)

models <- FindTopicsNumber(dtm = dtm_comment,
                           topics = 2:20,
                           return_models = T,
                           control = list(seed = 1234))
```

models를 출력하면 topics가 2~20인 19개의 모델이 들어 있음을 알 수 있습니다. Griffiths2004는 모델의 성능 지표로, 모델이 텍스트를 설명하는 정도를 나타낸 **복잡도**(perplexity)를 의미합니다. 모델이 텍스트의 구조를 잘 설명할수록 Griffiths2004가 큰 값을 지닙니다.

```
models %>%
  select(topics, Griffiths2004)

##    topics Griffiths2004
## 1      20     -127213.1
## 2      19     -127445.4
## 3      18     -126984.0
(... 생략 ...)
```

2. 최적 토픽 수 정하기

models를 FindTopicsNumber_plot()에 적용하면 성능 지표를 이용해 선 그래프를 만듭니다. 그래프의 x축은 토픽 수를 의미하고, y축은 성능 지표를 0~1로 최대-최소 정규화(min-max normalization)한 값입니다. 모델의 성능이 좋을수록 y축의 값이 크며, 후보 모델 중 성능이 가장 좋으면 1, 가장 나쁘면 0이 됩니다.

FindTopicsNumber_plot(models)

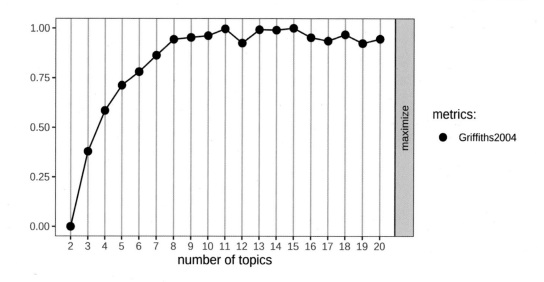

그래프를 보면 토픽 수가 8개가 될 때까지는 성능 지표가 큰 폭으로 증가하다가 그 이후로는 약간씩만 증가하거나 등락을 반복합니다. 성능이 비슷하면 단순한 모델을 사용하는 게 좋기 때문에 지금의 경우 토픽 수를 8개로 정하면 적당합니다. 이처럼 '토픽 수를 늘려도 성능이 크게 향상되지 않고 등락을 반복하기 시작하는 지점'에서 토픽 수를 정합니다. 만약 해석 가능성을 포기하더라도 성능을 가장 중요하게 고려해야 한다면 y축이 1일 때로 토픽 수를 정합니다.

3. 모델 추출하기

models의 LDA_model에 list 구조로 된 토픽 모델이 들어 있습니다. 다음 코드를 이용하면 원하는 토픽 수의 모델을 추출할 수 있습니다.

```
# 토픽 수가 8개인 모델 추출하기
optimal_model <- models %>%
  filter(topics == 8) %>%
  pull(LDA_model) %>%        # 모델 추출
  .[[1]]                     # list 추출
```

optimal_model은 201쪽에서 토픽 수를 8개로 지정해 만든 lda_model과 동일합니다. 다음 코드의 출력 결과를 보면 optimal_model과 lda_model에서 베타를 추출한 결과가 같습니다.

```
# optimal_model
tidy(optimal_model, matrix = "beta")

## # A tibble: 47,960 x 3
##    topic term       beta
##    <int> <chr>     <dbl>
## 1      1 한국    0.000405
## 2      2 한국    0.0000364
## 3      3 한국    0.0000353
## 4      4 한국    0.00295
## 5      5 한국    0.0000353
## # ... with 47,955 more rows
```

```
# lda_model
tidy(lda_model, matrix = "beta")

## # A tibble: 47,960 x 3
##    topic term       beta
##    <int> <chr>     <dbl>
## 1      1 한국    0.000405
## 2      2 한국    0.0000364
## 3      3 한국    0.0000353
## 4      4 한국    0.00295
## 5      5 한국    0.0000353
## # ... with 47,955 more rows
```

LDA 모델의 복잡도 지표

FindTopicsNumber()를 이용하면 Griffiths2004 외에 다른 복잡도 지표도 구할 수 있습니다. 다음 자료를 참고하세요.
- Select number of topics for LDA model: bit.ly/easytext_64

Griffiths2004는 Griffiths와 Steyvers(2004)가 제안한 복잡도 지표로, 다양한 연구에서 토픽 모델의 성능을 측정하는 데 활용되어 왔습니다. 자세히 알고 싶다면 다음 논문을 참고하세요.
- Thomas L. Griffiths and Mark Steyvers. 2004. Finding scientific topics. PNAS April 6, 2004 101(suppl 1) 5228-5235: bit.ly/easytext_65

정리하기

1. LDA 모델 만들기

```r
# 문서별 단어 빈도 구하기
count_word_doc <- count_word %>%
  count(id, word, sort = T)

# DTM 만들기
dtm_comment <- count_word_doc %>%
  cast_dtm(document = id, term = word, value = n)

# LDA 모델 만들기
lda_model <- LDA(dtm_comment,
                 k = 8,
                 method = "Gibbs",
                 control = list(seed = 1234))
```

2. 토픽별 주요 단어 살펴보기

```r
# beta 추출
term_topic <- tidy(lda_model, matrix = "beta")

# 토픽별 beta 상위 단어 추출
top_term_topic <- term_topic %>%
  group_by(topic) %>%
  slice_max(beta, n = 10)
```

3. 문서를 토픽별로 분류하기

```r
# gamma 추출
doc_topic <- tidy(lda_model, matrix = "gamma")

# 문서별로 확률이 가장 높은 토픽 추출
doc_class <- doc_topic %>%
  group_by(document) %>%
  slice_max(gamma, n = 1)

# 변수 타입 통일
doc_class$document <- as.integer(doc_class$document)

# 문서에 확률이 가장 높은 토픽 번호 부여
news_comment_topic <- raw_news_comment %>%
  left_join(doc_class, by = c("id" = "document"))
```

4. 토픽별 주요 문서 살펴보기

```r
# 특정 토픽에서 gamma가 높은 문서 추출
news_comment_topic %>%
  filter(topic == 1) %>%
  arrange(-gamma) %>%
  select(reply)
```

분석 도전!

speeches_roh.csv에는 노무현 전 대통령의 연설문 780개가 들어있습니다.
speeches_roh.csv를 이용해 문제를 해결해 보세요.

Q1 speeches_roh.csv를 불러온 다음 연설문이 들어있는 `content`를 문장 기준으로 토큰화하세요.

🐢 KoNLP 패키지의 함수는 토큰화할 텍스트가 너무 길면 오류가 발생합니다. 텍스트를 문장 기준으로 토큰화하고 나서 다시 명사 기준으로 토큰화하면 이런 문제를 피할 수 있습니다.
- 노무현 전 대통령의 연설문 출처: bit.ly/easytext_35

Q2 문장을 분석에 적합하게 전처리한 다음 명사를 추출하세요.

🐢 컴퓨터 성능에 따라 명사를 추출하는 데 시간이 오래 걸릴 수 있습니다.

Q3 연설문 내 중복 단어를 제거하고 빈도가 100회 이하인 단어를 추출하세요.

Q4 추출한 단어에서 다음의 불용어를 제거하세요.

```
stopword <- c("들이", "하다", "하게", "하면", "해서", "이번", "하네",
              "해요", "이것", "니들", "하기", "하지", "한거", "해주",
              "그것", "어디", "여기", "까지", "이거", "하신", "만큼")
```

Q5 연설문별 단어 빈도를 구한 다음 DTM을 만드세요.

Q6 토픽 수를 2~20개로 바꿔가며 LDA 모델을 만든 다음 최적 토픽 수를 구하세요.

Q7 토픽 수가 9개인 LDA 모델을 추출하세요.

Q8 LDA 모델의 beta를 이용해 각 토픽에 등장할 확률이 높은 상위 10개 단어를 추출한 다음 토픽별 주요 단어를 나타낸 막대 그래프를 만드세요.

Q9 LDA 모델의 gamma를 이용해 연설문 원문을 확률이 가장 높은 토픽으로 분류하세요.

Q10 토픽별 문서 수를 출력하세요.

Q11 문서가 가장 많은 토픽의 연설문을 gamma가 높은 순으로 출력하고 내용이 비슷한지 살펴보세요.

정답: github.com/youngwoos/Doit_textmining

텍스트 마이닝 프로젝트:
타다 금지법 기사 댓글 분석

'타다 금지법'으로 불리는 '여객자동차 운수사업법 개정안'이 2019년 12월 5일 국회 국토교통위원회 교통법안심사소위를 통과했습니다. 법안에 관광 목적으로 11~15인승 승합차를 빌리는 경우에만 운전자를 알선할 수 있다는 규정이 있어서 타다는 더 이상 서비스를 유지할 수 없는 상황에 놓였습니다. 타다 금지법을 다룬 기사에 달린 댓글을 분석해 사람들이 어떤 생각을 하는지 알아보겠습니다.

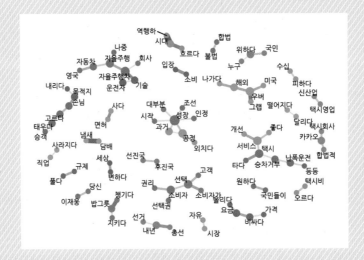

07 - 1
주요 단어 살펴보기

타다 금지법 관련 기사의 댓글에 사람들이 가장 많이 언급한 단어가 무엇인지 알아보겠습니다.

분석 절차

1. 단어 빈도를 구합니다.
2. 막대 그래프를 만들어 주요 단어를 살펴봅니다.

<kbd>Do it! 실습</kbd> 기본적인 전처리

`news_comment_tada.csv`의 reply에 타다 금지법 관련 네이버 뉴스 기사에 달린 댓글이 들어 있습니다. "news_comment_tada.csv" 불러와 분석에 적합하도록 전처리하겠습니다.

- 띄어쓰기가 전혀 없는 텍스트는 KoNLP 패키지를 이용해 품사를 추출할 수 없으므로 띄어쓰기가 1개 이상 사용된 댓글만 추출합니다.
- 원문을 확인할 때 활용하기 위해 reply에서 html 태그를 제거해 reply_raw에 할당해 둡니다.
- 형태소분석기를 이용하는 데 적합하도록 reply에서 한글만 남기고 중복 공백을 제거합니다.

```r
# 데이터 불러오기
library(readr)
library(dplyr)

raw_tada <- read_csv("news_comment_tada.csv") %>%
  mutate(id = row_number())
```

```
glimpse(raw_tada)

## Rows: 5,270
## Columns: 8
## $ reg_time      <dttm> 2019-12-05 20:29:54, 2019-12-05...
## $ reply         <chr> "祝[RHG::분단韓백년]결론:진정성!!<U+2714>결과...
## $ press         <chr> "연합뉴스", "연합뉴스", "연합뉴스", "연합뉴스", ...
## $ title         <chr> "'타다 금지법', 국토위 법안소위 통과", "'타다 금지...
## $ url           <chr> "https://news.naver.com/main/rea...
## $ sympathyCount <dbl> 0, 0, 0, 0, 0, 0, 0, 0, 0, 0, 0,...
## $ antipathyCount <dbl> 0, 0, 0, 0, 0, 0, 0, 0, 0, 0, 0,...
## $ id            <int> 1, 2, 3, 4, 5, 6, 7, 8, 9, 10, 1...
```

```
library(stringr)
library(textclean)

tada <- raw_tada %>%
  filter(str_count(reply, " ") >= 1) %>%          # 띄어쓰기 1개 이상 추출
  mutate(reply_raw = str_squish(replace_html(reply)),   # 원문 보유
         reply = str_replace_all(reply, "[^가-힣]", " "),  # 한글만 남기기
         reply = str_squish(reply))                # 중복 공백 제거
```

Do it! 실습 주요 단어 분석하기

1. 주요 단어 추출하기

댓글에서 명사를 추출해 빈도를 구한 다음 빈도가 높은 상위 30개 단어를 출력합니다.

```
library(tidytext)
library(KoNLP)

word_noun <- tada %>%
  unnest_tokens(input = reply,
                output = word,
                token = extractNoun,
                drop = F)
# 단어 빈도 구하기
frequency <- word_noun %>%
  count(word, sort = T) %>%    # 단어 빈도 구해 내림차순 정렬
  filter(str_count(word) > 1)  # 두 글자 이상만 남기기
```

```
# 상위 단어 추출
frequency %>%
  head(30) %>%
  print(n = Inf)


## # A tibble: 30 x 2
##   word        n
##   <chr>   <int>
## 1 택시     3057
## 2 기사      761
## 3 국민      564
## 4 혁신      451
## 5 서비스    416
(... 생략 ...)
```

2. 불용어 제거하기

출력 결과를 보면 **"들이"**, **"하게"** 처럼 의미를 알 수 없는 단어가 포함되어 있습니다. 불용어를 제거한 다음, 빈도가 높은 상위 20개 단어를 다시 추출합니다.

```
# 불용어 목록 생성
stopword_noun <- c("들이", "하면", "하게", "해서")

# 주요 단어 목록 만들기
top20_noun <- frequency %>%
  filter(!word %in% stopword_noun) %>%
  head(20)

top20_noun


## # A tibble: 20 x 2
##   word        n
##   <chr>   <int>
## 1 택시     3057
## 2 기사      761
## 3 국민      564
## 4 혁신      451
## 5 서비스    416
(... 생략 ...)
```

3. 막대 그래프 만들기

top20_noun를 이용해 막대 그래프를 만듭니다. 출력한 그래프에 **"택시"**, **"기사"**의 빈도가 가장 높은 것을 보면 타다와 택시의 관계를 언급한 댓글이 많다는 것을 알 수 있습니다.

"혁신", **"서비스"**, **"규제"** 등을 보면 법안의 성격을 다룬 댓글이 많고, **"정부"**, **"국회의원"** 을 보면 법안을 발의한 주체를 다룬 댓글이 많다는 것을 알 수 있습니다.

```r
library(scales)
library(ggplot2)

ggplot(top20_noun, aes(x = reorder(word, n), y = n)) +
  geom_col() +
  coord_flip() +
  geom_text(aes(label = comma(n, accuracy = 1)), hjust = -0.3) +
  scale_y_continuous(limits = c(0, 3200)) +

  labs(title = "타다 금지법 기사 댓글 주요 단어",
       subtitle = "언급 빈도 Top 20",
       x = NULL) +

  theme_minimal() +
  theme(text = element_text(family = "nanumgothic", size = 12),
        plot.title = element_text(size = 14, face = "bold"),     # 제목 폰트
        plot.subtitle = element_text(size = 13))                 # 부제목 폰트
```

🐢 geom_text()에 입력한 comma(n, accuracy = 1)은 n의 세 자릿수마다 쉼표를 삽입하고 소수점 첫째 자리에서 반올림하는 기능을 합니다. comma()를 사용하려면 scales 패키지를 로드해야 합니다

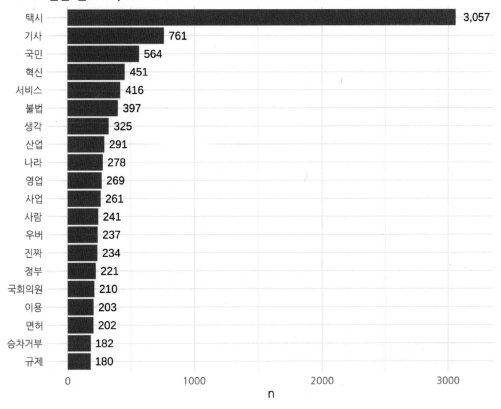

타다 금지법 기사 댓글 주요 단어
언급 빈도 Top 20

단어	n
택시	3,057
기사	761
국민	564
혁신	451
서비스	416
불법	397
생각	325
산업	291
나라	278
영업	269
사업	261
사람	241
우버	237
진짜	234
정부	221
국회의원	210
이용	203
면허	202
승차거부	182
규제	180

07-2
공감, 비공감 댓글 비교하기

네이버 뉴스 기사 댓글에는 공감, 비공감 수가 있습니다. 로그 오즈비를 이용해 공감이 많은 댓글과 비공감이 많은 댓글의 주요 단어를 비교하겠습니다.

분석 절차

1. 공감 여부별 단어 빈도를 구한 다음, 데이터를 wide form으로 변형해 로그 오즈비를 구합니다.
2. 공감과 비공감 카테고리에서 상대적으로 중요한 단어를 추출해 막대 그래프를 만듭니다.
3. 주요 단어를 언급한 댓글 원문을 살펴봅니다.

Do it! 실습 ｜ 로그 오즈비 구하기

1. 공감 여부 변수 만들기

word_noun의 sympathyCount는 공감 수, antipathyCount는 비공감 수를 의미합니다. 변수명을 다루기 쉽게 수정하고, 두 변수의 차이를 나타낸 diff를 추가합니다. 그런 다음 diff가 1 이상이면 "like", −1 이하면 "dislike", 그 외에는 "neutral"로 분류해 공감 여부를 나타낸 sympathy를 추가합니다.

```
word_sympathy <- word_noun %>%
  rename(like = sympathyCount,
         dislike = antipathyCount) %>%

  mutate(diff = like - dislike,
         sympathy = ifelse(diff >= 1, "like",
                    ifelse(diff <= -1, "dislike", "neutral")))
```

sympathy별 댓글 수를 확인하겠습니다. word_sympathy는 한 행이 댓글별 명사이므로 여러 댓글이 중복되어 있습니다. distinct()를 이용해 댓글별로 한 행씩만 남긴 후 sympathy별 빈도를 구합니다. 출력 결과를 보면 "neutral" 댓글이 가장 많고, 그 뒤로는 "like", "dislike" 순으로 많다는 것을 알 수 있습니다.

```r
# 공감 여부별 댓글 수
word_sympathy %>%
  distinct(id, .keep_all = T) %>%
  count(sympathy, sort = T)


## # A tibble: 3 x 2
##    sympathy      n
##    <chr>     <int>
## 1 neutral    2299
## 2 like       2055
## 3 dislike     757
```

2. 로그 오즈비 구하기

- 공감 여부 및 단어별 빈도를 구합니다. 공감, 비공감 댓글을 비교하는 게 분석 목적이므로 sympathy가 "centrism"인 댓글은 제거합니다.
- 데이터를 wide form으로 변형해 로그 오즈비를 구합니다. log_odds_ratio는 분모에 "dislike", 분자에 "like"의 빈도를 놓고 구하므로 값이 클수록 공감 댓글에서 상대적으로 중요한 단어, 작을수록 비공감 댓글에서 상대적으로 중요한 단어를 의미합니다.

```r
# 단어 빈도 구하기
frequency_sympathy <- word_sympathy %>%
  count(sympathy, word) %>%                    # 공감 여부 및 단어별 빈도
  filter(str_count(word) > 1 &                 # 두 글자 이상 추출
         sympathy != "centrism")               # centrism 제거

# wide form으로 변환하기
library(tidyr)
frequency_wide <- frequency_sympathy %>%
  pivot_wider(names_from = sympathy,
              values_from = n,
              values_fill = list(n = 0))
```

```
# 로그 오즈비 구하기
frequency_wide <- frequency_wide %>%
  mutate(log_odds_ratio = log(((like    + 1) / (sum(like    + 1))) /
                             ((dislike + 1) / (sum(dislike + 1)))))


frequency_wide %>%
  arrange(-log_odds_ratio)


## # A tibble: 11,115 x 5
##    word    dislike  like neutral log_odds_ratio
##    <chr>     <int> <int>   <int>          <dbl>
## 1 조합          0    25      12           2.79
## 2 승용차         0    11      11           2.01
## 3 타고          0    11       7           2.01
(... 생략 ...)
```

주요 단어 비교하기

1. 주요 단어 추출하기

댓글에서 20회 이상 사용된 단어를 대상으로 로그 오즈비가 0보다 크면 `like`, 그 외에는
`dislike`로 분류한 다음, 로그 오즈비가 가장 높거나 낮은 단어를 10개씩 추출합니다.

```
top10_odds <- frequency_wide %>%
  filter(like >= 20 | dislike >= 20) %>%
  group_by(sympathy = ifelse(log_odds_ratio > 0, "like", "dislike")) %>%
  slice_max(abs(log_odds_ratio), n = 10, with_ties = F)


top10_odds %>%
  arrange(log_odds_ratio)


## # A tibble: 20 x 6
## # Groups:   sympathy [2]
##    word    dislike  like neutral log_odds_ratio sympathy
##    <chr>     <int> <int>   <int>          <dbl> <chr>
## 1 렌트카        26    21      35         -0.676 dislike
## 2 한국          31    26      49         -0.641 dislike
## 3 댓글          20    17      18         -0.625 dislike
(... 생략 ...)
```

2. 막대 그래프 만들기

top10_odds를 이용해 막대 그래프를 만듭니다. 막대 색깔은 색상 코드로 목록을 활용해 지정합니다.

출력한 그래프를 보면 공감 댓글에는 **"조합"**, **"소비자"**, **"동남아"** 등을 많이 언급한 반면, 비공감 댓글에는 **"렌트카"**, **"한국"**, **"댓글"** 등을 자주 언급했음을 알 수 있습니다.

```r
# 막대 색깔 목록 생성
col_sentiment <- c("#619CFF", "#F8766D")

# 막대 순서 지정
top10_odds$sympathy <- factor(top10_odds$sympathy,
                              levels = c("like", "dislike"))

ggplot(top10_odds, aes(x = reorder(word, log_odds_ratio),
                       y = log_odds_ratio,
                       fill = sympathy)) +
  geom_col() +
  coord_flip() +
  scale_fill_manual(values = col_sentiment,         # 막대 색깔
                    labels = c("공감", "비공감")) +  # 범례 순서

  labs(title = "타다 금지법 기사 댓글 주요 단어",
       subtitle = "공감 vs 비공감 로그 오즈비 Top 10",
       x = NULL, fill = NULL) +

  theme_minimal() +
  theme(text = element_text(family = "nanumgothic"),
        plot.title = element_text(size = 14, face = "bold"),
        plot.subtitle = element_text(size = 12))
```

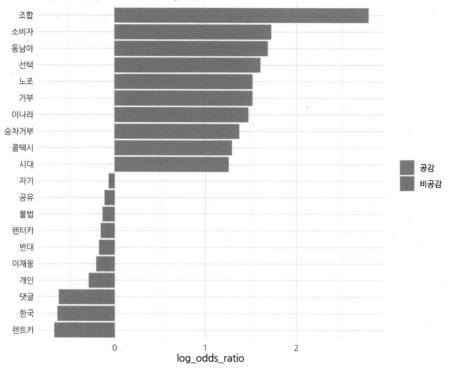

타다 금지법 기사 댓글 주요 단어
공감 vs 비공감 로그 오즈비 Top 10

공감
비공감

댓글 내용 살펴보기

1. 주요 단어를 언급한 댓글 추출하기

주요 단어를 언급한 댓글 원문을 추출해 내용을 살펴보겠습니다.

```
tada %>%
  filter(str_detect(reply_raw, "조합")) %>%
  head(3) %>%
  pull(reply)
```

[1] "우리나라가 안되는 이유 기득권 특히 전국 노동조합 금속노조 환경단체 택시조합 수많은 조합업체 택시는 기득권만 내세우지 말고 국민들이 왜 싫어하는지 알기나 하길"
[2] "수십만 재개발재건축 조합원이 피해보는 분양가상한제는 공익을 위해 사익은 희생될수 있다가 니네 논리잔아 개쓰렉 정권아"
[3] "그럼 국민들의 피해는 모르겠니 어째 택시조합에서 나오는 표가 무시 못할거 같아 이번 선거에서 진정한 국민의 힘이 무엇인지 보여주고 너네들에게 헬조선에서 허우적대고 있는 국민의 피눈물에 대한 책임을 꼭 물을줄 알아라 에라이 카악 툇"

2. 스타일 함수로 관심 단어만 눈에 띄게 출력하기

출력한 텍스트의 내용이 많으면 관심 단어가 어디에 사용되었는지 알기 어렵습니다. 관심 단어만 폰트 스타일을 바꾸어 출력하면 텍스트에서 관심 단어를 쉽게 알아볼 수 있습니다.

2.1 텍스트에 스타일 입히기 — combine_styles()

crayon 패키지의 combine_styles()를 이용하면 텍스트에 스타일을 입히는 스타일 함수를 만들 수 있습니다. 스타일 함수와 cat()을 이용하면 텍스트에 스타일을 입혀 출력할 수 있습니다.

```r
# 스타일 함수 만들기
library(crayon)
font <- combine_styles(make_style("ivory"),
                       make_style("deeppink", bg = TRUE),
                       make_style("bold"))
font

## Crayon style function, ivory, deeppink, bold: example output .

font("폰트를 적용해 출력") %>% cat()

## 폰트를 적용해 출력
```

> 🐢 crayon 패키지는 dplyr 패키지를 설치할 때 함께 설치됩니다. crayon 패키지를 이용하면 텍스트에 다양한 스타일을 적용할
> 수 있습니다. 다음 글을 참고하세요. • R package for colored terminal output: github.com/r-lib/crayon

"조합"을 언급한 댓글을 추출해 스타일을 적용하겠습니다.

- str_detect()를 이용해 "조합"을 언급한 댓글을 추출합니다.
- paste0()와 font()를 이용해 "조합"에 스타일을 적용합니다.
- pull()을 이용해 reply의 텍스트만 추출한 다음 cat()을 이용해 출력합니다. cat()에 입력한 sep = "\n\n"는 각 댓글을 줄을 바꾸어 새 행에 출력하는 기능을 합니다.

출력 결과를 보면 관심 단어만 스타일이 적용되어 쉽게 알아볼 수 있습니다.

```
# 관심 단어 설정
keyword <- "조합"

# 댓글 추출해 스타일 적용
tada %>%
  filter(str_detect(reply_raw, keyword)) %>%
  head(3) %>%
  mutate(reply = paste0(str_replace_all(reply,
                                        keyword,
                                        font(keyword)))) %>%   # 스타일 적용
  pull(reply) %>%                                              # reply 추출
  cat(sep = "\n\n")                                            # 줄바꿈 출력

## 우리나라가 안되는 이유 기득권 특히 전국 노동조합 금속노조 환경단체 택시조합 수많은 조합
업체 택시는 기득권만 내세우지 말고 국민들이 왜 싫어하는지 알기나 하길
##
## 수십만 재개발재건축 조합원이 피해보는 분양가상한제는 공익을 위해 사익은 희생될수 있다가
니네 논리잔아 개쓰렉 정권아
##
## 그럼 국민들의 피해는 모르겠니 어째 택시조합에서 나오는 표가 무시 못할거 같아 이번 선거에
서 진정한 국민의 힘이 무엇인지 보여주고 너네들에게 헬조선에서 허우적대고 있는 국민의 피눈물
에 대한 책임을 꼭 물을줄 알아라 에라이 카악 퉷
```

2.2 관심 단어가 사용된 텍스트를 추출해 스타일을 입히는 함수 만들기

앞으로 관심 단어를 언급한 댓글을 추출해 스타일을 적용하는 작업을 반복하므로 함수를 만들어 활용하겠습니다.

```
find_word <- function(df, x, keyword, n = 6) {

  # 스타일 함수 설정
  font <- combine_styles(make_style("ivory"),
                         make_style("deeppink", bg = TRUE),
                         make_style("bold"))

  # 키워드 추출해 스타일 적용
  df %>%
    filter(str_detect({{x}}, keyword)) %>%             # 키워드 추출
    head(n) %>%                                        # n행 추출
```

```
    mutate(x = paste0("[", row_number(), "] ", {{x}}),        # 행번호 삽입
           x = paste0(str_replace_all(x,
                                      keyword,
                                      font(keyword)))) %>%     # 스타일 적용
    pull(x) %>%                                                # 텍스트 추출
    cat(sep = "\n\n")                                          # 줄바꿈 출력
}
```

find_word()에는 다음과 같은 파라미터를 입력합니다.

- x: 텍스트

- keyword: 스타일을 적용할 단어

- n: 추출할 행 수. 아무 값도 입력하지 않으면 6행을 출력합니다.

```
tada %>% find_word(x = reply_raw, keyword = "조합", n = 2)

## [1] 우리나라가 안되는 이유 기득권 특히 전국 노동조합 금속노조 환경단체 택시조합 수많은
조합업체 택시는 기득권만 내세우지 말고 국민들이 왜 싫어하는지 알기나 하길
##
## [2] 수십만 재개발재건축 조합원이 피해보는 분양가상한제는? 공익을 위해 사익은 희생될수
있다가 니네 논리잔아! 개쓰렉 정권아!
```

다음과 같이 파라미터명을 입력하지 않고 활용할 수 있습니다.

```
tada %>% find_word(reply_raw, "조합", 2)
(... 생략 ...)
```

🐢 find_word()를 사용하려면 dplyr, stringr, crayon 패키지를 로드해야 합니다. find_word()의 출력 결과에는 dplyr 함
수를 추가로 적용할 수 없습니다.

3. 공감, 비공감 댓글 원문 추출하기

공감, 비공감 댓글을 추출해 내용을 살펴보겠습니다.

3.1 tada와 word_sympathy 결합하고 중복 댓글 제거하기

- tada에 word_sympathy를 결합합니다. tada에는 댓글 원문이 들어 있고, word_sympathy 에는 sympathy(공감 여부), diff(공감, 비공감 수 차이)가 들어 있습니다.
- word_sympathy는 각 행이 댓글별 명사이므로 여러 댓글이 중복되어 있습니다. distinct()를 이용해 댓글별로 한 행씩만 남기고 주요 변수를 추출한 다음 tada에 결합 합니다.

```
tada <- tada %>%
  left_join(word_sympathy %>%
              distinct(id, .keep_all = T) %>%   # 중복 댓글 제거
              select(id, sympathy, diff),       # 주요 변수 추출
            by = "id")
```

3.2 공감, 비공감 데이터 만들기

공감, 비공감 댓글을 각각 추출해 별도의 데이터를 만들겠습니다. 공감 댓글은 공감 수가 높은 순으로, 비공감 댓글은 비공감 수가 높은 순으로 정렬합니다. 이렇게 정렬해 놓고 출력하면 주요 댓글 중심으로 살펴볼 수 있습니다.

```
# 공감 댓글 추출
reply_like <- tada %>%
  filter(sympathy == "like") %>%      # like 추출
  arrange(-diff)                      # 공감 높은순 정렬

# 비공감 댓글 추출
reply_dislike <- tada %>%
  filter(sympathy == "dislike") %>%   # dislike 추출
  arrange(diff)                       # 비공감 높은순 정렬
```

4. 공감 댓글 내용 살펴보기

앞에서 로그 오즈비로 만든 막대 그래프를 보면 공감 댓글 중에 **"조합"**, **"소비자"**, **"동남아"**
의 중요도가 가장 높습니다. 이 단어를 언급한 댓글을 출력해 내용을 살펴보겠습니다.

```
# 조합
reply_like %>% find_word(x = reply_raw, keyword = "조합", n = 10)

## [1] 국민들의 선택은 어떨까? 나 같으면 타다 타겠다! 택시 조합이 서민의 대중교통인 버스
를 늘리는 것도 데모해시 못히게 하는 지역도 있더라!
(... 생략 ...)
```

```
# 소비자
reply_like %>% find_word(x = reply_raw, keyword = "소비자", n = 10)

## [1] 공산국가가 되어가는구나 대중교통 이외에 소비자의 선택권은 오직 택시 만 이용하라고
못 박아 놓다니 독과점 이런 독과점이 없네 000 이러니 택시 기사들이 갑질하듯 서비스 정신
하나 없이 지들 맘대로 골라태우고 막 교통법규 우습게 알고 운전들 쳐 하지 경쟁을 통해 서비스
(... 생략 ...)
```

```
# 동남아
reply_like %>% find_word(x = reply_raw, keyword = "동남아", n = 10)

## [1] 그냥 대한민국은 규제로 인해 망할수 밖에 없다 영국처럼 유럽에서 가장 늦게 자동차 도
입한 국가 꼴 될듯 동남아 가봐라 개나소나 크랩 이용해다닌다 동남아보다 못한게 자칭 it강국 한
국현실이다
(... 생략 ...)
```

주요 단어가 사용된 댓글을 다음과 같이 요약할 수 있습니다.

- **"조합"**: 택시 조합이 독점적인 권한을 유지하고 있다.
- **"소비자"**: 소비자의 권리를 무시하고 기업 입장만 고려해 법안이 만들어졌다.
- **"동남아"**: 동남아시아 국가는 승차 공유 서비스가 활성화된 반면 한국은 그렇지 않다.

5. 비공감 댓글 내용 살펴보기

비공감 댓글 중에는 **"렌트카"**, **"한국"**, **"댓글"**의 중요도가 가장 높습니다. 이 단어를 언급한
댓글을 출력해 내용을 살펴보겠습니다.

```
# 렌트카
reply_dislike %>% find_word(x = reply_raw, keyword = "렌트카", n = 10)

## [1] 타다가 택시 역활을 하면 안된다. 타다가 합법화되면 전국에 유사 타다가 넘쳐 난다. 택시
는 좋아하진않지만 사업면허를 무사고로 해서 취득한사람도 있고. 돈을주고 산 사람도 있다. 근데 타
다는 렌트카를 가지고 경쟁도 안하고 . 택시 사업을 한다는건 옳지않다. 법 개정후에 타다를 하든
(... 생략 ...)
```

```
# "한국당" 언급 댓글 제거 후 "한국" 언급한 댓글 추출
reply_dislike %>%
  filter(!str_detect(reply, "한국당")) %>%
  find_word(x = reply, keyword = "한국", n = 10)

## [1] 택시놈들 이기주의가 혁신성장을 가로막는다 솔직히 미국에 살지만 한국보면 노답이다
(... 생략 ...)
```

```
# 댓글
reply_dislike %>% find_word(x = reply, keyword = "댓글", n = 10)

## [1] 근데 여기 댓글 웃긴게 택시고 타다고 이런걸 떠나서 입장바꿔서 누가 지들 밥그릇뺏으면
육갑 염병들을 떨거면서 깨시민인척 뒤지게 하시는분들 많네
(... 생략 ...)
```

주요 단어가 사용된 댓글을 다음과 같이 요약할 수 있습니다.

- **"렌트카"**: 타다는 렌트카와 비슷한 사업이므로 특혜를 주면 안 된다.
- **"한국"**: 한국의 택시 업계를 보호해야 한다. 법안이 한국의 서비스업 발전을 막는다.
- **"댓글"**: 타다를 옹호하고 택시를 비판하는 편향된 댓글이 너무 많다.

6. 분석 결과 종합하기

분석 결과를 종합하면 다음과 같습니다. 공감을 많이 받은 댓글은 택시 조합에 비판적이거
나 소비자의 권리를 강조하는 내용, 동남아 국가보다 한국의 승차 공유 서비스가 뒤처져 있
다는 내용이 많습니다. 반대로 공감을 받지 못한 댓글은 타다가 렌터카 서비스이므로 특혜
를 주면 안 된다는 내용, 타다를 옹호하는 분위기를 비판하거나 한국의 택시 업계를 보호해
야 한다는 내용이 많습니다.

07-3
관심 댓글 비교하기

댓글을 살펴보면 택시 업계, 정부, 국회의원에 관한 내용이 많습니다. 이 집단을 언급한 댓글을 카테고리로 분류해 TF-IDF를 구하고 각 카테고리의 주요 단어를 알아보겠습니다.

분석 절차

1. 댓글을 카테고리별로 분류해 TF-IDF를 구합니다.

2. 카테고리별 주요 단어를 추출해 막대 그래프를 만듭니다.

3. 주요 단어가 사용된 댓글을 추출해 내용을 살펴봅니다.

Do it! 실습 TF-IDF 구하기

택시 업계, 정부, 국회의원을 언급한 댓글을 추출해 TF-IDF를 구하겠습니다.

1. 카테고리별 문서 목록 만들기

카테고리별로 주요 단어 목록을 만든 다음, 주요 단어를 언급한 댓글을 추출해 카테고리 이름을 부여하고 결합합니다.

```
# 단어 목록 생성
category1 <- "택시 업계|택시업계|조합"
category2 <- "정부"
category3 <- "국회의원|한국당|자유한국당|자한당|자한|민주당|더불어민주당"

# 추출 및 결합
bind_category <- bind_rows(
  word_sympathy %>%
    filter(str_detect(reply, category1)) %>%
    mutate(category = "택시업계"),
```

```
  word_sympathy %>%
    filter(str_detect(reply, category2)) %>%
    mutate(category = "정부"),

  word_sympathy %>%
    filter(str_detect(reply, category3)) %>%
    mutate(category = "국회의원"))
```

🐢 여러 단어를 함께 언급한 댓글도 있기 때문에 bind_category에는 댓글 내용은 같지만 카테고리는 다른 행이 있습니다. 예를 들어 **"택시업계"**와 **"정부"**를 함께 언급한 댓글은 **"택시업계"**와 **"정부"** 카테고리에 모두 속하므로 두 행이 됩니다.

🐢 str_detect()에 적용할 목록은 단어가 |로 구분되어야 합니다.

2. 카테고리별 댓글 빈도 살펴보기

카테고리별 댓글 빈도를 알아보겠습니다. bind_category는 한 행이 댓글별 명사로 구성되어 있으므로 댓글별로 분류한 다음 카테고리 종류별 한 행씩만 남긴 후 빈도를 구합니다. 출력 결과를 보면 **"국회의원"** 관련 댓글이 가장 많고, 그 뒤로는 **"정부"**, **"택시업계"** 순으로 많다는 것을 알 수 있습니다.

```
# 카테고리별 빈도
bind_category %>%
  group_by(id) %>%
  distinct(category, .keep_all = T) %>%
  ungroup() %>%
  count(category)

## # A tibble: 3 x 2
##   category      n
##   <chr>     <int>
## 1 국회의원    320
## 2 정부        229
## 3 택시업계    146
```

3. TF-IDF 구하기

3.1 불용어 목록 만들기

bind_category를 이용해 TF-IDF를 구하겠습니다. 우선, 카테고리를 직접 나타낸 단어를 불용어 목록으로 만듭니다. 이 단어들은 댓글의 카테고리를 분류할 때 사용한 기준이기 때문에 빈도는 가장 높지만 댓글을 이해하는 데는 도움이 되지 않으므로 제거해야 합니다.

```
# 불용어 목록 생성
stopword_category <- c("택시 업계", "택시업계", "업계", "조합",
                       "정부", "국회의원", "한국당", "자유한국당",
                       "자한당", "자한", "민주당", "더불어민주당")
```

3.2 중복 단어 제거하고 카테고리별 단어 빈도 구하기

TF-IDF는 단어 사용 빈도를 이용해 계산되므로 어떤 단어가 여러 댓글에 언급된 게 아니라 단순히 한 댓글에 여러 번 사용되더라도 높은 값을 지닙니다. 특히 `bind_category`는 텍스트의 수가 수백 개 정도로 많지 않아서 중복 단어의 영향을 많이 받습니다.

특정 댓글에서 반복 사용되어 TF-IDF가 높은 문제를 방지하기 위해 `distinct()`로 댓글 내 중복 단어를 제거합니다. 그런 다음 카테고리별 단어 빈도를 구하고 2글자 이상만 추출합니다.

```
# 카테고리별 단어 빈도 구하기
frequency_category <- bind_category %>%
  filter(!word %in% stopword_category) %>%   # 불용어 제거

  group_by(id) %>%                            # 댓글별 분리
  distinct(word, .keep_all = T) %>%           # 댓글 내 중복 단어 제거
  ungroup() %>%                               # 그룹 해제

  count(category, word, sort = T) %>%         # 카테고리별 단어 빈도
  filter(str_count(word) >= 2)                # 2글자 이상 추출
```

3.3 TF-IDF 구하기

`frequency_category`를 이용해 TF-IDF를 구한 다음 중요도가 높은 단어 중심으로 출력하도록 `tf_idf` 기준으로 내림차순 정렬합니다.

```
# tf-idf 구하기
tfidf_category <- frequency_category %>%
  bind_tf_idf(term = word,
              document = category,
              n = n) %>%
  arrange(-tf_idf)
```

```
tfidf_category

## # A tibble: 4,145 x 6
##   category word      n       tf   idf   tf_idf
##   <chr>    <chr>  <int>    <dbl> <dbl>    <dbl>
## 1 국회의원  박홍근    12 0.00411 1.10   0.00451
## 2 국회의원  발의      10 0.00342 1.10   0.00376
## 3 정부      현정부     5 0.00204 1.10   0.00225
## 4 택시업계  대기업     4 0.00191 1.10   0.00210
## 5 택시업계  밥그릇    10 0.00479 0.405  0.00194
## # ... with 4,140 more rows
```

📟 Do it! 실습 카테고리별 주요 단어 비교하기

카테고리별로 `tf_idf`가 높은 주요 단어를 추출해 비교하겠습니다.

1. 불용어 목록 만들기

카테고리별로 `tf_idf`가 가장 높은 단어를 15개씩 추출해 살펴본 다음 불용어 목록을 만듭니다.

```
# 주요 단어 추출, 불용어 확인
tfidf_category %>%
  group_by(category) %>%
  slice_max(tf_idf, n = 15, with_ties = F) %>%
  print(n = Inf)

## # A tibble: 45 x 6
## # Groups:   category [3]
##   category word       n      tf   idf tf_idf
##   <chr>    <chr>   <int>   <dbl> <dbl>  <dbl>
## 1 국회의원  박홍근     12 0.00411 1.10 0.00451
## 2 국회의원  발의       10 0.00342 1.10 0.00376
## 3 국회의원  기억        5 0.00171 1.10 0.00188
## 4 국회의원  만장일치    5 0.00171 1.10 0.00188
## 5 국회의원  명단        5 0.00171 1.10 0.00188
(... 생략 ...)
```

```
# 불용어 목록 생성
stopword_tfidf <- c("국회의원님하고", "현정부", "에휴")
```

2. 주요 단어 추출하기

불용어를 제거하고 카테고리별로 `tf_idf`가 가장 높은 단어를 10개씩 추출합니다.

```
# 주요 단어 추출
top10 <- tfidf_category %>%
  filter(!word %in% stopword_tfidf) %>%
  group_by(category) %>%
  slice_max(tf_idf, n = 10, with_ties = F)
```

3. 막대 그래프 만들기

`top10`을 이용해 카테고리별 주요 단어를 나타낸 막대 그래프를 만듭니다.

```
# 그래프 순서 정하기
top10$category <- factor(top10$category,
                         levels = c("택시업계", "정부", "국회의원"))

# 막대 그래프 만들기
ggplot(top10, aes(x = reorder_within(word, tf_idf, category),
                  y = tf_idf,
                  fill = category)) +
  geom_col(show.legend = F) +
  coord_flip() +
  facet_wrap(~ category, scales = "free", ncol = 3) +
  scale_x_reordered() +
  scale_y_continuous(n.breaks = 5,
                     labels = number_format(accuracy = .001)) +

  labs(title = "타다 금지법 기사 댓글 주요 단어",
       subtitle = "카테고리별 TF-IDF Top 10",
       x = NULL) +

  theme_minimal() +
  theme(text = element_text(family = "nanumgothic"),
        plot.title = element_text(size = 14, face = "bold"),
        plot.subtitle = element_text(size = 12),
        strip.text = element_text(size = 11))   # 카테고리넹 폰트
```

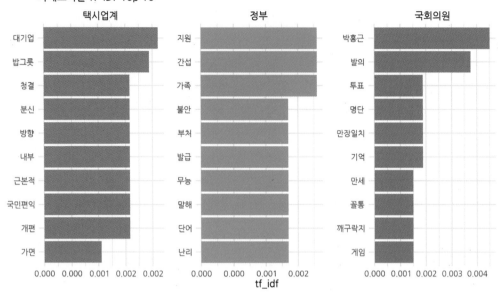

타다 금지법 기사 댓글 주요 단어

카테고리별 TF-IDF Top 10

택시업계	정부	국회의원
대기업	지원	박홍근
밥그릇	간섭	발의
청결	가족	투표
분신	불안	명단
방향	부처	만장일치
내부	발급	기억
근본적	무능	만세
국민편익	말해	꼴통
개편	단어	깨구락지
가면	난리	게임

tf_idf

![키보드 아이콘] **Do it! 실습** **카테고리별 댓글 내용 살펴보기**

카테고리별로 주요 단어를 언급한 댓글을 추출해 내용을 살펴보겠습니다.

1. 중복 댓글 제거하기

bind_category에서 category별로 중복 댓글을 제거하고 하나씩만 남깁니다

```
# 중복 댓글 제거
reply_category <- bind_category %>%
  group_by(category) %>%
  distinct(id, .keep_all = T)
```

2. 댓글 내용 살펴보기

reply_category에서 카테고리를 추출한 다음 find_word()를 이용해 댓글에서 주요 단어
가 어떻게 사용되었는지 살펴보겠습니다.

```
# 택시업계 카테고리
reply_category %>%
  filter(category == "택시업계") %>%
  find_word(x = reply_raw, keyword = "대기업")
```

[1] 타다가 신사업이냐? 기존 택시랑 아주 똑같은 개념의 사업을 `대기업`이 택시업계 말살하고 독식하겠단거지.. 이런 게 논란이 되고 있다는 자체가 넌센스..
(... 생략 ...)

```
# 정부 카테고리
reply_category %>%
  filter(category == "정부") %>%
  find_word(x = reply_raw, keyword = "지원")
```

[1] 4차산업 같은 소리하고 있네. 말 따로 정부 `지원` 없는 대한민국 경제 발전? 정말 이 나라는 뭘 먹고 사려고하는지 모든 비지니스를 규제와 노동법으로 막아 놓고 있구나. 정말 해외로 뜨려는 사람들 러쉬가 있을까 겁난다
(... 생략 ...)

```
# 국회의원 카테고리
reply_category %>%
  filter(category == "국회의원") %>%
  find_word(x = reply_raw, keyword = "박홍근")
```

[1] 더불어민주당 `박홍근` 의원이 대표 발의했다. 더불어민주당 `박홍근` 의원이 대표 발의했다. 더불어민주당 `박홍근` 의원이 대표 발의했다.
(... 생략 ...)

🐢 TF-IDF는 단어가 문서에서 상대적으로 많이 사용된 정도를 의미하기 때문에 TF-IDF를 이용해 추출한 단어는 개성이 뚜렷하고 사용 빈도가 낮은 경향이 있습니다. 관심 단어를 언급한 댓글 수가 적은 것은 이런 이유 때문입니다.

알아두면 좋아요!

텍스트 중복을 제거하는 문제는 생각처럼 간단하지 않습니다.

국회의원 카테고리를 보면 **"깨구락지"**가 주요 단어로 추출됐습니다. 그런데 이 단어를 언급한 댓글을 살펴보면 내용이 대부분 같습니다.

```
tada %>%
  find_word(x = reply_raw, keyword = "깨구락지")
```

```
## [1] 문재인대통령만세 김상조실장님 이재웅이 흰남버로 유사택시영업 하다가  깨구락지
됐네요 역시 사람은 법을 지키며 살아야 합니다 대한민국만세 국회의원님들 수고 하셨습니다
내년에 복 많이 받으시고 만수무강들 하세요 타다기사님들 좌표찍고 열폭하지마시고 여기서
아무리 국회의원님 택시 까봐야 게임오버입니다 아참 이거 아시죠 우리 국회의원님하고 택시
는 "욕보시"정도는 먹어줘야한다네요
(... 생략 ...)
```

raw_tada에서 **"깨구락지"**를 언급한 댓글을 추출하면 4개의 기사가 나옵니다. 같은 사용자가 여러 기사에 내용이 똑같거나 거의 비슷한 댓글을 달았다고 추측할 수 있습니다.

```
tada %>%
  filter(str_detect(reply, "깨구락지")) %>%
  select(press, reply_raw)
```

```
## # A tibble: 4 x 2
##   press    reply_raw
##   <chr>    <chr>
## 1 조선일보  "문재인대통령만세 김상조실장님 이재웅이 흰남버로 유사택시영업 하~
## 2 연합뉴스  "이재웅이 흰남버로 유사택시영업 하다가 깨구락지 됐네요 역시 사~
## 3 SBS      "이재웅이 흰남버로 유사택시영업 하다가 깨구락지 됐네요 역시 사~
## 4 시사저널  "이재웅이 흰남버로 유사택시영업 하다가 깨구락지 됐네요 역시 사~
```

텍스트를 분석할 때는 이와 같은 중복 문서를 어떻게 처리할지 결정해야 합니다. 가장 간단한 방법은 중복 문서를 모두 제거하는 것입니다. 하지만 이 방법은 서로 다른 사람이 동일한 내용으로 글을 쓴 경우 문서를 손실하는 문제가 있습니다. 특히, 댓글처럼 짧은 문서는 동일한 내용이 많기 때문에 모두 제거하는 방법은 적절하지 않습니다. 일정 길이 이상의 댓글을 대상으로 중복을 제거하는 방법도 있지만, 이 역시 한 사용자가 짧은 댓글을 여러 번 달면 제거하지 못하는 한계가 있습니다.

가장 좋은 방법은 로그인 정보와 같은 사용자 식별 정보를 이용해 사용자별로 중복 문서를 제거하는 것입니다. 하지만 서비스 운영자가 아니면 사용자 식별 정보를 확인할 수 없기 때문에 이 방법을 적용하는 경우는 드뭅니다. 이처럼 외부에서 수집한 텍스트는 어뷰징으로 만들어졌는지 판단하기 어렵기 때문에 중복 문서를 제거하는 문제가 생각처럼 간단하지 않습니다.

07-4
단어 간 관계 살펴보기

파이 계수와 엔그램을 이용해 네트워크 그래프를 만들고 댓글에 사용된 단어의 관계를 살펴보겠습니다.

Do it! 실습 파이 계수로 단어 간 상관관계 살펴보기

파이 계수를 이용해 관련성이 큰 단어쌍을 알아보겠습니다.

분석 절차

1. 파이 계수를 구해 관심 단어와 관련성이 큰 단어를 추출합니다.
2. 막대 그래프를 만들어 주요 단어를 살펴봅니다.
3. 네트워크 그래프를 만들어 단어의 관계를 살펴봅니다.
4. 단어쌍이 언급된 댓글을 추출해 내용을 살펴봅니다.

1. 파이 계수 구하기

1.1 토큰화하기

244쪽에서 중복 댓글을 제거한 `tada`의 `reply`를 토큰화해 명사, 동사, 형용사를 추출한 다음, 품사별로 분리하고 태그를 정리합니다.

```
# 토큰화
pos_tada <- tada %>%
  unnest_tokens(input = reply,
                output = word_pos,
                token = SimplePos22,
                drop = ㅏ)
```

```
# 품사 태그 정리
separate_pos_tada <- pos_tada %>%
  separate_rows(word_pos, sep = "[+]") %>%              # 품사 태그 분리
  filter(str_detect(word_pos, "/n|/pv|/pa")) %>%        # 품사 추출
  mutate(word = ifelse(str_detect(word_pos, "/pv|/pa"),  # /pv, /pa 추출
                       str_replace(word_pos, "/.*$", "다"),  # "~다"로 바꾸기
                       str_remove(word_pos, "/.*$"))) %>%    # 태그 제거
  filter(str_count(word) >= 2) %>%                      # 2글자 이상 추출
  arrange(id)

separate_pos_tada %>%
  select(word)

## # A tibble: 55,567 x 1
##    word
##    <chr>
## 1 분단
## 2 결론
## 3 진정성
(... 생략 ...)
```

1.2 파이 계수 구하기

빈도가 20 이하로 낮은 단어는 제거한 다음 파이 계수를 구합니다.

```
library(widyr)
word_cors <- separate_pos_tada %>%
  add_count(word) %>%
  filter(n >= 20) %>%
  pairwise_cor(item = word, feature = id, sort = T)

word_cors

## # A tibble: 128,522 x 3
##    item1   item2   correlation
##    <chr>   <chr>       <dbl>
## 1 역행하   시대       0.408
## 2 시대     역행하     0.408
## 3 냄새     담배       0.333
(... 생략 ...)
```

2. 관심 단어와 관련성이 큰 단어로 막대 그래프 만들기

댓글에 '타다', '정부', '택시'의 입장을 대변하는 내용이 많습니다. word_cors에서 이 단어
와 관련성이 큰 단어를 살펴보겠습니다. 먼저, 관심 단어별로 파이 계수가 가장 큰 단어를
10개씩 추출해 막대 그래프를 만듭니다.

```r
target <- c("타다", "정부", "택시")

# 상위 10개 추출
top_cors <- word_cors %>%
  filter(item1 %in% target) %>%
  group_by(item1) %>%
  slice_max(correlation, n = 10)

top_cors

## # A tibble: 30 x 3
## # Groups:   item1 [3]
##   item1 item2   correlation
##   <chr> <chr>         <dbl>
## 1 정부   세금         0.0862
## 2 정부   기업         0.0813
## 3 정부   개인택시      0.0687
## 4 정부   상황         0.0670
## 5 정부   막다         0.0592
## # ... with 25 more rows
```

```r
# 그래프 순서 정하기
top_cors$item1 <- factor(top_cors$item1, levels = target)

# 막대 그래프 만들기
ggplot(top_cors, aes(x = reorder_within(item2, correlation, item1),
                     y = correlation,
                     fill = item1)) +
  geom_col(show.legend = F) +
  facet_wrap(~ item1, scales = "free") +
  coord_flip() +
  scale_x_reordered() +
```

```
labs(title = "타다 금지법 기사 댓글 주요 단어",
     subtitle = "파이 계수 Top 10",
     x = NULL) +

theme_minimal() +
theme(text = element_text(family = "nanumgothic"),
      plot.title = element_text(size = 14, face = "bold"),
      plot.subtitle = element_text(size = 12),
      strip.text = element_text(size = 11))
```

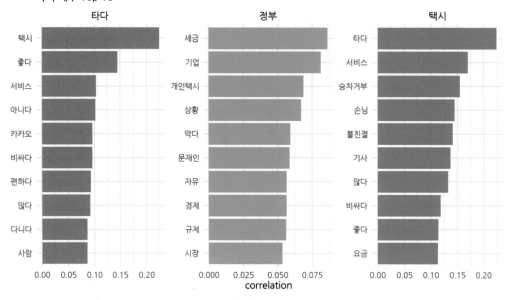

관심 단어와 관련성이 큰 단어를 살펴보면 다음과 같이 해석할 수 있습니다.

- **타다**: "타다"와 가장 관계가 큰 단어가 "택시"인 것을 보면, 타다와 택시 업계의 갈등을 다룬 댓글이 많다는 것을 알 수 있습니다. "서비스", "편하다", "좋다", "많다" 같은 단어를 보면, 전반적으로 타다의 장점을 표현한 단어와 관련성이 큽니다.

- **택시**: "택시"와 관계가 가장 큰 단어가 "타다"인 이유는 앞의 설명과 마찬가지로 타다와 택시 업계의 갈등을 다룬 댓글이 많기 때문이라고 볼 수 있습니다. 전반적으로 "서비스", "승차거부", "불친절", "요금", "비싸다" 등 택시 서비스의 품질을 비판할 때 사용하는 단어와 관련성이 큽니다.

- **정부**: **"정부"**와 관계가 가장 큰 단어가 **"세금"**인 것을 보면, 정부의 세금 운용을 비판하는 댓글이 많다는 것을 알 수 있습니다. 전반적으로 **"기업"**, **"자유"**, **"시장"**, **"경제"**, **"규제"**, **"막다"** 등 정부가 산업 발전을 막는다는 비판을 할 때 사용하는 단어와 관련성이 큽니다.

3. 네트워크 그래프 만들기

파이 계수를 이용해 네트워크 그래프를 만든 다음 단어 간 관계를 살펴보겠습니다.

```r
# 네트워크 그래프 데이터 만들기
library(tidygraph)
set.seed(1234)
graph_cors <- word_cors %>%
  filter(correlation >= 0.15) %>%
  as_tbl_graph(directed = F) %>%
  mutate(centrality = centrality_degree(),        # 중심성
         group = as.factor(group_infomap()))      # 커뮤니티

# 네트워크 그래프 만들기
library(ggraph)
set.seed(1234)
ggraph(graph_cors, layout = "fr") +               # 레이아웃

  geom_edge_link(color = "gray50",                # 엣지 색깔
                 aes(edge_alpha = correlation,    # 엣지 명암
                     edge_width = correlation),   # 엣지 두께
                 show.legend = F) +               # 범례 삭제
  scale_edge_width(range = c(1, 4)) +             # 엣지 두께 범위

  geom_node_point(aes(size = centrality,          # 노드 크기
                      color = group),             # 노드 색깔
                  show.legend = F) +              # 범례 삭제
  scale_size(range = c(5, 10)) +                  # 노드 크기 범위

  geom_node_text(aes(label = name),               # 텍스트 표시
                 repel = T,                       # 노드밖 표시
                 size = 5,                        # 텍스트 크기
                 family = "nanumgothic") +        # 폰트

  theme_graph()                                   # 배경 삭제
```

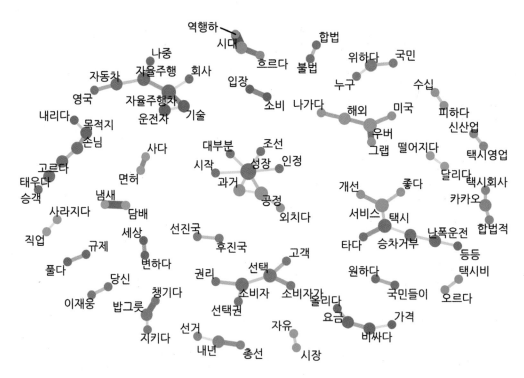

🐢 노드가 많은 그래프는 plots 창이 작으면 알아보기 어렵습니다. 윈도우는 `windows()`, 맥은 `x11()`을 실행해 별도의 이미지 출력 창을 열어 크게 만든 다음 그래프를 출력해 보세요.

4. 댓글 내용 살펴보기

몇 가지 눈에 띄는 단어쌍을 언급한 댓글을 출력해 내용을 살펴보겠습니다.

- **선거-내년-총선**: "선거"와 "내년", "내년"과 "총선"을 함께 언급한 댓글을 보면, 2020년에 있을 국회의원 선거를 의식하고 법안을 개정했다는 비판을 담고 있습니다.

```
tada %>%
  filter(str_detect(reply_raw, "선거")) %>%
  find_word(x = reply_raw, keyword = "내년", n = 10)
```

```
## [1] 이런 인간들이 어딨어? 국토위 의원 이 사람들 반드시 내년에 낙선시켜야 한다! 선거표
의식에서 국민들의 편익이나 변화에는 관심없고...쪽수가 많은 택시기사들 눈치보니라고 이런 짓껄
이를 하는가 보네....예전에 박그네가 지 대통령 표의식해서 세종시 추진한 것하고 똑같네....
( ... 생략 ...)
```

```
tada %>%
  filter(str_detect(reply_raw, "내년")) %>%
  find_word(x = reply_raw, keyword = "총선", n = 10)
```

[1] 내년에 `총선` 민주당은 아마도 작살날것...지난 서울.,수도권 싹쓸이 꿈도 꾸지 말지어
다..그렇다고 표가 자한당으로 갈것도 아니고..지금보다 국회가 더 어수선한 상황이 전개될것..서
민은 더 살기 힘들고 서울 집값은 더 오르고 민심 대란이 일어날것..
(... 생략 ...)

- **목적지-손님-고르다**: "**목적지**"와 "**손님**", "**손님**"과 "**고르다**"를 함께 언급한 댓글을 보면,
  택시 기사가 손님을 골라 태운다는 비판을 담고 있습니다.

```
tada %>%
  filter(str_detect(reply_raw, "목적지")) %>%
  find_word(x = reply_raw, keyword = "손님", n = 10)
```

[1] 목적지 입력없이 앱이나 전화로 콜만해서[가려받기 방지] 기사 `손님` 둘다 평가받게 하고
[클린한 문화] 3진아웃제도 적용해서 기사 `손님` 둘다 블랙 만들면 좀 나아지려나 욕부터 하지말고
방법을 찾아봅시다. 택시 손들고 잡는 구시대적인 방법 좀 없애고 목적지 부터 묻는 문화 없애고
(... 생략 ...)

```
tada %>%
  filter(str_detect(reply_raw, "손님")) %>%
  find_word(x = reply_raw, keyword = "골라", n = 10)
```

[1] 소비자들을 좀 생각해줘야 되는거 아닌가... 이럴거면 택시 승차거부 문제같은거좀 해결
해주던가.. 이마저 없애버리면 우린 또 택시 전쟁해야 하고 택시는 또 손님 `골라`태우고 바뀌는게
없잖아...
(... 생략 ...)

원형으로 변형되기 전의 단어 알아내기

"**골라**"가 전처리 과정에서 원형인 "**고르다**"로 변형되었기 때문에 "**골라**"를 언급한 댓글을 추출했습니다. 관심 단어를 언급한 원문을 찾을 때는 전처리 작업을 통해 변형되기 전의 단어를 이용해야 합니다. 다음과 같이 원문을 추출하면 어떤 단어가 변형되었는지 알수 있습니다.

```
separate_pos_tada %>%
  filter(word == "고르다") %>%
  pull(reply_raw)
(... 생략 ...)
```

🎹 Do it! 실습 · 엔그램으로 연이어 사용된 단어 살펴보기

엔그램을 이용해 연이어 자주 사용된 단어쌍을 알아보겠습니다.

분석 절차

1. 댓글을 바이그램으로 토큰화해 빈도를 구합니다.

2. 네트워크 그래프를 만들어 단어의 관계를 살펴봅니다.

3. 바이그램 단어쌍이 언급된 댓글을 추출해 내용을 확인합니다.

1. 바이그램으로 토큰화해 빈도 구하기

엔그램을 이용해 연이어 사용된 단어쌍을 살펴보겠습니다. `separate_pos_tada`를 한 댓글이 하나의 행을 구성하도록 결합한 다음 바이그램으로 토큰화합니다.

```
# 한 댓글이 하나의 행을 구성하도록 결합
line_comment <- separate_pos_tada %>%
  group_by(id) %>%
  summarise(sentence = paste(word, collapse = " "))
```

```
# 바이그램으로 토큰화
bigram_comment <- line_comment %>%
  unnest_tokens(input = sentence,
                output = bigram,
                token = "ngrams",
                n = 2)
bigram_comment

## # A tibble: 50,608 x 2
##       id bigram
##    <int> <chr>
## 1      1 분단 결론
## 2      1 결론 진정성
## 3      1 진정성 결과적
## 4      1 결과적 타다
## 5      1 타다 택시
## # ... with 50,603 more rows
```

바이그램을 구성하는 두 단어를 분리한 다음 단어쌍 빈도를 구합니다.

```
# 바이그램 분리하기
bigram_seprated <- bigram_comment %>%
  separate(bigram, c("word1", "word2"), sep = " ")

# 단어쌍 빈도 구하기
pair_bigram <- bigram_seprated %>%
  count(word1, word2, sort = T) %>%
  na.omit()

pair_bigram

## # A tibble: 43,244 x 3
##    word1 word2     n
##    <chr> <chr> <int>
## 1  택시  타다    159
## 2  디디  타다     79
## 3  타다  택시     72
## 4  타다  혁신     49
## 5  타다  좋다     44
## # ... with 43,239 more rows
```

2. 네트워크 그래프 만들기

네트워크 그래프를 만든 다음 단어의 관계를 살펴보겠습니다.

```r
# 네트워크 그래프 데이터 만들기
set.seed(1234)
graph_bigram <- pair_bigram %>%
  filter(n >= 8) %>%
  as_tbl_graph(directed = F) %>%
  mutate(centrality = centrality_degree(),       # 중심성
         group = as.factor(group_infomap()))      # 커뮤니티

# 네트워크 그래프 만들기
set.seed(1234)
ggraph(graph_bigram, layout = "fr") +             # 레이아웃

  geom_edge_link(color = "gray50",                # 엣지 색깔
                 alpha = 0.5) +                    # 엣지 명암

  geom_node_point(aes(size = centrality,          # 노드 크기
                      color = group),              # 노드 색깔
                  show.legend = F) +               # 범례 삭제
  scale_size(range = c(5, 15)) +                   # 노드 크기 범위

  geom_node_text(aes(label = name),               # 텍스트 표시
                 repel = T,                        # 노드밖 표시
                 size = 5,                          # 텍스트 크기
                 family = "nanumgothic") +         # 폰트

  theme_graph()                                    # 배경 삭제
```

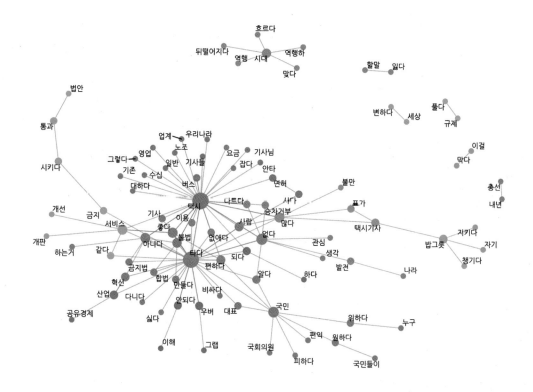

3. 댓글 내용 살펴보기

몇 가지 눈에 띄는 바이그램 단어쌍을 언급한 댓글을 출력해 내용을 살펴보겠습니다.

3.1 line_comment에 tada 결합하기

각 행이 토큰화한 단어로 구성된 line_comment에 댓글 원문이 들어 있는 tada를 결합합니다. 이렇게 하면 바이그램 단어쌍이 사용된 댓글을 추출해 내용을 확인할 수 있습니다.

```
line_tada <- line_comment %>%
  left_join(tada, by = "id")

line_tada %>%
  select(sentence)

## # A tibble: 5,108 x 1
##    sentence
##    <chr>
## 1 분단 결론 진정성 결과적 타다 택시 맞다 택시업계 헌법위반 드론택배 불법 현재국~
## 2 러다이트 운동 영국 중부 북부 직물공업지대 일어나다 기계 파괴운동 택시기사들 나~
## 3 저런것들도 국회의원
(... 생략 ...)
```

3.2 댓글 내용 살펴보기

바이그램 단어쌍을 언급한 댓글을 출력해 내용을 살펴보겠습니다.

- **역행-시대-뒤떨어지다**: **"시대 역행"**, **"시대 뒤떨어지다"**를 언급한 댓글을 보면, 법안 개정이 시대에 뒤떨어진 판단이라는 비판을 담고 있습니다.

```
line_tada %>%
  filter(str_detect(sentence, "시대 역행")) %>%
  find_word(x = reply_raw, keyword = "역행", n = 10)

## [1] 한국은 정치인들땜에 발전이 없고 나라 망한다! 택시표심때문에 시대의 역행하고 있고 진
작 우버라든지 시대의 맞게 개방하고 개선되야 하는데 기득권 지킬려다 조선망하듯 망할듯 ㅜㅜ
꼭 노조집행부와 정치인들이 똑같해~~~
(... 생략 ...)
```

```
line_tada %>%
  filter(str_detect(sentence, "시대 뒤떨어지다")) %>%
  find_word(x = reply_raw, keyword = "뒤떨어", n = 10)

## [1] 대한민국이 자유민주주의 국가 맞나요? 시대 뒤떨어진 사고로 나라가 낙후되어 가네요.
(... 생략 ...)
```

- **택시-면허-사다**: **"택시 면허"**, **"면허 사다"**를 언급한 댓글을 보면, 택시 면허 거래를 비판하는 의견과 타다도 택시와 동등하게 면허를 사서 영업해야 한다는 상반된 의견이 있습니다.

```
line_tada %>%
  filter(str_detect(sentence, "택시 면허")) %>%
  find_word(x = reply_raw, keyword = "면허", n = 10)

## [1] 택시 면허 남발 하자 타다불법이라니 왜 막음
(... 생략 ...)
```

```
line_tada %>%
  filter(str_detect(sentence, "면허 사다")) %>%
  find_word(x = reply_raw, keyword = "사서", n = 10)
```

```
## [1] 택시 면허를 사서 영업을 해야지...면허도 없이 권리도 없이 택시와 유사 행위를 하는
게 맞냐??
(... 생략 ...)
```

🐢 "사서"가 전처리 과정에서 원형인 "사다"로 변형되었기 때문에 "사서"를 언급한 댓글을 추출했습니다.

07-5
토픽 모델링

토픽 모델을 이용해 댓글이 어떤 주제로 구성되는지 살펴보겠습니다.

분석 절차

1. 댓글 이용해 LDA 모델을 만듭니다.

2. 토픽별 주요 단어로 막대 그래프를 만듭니다.

3. 댓글을 토픽별로 분류하고 토픽별 댓글 수와 주요 단어를 나타낸 막대 그래프를 만듭니다.

4. 토픽별 주요 문서의 내용을 살펴보고 토픽 이름을 짓습니다.

Do it! 실습   토픽 모델링을 위한 전처리

tada를 토픽 모델을 만드는 데 적합하게 전처리하겠습니다. 중복 댓글과 짧은 댓글을 제거하고 명사를 추출합니다. 그런 다음, 댓글 내 중복 단어와 빈도가 높은 단어를 제거합니다.

```
# 명사 추출
noun_tada <- tada %>%
  distinct(reply, .keep_all = T) %>%                    # 중복 댓글 제거
  filter(str_count(reply, boundary("word")) >= 3) %>%   # 짧은 댓글 제거
  unnest_tokens(input = reply,                          # 명사 추출
                output = word,
                token = extractNoun,
                drop = F) %>%
  filter(str_count(word) > 1)
```

```
# 중복, 고빈도 단어 제거
unique_noun_tada <- noun_tada %>%
  group_by(id) %>%                          # 중복 단어 제거
  distinct(word, .keep_all = T) %>%
  ungroup() %>%
  add_count(word) %>%                       # 고빈도 단어 제거
  filter(n <= 200) %>%
  select(id, word)

unique_noun_tada
```

```
## # A tibble: 36,972 x 2
##       id word
##    <int> <chr>
## 1      1 분단
## 2      1 결론
## 3      1 진정
## 4      1 결과
## 5      1 업계
## # ... with 36,967 more rows
```

Do it! 실습 LDA 모델 만들기

unique_noun_tada를 이용해 LDA 모델을 만들겠습니다.

1. 문서별 단어 빈도를 이용해 DTM 만들기

문서별 단어 빈도를 구한 다음 DTM 을 만듭니다.

```
# 문서별 단어 빈도 구하기
count_word <- unique_noun_tada %>%
  count(id, word, sort = T)

# DTM 만들기
dtm_tada <- count_word %>%
  cast_dtm(document = id, term = word, value = n)
```

```
dtm_tada

## <<DocumentTermMatrix (documents: 4745, terms: 11025)>>
## Non-/sparse entries: 36972/52276653
## Sparsity            : 100%
## Maximal term length: 41
## Weighting           : term frequency (tf)
```

2. 하이퍼파라미터 튜닝으로 토픽 수 정하기

토픽 수를 2에서 20까지 바꾸어 가며 모델을 만든 다음 성능 지표를 보고 최종 모델을 정합니다.

🐢 다음 코드는 19개의 LDA 모델을 만듭니다. 컴퓨터 성능에 따라 실행하는 데 시간이 오래 걸릴 수 있습니다.

```
library(ldatuning)
models_tada <- FindTopicsNumber(dtm = dtm_tada,
                                topics = 2:20,
                                return_models = T,
                                control = list(seed = 1234))

# 성능 지표 그래프
FindTopicsNumber_plot(models_tada)
```

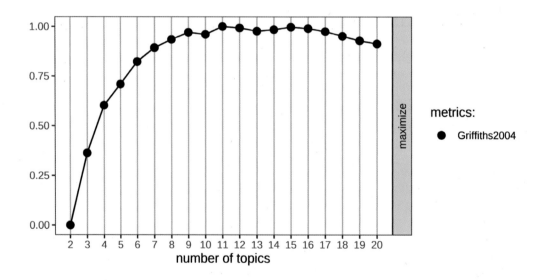

그래프를 보면 토픽 수가 9개일 때까지는 성능 지표가 점진적으로 증가하다가 그 이후로 등락을 반복합니다. 최종 토픽 수를 9개로 정하고 models_tada에서 토픽 수가 9개인 모델을 추출합니다.

```
# 토픽 수가 9개인 모델 추출
lda_model <- models_tada %>%
  filter(topics == 9) %>%
  pull(LDA_model) %>%            # 모델 추출
  .[[1]]                        # list 추출

lda_model

## A LDA_Gibbs topic model with 9 topics.
```

토픽별 주요 단어 살펴보기

각 토픽에 등장할 확률이 높은 주요 단어를 살펴보겠습니다.

1. 주요 단어 추출하기

lda_model에서 토픽별 단어 확률을 나타낸 beta를 추출합니다. 그런 다음, beta가 높은 상위 15개 단어를 추출해 내용을 살펴봅니다.

```
# 토픽별 단어 확률 beta 추출
term_topic <- tidy(lda_model, matrix = "beta")

# 토픽별 beta 상위 단어 추출
term_topic %>%
  group_by(topic) %>%
  slice_max(beta, n = 15) %>%
  print(n = Inf)

## # A tibble: 136 x 3
## # Groups:   topic [9]
##    topic term    beta
##    <int> <chr>  <dbl>
## 1      1 하게   0.0182
## 2      1 금지   0.0176
## 3      1 하다   0.0166
## 4      1 기존   0.0166
## 5      1 때문   0.0139
(... 생략 ...)
```

2. 불용어 제거하고 상위 10개 단어 추출하기

출력 결과를 보면 **"하게"**, **"하다"** 등 의미를 알 수 없는 단어가 포함되어 있습니다. 이런 단어를 불용어 목록으로 만들어 제거하고 bata가 높은 상위 10개 단어를 추출합니다.

```r
# 불용어 목록 생성
stopword_lda <- c("하게", "하다", "하려", "해라", "그것", "하면", "하네",
                  "하기", "하나", "해서", "하면", "하지", "한거", "니들")
```

```r
# 불용어 제거 후 상위 10개 단어 추출
top_term_topic <- term_topic %>%
  filter(!term %in% stopword_lda) %>%
  group_by(topic) %>%
  slice_max(beta, n = 10)

top_term_topic

## # A tibble: 93 x 3
## # Groups:    topic [9]
##    topic term      beta
##    <int> <chr>    <dbl>
## 1      1 금지    0.0176
## 2      1 기존    0.0166
## 3      1 때문    0.0139
(... 생략 ...)
```

3. 막대 그래프 만들기

top_term_topic으로 막대 그래프를 만듭니다. 출력한 그래프에서 각 토픽의 단어를 보면 토픽이 서로 다른 주제로 잘 구성되었음을 알 수 있습니다.

```r
ggplot(top_term_topic, aes(x = reorder_within(term, beta, topic),
                           y = beta,
                           fill = factor(topic))) +
  geom_col(show.legend = F) +
  facet_wrap(~ topic, scales = "free", ncol = 3) +
  coord_flip() +
  scale_x_reordered() +
  labs(x = NULL) +
  theme(text = element_text(family = "nanumgothic"))
```

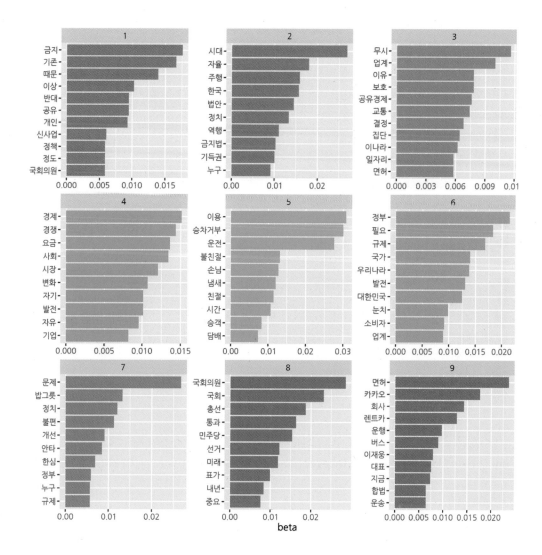

Do it! 실습 　토픽별로 댓글 분류하기

댓글을 확률이 높은 토픽으로 분류하고 내용을 살펴보겠습니다.

- lda_model에서 문서별 토픽 확률을 나타낸 gamma를 추출합니다.

- 문서별로 gamma가 가장 높은 토픽을 남깁니다.

- 댓글 원문에 결합해 토픽 번호를 부여합니다.

```
# 문서별 토픽 확률 gamma 추출하기
doc_topic <- tidy(lda_model, matrix = "gamma")

# 문서별로 확률이 가장 높은 토픽 추출
doc_class <- doc_topic %>%
  group_by(document) %>%
  slice_max(gamma, n = 1)

doc_class

## # A tibble: 8,134 x 3
## # Groups:   document [4,745]
##    document topic gamma
##    <chr>    <int> <dbl>
## 1 1            3 0.529
## 2 10           1 0.165
## 3 100          2 0.126
## 4 100          6 0.126
## 5 1000         6 0.140
## # ... with 8,129 more rows
```

```
# integer로 변환
doc_class$document <- as.integer(doc_class$document)

# 원문에 토픽 번호 부여
tada_topic <- tada %>%
  left_join(doc_class, by = c("id" = "document"))
```

⌨️ Do it! 실습 토픽별 댓글 수와 단어 시각화하기

토픽별 댓글 수와 주요 단어를 나타낸 막대 그래프를 만들겠습니다.

1. 토픽별 주요 단어 목록 만들기

토픽별 단어 확률 beta를 담고 있는 term_topic에서 불용어를 제거합니다. 그런 다음 토픽별로 beta가 가장 높은 단어를 6개씩 추출해 한 행으로 결합합니다.

```
top_terms <- term_topic %>%
  filter(!term %in% stopword_lda) %>%
  group_by(topic) %>%
  slice_max(beta, n = 6, with_ties = F) %>%
  summarise(term = paste(term, collapse = ", "))

top_terms

## # A tibble: 9 x 2
##   topic term
##   <int> <chr>
## 1     1 금지, 기존, 때문, 이상, 반대, 공유
## 2     2 시대, 자율, 주행, 한국, 법안, 정치
## 3     3 무시, 업계, 이유, 보호, 공유경제, 교통
## 4     4 경제, 경쟁, 요금, 사회, 시장, 변화
## 5     5 이용, 승차거부, 운전, 불친절, 손님, 냄새~
## # ... with 4 more rows
```

2. 토픽별 문서 빈도 구하기

tada_topic을 이용해 토픽별 문서 빈도를 구합니다.

```
count_topic <- tada_topic %>%
  count(topic) %>%
  na.omit()

count_topic

## # A tibble: 9 x 2
##   topic     n
##   <int> <int>
## 1     1   897
## 2     2   920
## 3     3   809
## 4     4   898
## 5     5   866
## # ... with 4 more rows
```

3. 문서 빈도에 주요 단어 결합하기

`count_topic`에 `top_terms`을 결합하고, 막대 그래프의 x축에 토픽 번호를 표시하기 위해
`topic_name`을 추가합니다.

```
count_topic_word <- count_topic %>%
  left_join(top_terms, by = "topic") %>%
  mutate(topic_name = paste("Topic", topic))

count_topic_word

## # A tibble: 9 x 4
##    topic     n term                     topic_name
##    <int> <int> <chr>                    <chr>
## 1      1   897 금지, 기존, 때문, 이상, 반대, 공~  Topic 1
## 2      2   920 시대, 자율, 주행, 한국, 법안, 정~  Topic 2
## 3      3   809 무시, 업계, 이유, 보호, 공유경제,~  Topic 3
## 4      4   898 경제, 경쟁, 요금, 사회, 시장, 변~  Topic 4
## 5      5   866 이용, 승차거부, 운전, 불친절, 손님~ Topic 5
## # ... with 4 more rows
```

4. 막대 그래프 만들기

`count_topic_word`를 이용해 막대 그래프를 만듭니다.

```
library(scales)
ggplot(count_topic_word,
       aes(x = reorder(topic_name, n),
           y = n,
           fill = topic_name)) +
  geom_col(show.legend = F) +
  coord_flip() +

  geom_text(aes(label = comma(n, accuracy = 1)),   # 문서 빈도 표시
            hjust = -0.2) +

  geom_text(aes(label = term),                      # 주요 단어 표시
            hjust = 1.03,
            col = "white",
            fontface = "bold",
            family = "nanumgothic") +
```

```r
  scale_y_continuous(expand = c(0, 0),            # y축-막대 간격 줄이기
                     limits = c(0, 1100)) +       # y축 범위

  labs(title = "타다 금지법 기사 댓글 토픽",
       subtitle = "토픽별 주요 단어 및 댓글 빈도",
       x = NULL, y = NULL) +

  theme_minimal() +
  theme(text = element_text(family = "nanumgothic"),
        plot.title = element_text(size = 14, face = "bold"),
        plot.subtitle = element_text(size = 12))
```

🐢 geom_text()에는 theme()으로 설정한 폰트가 적용되지 않기 때문에 별도로 폰트를 지정해야 합니다.

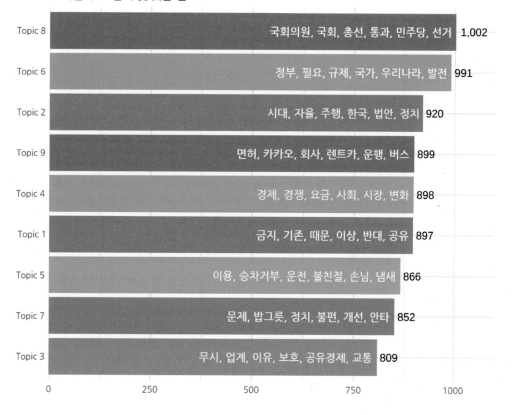

타다 금지법 기사 댓글 토픽
토픽별 주요 단어 및 댓글 빈도

Topic 8	국회의원, 국회, 총선, 통과, 민주당, 선거 1,002
Topic 6	정부, 필요, 규제, 국가, 우리나라, 발전 991
Topic 2	시대, 자율, 주행, 한국, 법안, 정치 920
Topic 9	면허, 카카오, 회사, 렌트카, 운행, 버스 899
Topic 4	경제, 경쟁, 요금, 사회, 시장, 변화 898
Topic 1	금지, 기존, 때문, 이상, 반대, 공유 897
Topic 5	이용, 승차거부, 운전, 불친절, 손님, 냄새 866
Topic 7	문제, 밥그릇, 정치, 불편, 개선, 안타 852
Topic 3	무시, 업계, 이유, 보호, 공유경제, 교통 809

0   250   500   750   1000

Do it! 실습 토픽 이름 짓기

토픽의 특징을 잘 드러낼 수 있도록 토픽 이름을 지어 그래프에 표현하겠습니다.

1. 토픽별 주요 문서 추출하기

토픽별로 gamma가 높은 주요 댓글을 100개씩 추출해 내용을 살펴보겠습니다.

```
# 토픽별 주요 문서 추출
reply_topic <- tada_topic %>%
  group_by(topic) %>%
  slice_max(gamma, n = 100)
```

- **토픽 1**: 토픽 1에는 국회가 산업 발전을 가로막는다는 비판 댓글이 많습니다.

```
# 토픽 1 내용 살펴보기
reply_topic %>%
  filter(topic == 1) %>%
  pull(reply_raw)

## [1] "택시 진짜 노답인데...급정거하고 앞차 답답하면 손님있던 없던 쌍욕 해대지 덥다고 에
어콘 틀자면 춥다고 거절해 창문열면 시끄럽다고 닫으래 운전중에 당연하게 전화오면 듣던말던 시
끄럽게 통화하고 공항서는 야매로 요금 더치고 오다 걸리면 묵비권행사하지 교회전도 하고 안믿는
(... 생략 ...)
```

- **토픽 2**: 토픽 2에는 법안이 시대 흐름에 역행한다는 비판 댓글이 많습니다.

```
# 토픽 2 내용 살펴보기
reply_topic %>%
  filter(topic == 2) %>%
  head(1) %>%
  pull(reply_raw)

## [1] "타다는 확실히 서비스 품질의 표준을 상향시켰고, 승차거부에 시달리던 국민들이 차별
없이 이용할 수 있게 해줬다는 점에서 혁신이라는 것임. 이러한 점에서 국민의 편익을 향상시켰다
는 점은 부정할 수 없다. 이러한 상황에서 시행령 개정에 만장일치로 처리한 국회의원들은 진정한
(... 생략 ...)
```

🙂 토픽 3~8도 출력해 댓글 내용을 확인해보세요.

2. 토픽 이름 목록 만들기

댓글 내용을 토대로 토픽 이름 목록을 만듭니다.

```
# 토픽 이름 목록 만들기
name_topic <- tibble(topic = 1:9,
                     name = c("1. 신사업 가로막는 국회",
                              "2. 시대 흐름 역행하는 법안",
                              "3. 택시 업계 보호, 국민 무시",
                              "4. 자유 시장경제 반하는 결정",
                              "5. 불만족스러운 택시 서비스",
                              "6. 국가 발전 가로막는 정부",
                              "7. 기존 업계 밥그릇 지키는 정치인",
                              "8. 총선만 신경 쓰는 국회의원",
                              "9. 타다는 렌트카, 무면허 택시 안된다"))
```

3. 토픽 이름과 주요 단어 시각화하기

토픽별 주요 단어가 들어 있는 `top_term_topic`에 `name_topic`을 결합한 다음 막대 그래프를 만듭니다.

```
# 토픽 이름 결합하기
top_term_topic_name <- top_term_topic %>%
  left_join(name_topic, name_topic, by = "topic")

top_term_topic_name

## # A tibble: 93 x 4
## # Groups:   topic [9]
##    topic term     beta name
##    <int> <chr>   <dbl> <chr>
## 1      1 금지  0.0176  1. 신사업 가로막는 국회
## 2      1 기존  0.0166  1. 신사업 가로막는 국회
## 3      1 때문  0.0139  1. 신사업 가로막는 국회
## 4      1 이상  0.0103  1. 신사업 가로막는 국회
## 5      1 반대  0.00948 1. 신사업 가로막는 국회
## # ... with 88 more rows
```

```r
# 막대 그래프 만들기
ggplot(top_term_topic_name,
       aes(x = reorder_within(term, beta, name),
           y = beta,
           fill = factor(topic))) +
  geom_col(show.legend = F) +
  facet_wrap(~ name, scales = "free", ncol = 3) +
  coord_flip() +
  scale_x_reordered() +

  labs(title = "타다 금지법 기사 댓글 토픽",
       subtitle = "토픽별 주요 단어 Top 10",
       x = NULL, y = NULL) +

  theme_minimal() +
  theme(text = element_text(family = "nanumgothic"),
        plot.title = element_text(size = 14, face = "bold"),
        plot.subtitle = element_text(size = 12),
        axis.text.x = element_blank(),       # x축 이름 삭제
        axis.ticks.x = element_blank())      # x축 눈금 삭제
```

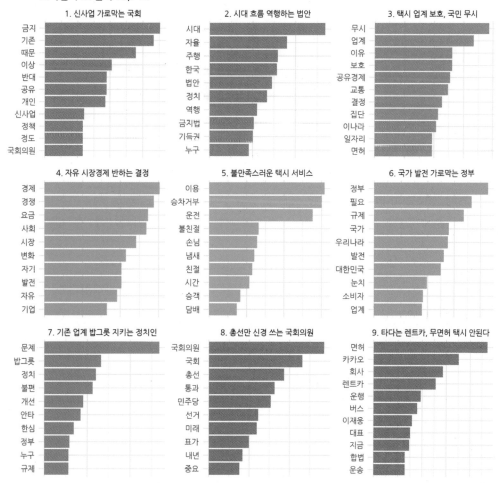

타다 금지법 기사 댓글 토픽
토픽별 주요 단어 Top 10

1. 신사업 가로막는 국회
금지 / 기존 / 때문 / 이상 / 반대 / 공유 / 개인 / 신사업 / 정책 / 정도 / 국회의원

2. 시대 흐름 역행하는 법안
시대 / 자율 / 주행 / 한국 / 법안 / 정치 / 역행 / 금지법 / 기득권 / 누구

3. 택시 업계 보호, 국민 무시
무시 / 업계 / 이유 / 보호 / 공유경제 / 교통 / 결정 / 집단 / 이나라 / 일자리 / 면허

4. 자유 시장경제 반하는 결정
경제 / 경쟁 / 요금 / 사회 / 시장 / 변화 / 자기 / 발전 / 자유 / 기업

5. 불만족스러운 택시 서비스
이용 / 승차거부 / 운전 / 불친절 / 손님 / 냄새 / 친절 / 시간 / 승객 / 담배

6. 국가 발전 가로막는 정부
정부 / 필요 / 규제 / 국가 / 우리나라 / 발전 / 대한민국 / 눈치 / 소비자 / 업계

7. 기존 업계 밥그릇 지키는 정치인
문제 / 밥그릇 / 정치 / 불편 / 개선 / 안타 / 한심 / 정부 / 누구 / 규제

8. 총선만 신경 쓰는 국회의원
국회의원 / 국회 / 총선 / 통과 / 민주당 / 선거 / 미래 / 표가 / 내년 / 중요

9. 타다는 렌트카, 무면허 택시 안된다
면허 / 카카오 / 회사 / 렌트카 / 운행 / 버스 / 이재웅 / 대표 / 지금 / 합법 / 운송

다양한 방법을 이용해 텍스트 분석하기

타다 금지법 관련 기사 댓글을 분석해 보았습니다. 자주 언급한 단어를 알아보고, 로그 오즈비와 TF-IDF를 이용해 주요 단어를 비교했습니다. 파이 계수와 바이그램을 이용해 단어의 관계를 살펴보고, 토픽 모델을 만들어 댓글의 주제를 알아보았습니다.

이처럼 텍스트는 다양한 방법으로 분석해야 합니다. 분석 과정에서 알게 된 불용어와 유의어를 반영해 다시 분석하는 과정도 여러 번 거쳐야 합니다. 그래야만 텍스트를 한 가지 관점에서만 보지 않고 입체적으로 이해할 수 있습니다.

텍스트 마이닝 프로젝트:
차기 대선 주자 SNS 여론 분석

20대 대통령 선거의 유력한 후보로 이낙연 의원과 이재명 경기도지사가 거론되고 있습니다. SNS 데이터를 분석해서 사람들이 두 차기 후보를 어떻게 생각하는지 알아보겠습니다.

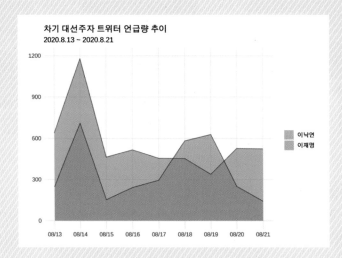

08-1
SNS 언급량 추이 살펴보기

SNS에서 어떤 후보가 더 많이 언급되는지 알아보겠습니다. 데이터를 불러와 전처리한 후 두 후보의 언급량 추이를 비교하겠습니다.

분석 절차

1. 트윗 작성 날짜 및 후보자별 언급 빈도를 구합니다.
2. 선 그래프와 영역 차트를 만들어 추이를 살펴봅니다.

Do it! 실습   기본적인 전처리

"tweet_nak.csv"와 "tweet_jae.csv"에는 2020년 8월 13일~21일에 이낙연 의원과 이재명 경기도지사를 언급한 트위터 데이터가 각각 담겨 있습니다. 데이터를 불러와 결합한 다음 전처리하겠습니다.

glimpse(bind_tweet)를 실행하면 bind_tweet이 13,928개의 트윗으로 구성되어 있음을 알 수 있습니다. 두 후보를 함께 언급한 트윗이 있기 때문에 bind_tweet에는 중복된 행이 있습니다

```r
# 데이터 불러오기
library(dplyr)
library(readr)

bind_tweet <- bind_rows(
  read_csv("tweet_nak.csv") %>% mutate(candidate = "이낙연"),
  read_csv("tweet_jae.csv") %>% mutate(candidate = "이재명"))
```

```
glimpse(bind_tweet)
```

```
## Rows: 13,928
## Columns: 5
## $ status_id   <dbl> 1.296742e+18, 1.296737e+18, 1.29635...
## $ screen_name <chr> "iloveabc0712", "park_pyung", "park...
## $ created_at  <dttm> 2020-08-21 09:33:09, 2020-08-21 09...
## $ text        <chr> "@nylee21 @nylee_office 29일 전당대회 기다...
## $ candidate   <chr> "이낙연", "이낙연", "이낙연", "이낙연", "이낙연", ...
```

bind_tweet의 text에 분석할 트윗이 들어 있습니다. 분석에 적합하도록 다음과 같이 전처리하겠습니다.

- **사용자 아이디 태그 제거**: 트윗에는 "@userid"와 같이 @를 이용해 사용자 아이디를 언급한 아이디 태그가 있습니다. textclean 패키지의 replace_tag()를 이용해 아이디 태그를 제거합니다. str_to_lower()는 대문자를 처리하지 못하므로 stringr 패키지의 str_to_lower()를 이용해 소문자로 변환한 다음 replace_tag()에 적용합니다.

- **html 태그 제거**: 트윗에는 html 특수 문자가 포함되어 있어서 출력하면 내용을 알아보기 어려울 때가 있습니다. textclean 패키지의 replace_html()을 이용해 html 특수 문자를 제거한 다음, stringr 패키지의 str_squish()를 이용해 중복 공백을 제거합니다.

- **날짜 변수 추가**: bind_tweet의 created_at은 '연월일시분초' 단위로 된 트윗 작성 시각입니다. lubridate 패키지의 date()를 이용해 '연월일'을 추출한 date 변수를 만듭니다. date는 트윗의 날짜별 추이를 분석할 때 활용합니다.

- **광고 트윗 제거**: 트위터에는 광고가 많습니다. 광고는 대부분 URL 링크가 있기 때문에 "https://"가 포함된 텍스트를 제거하면 광고 트윗을 제거할 수 있습니다.

- **중복 트윗 제거**: 한 사용자나 여러 사용자가 내용이 같은 트윗을 반복 게시하는 경우가 있습니다. bind_tweet을 candidate별로 분리한 다음, distinct()를 이용해 text를 추출합니다. 이렇게 하면 내용이 같은 트윗은 candidate별로 하나씩만 남습니다.

- **어뷰징 트윗 제거**: 트위터에는 극단적으로 트윗을 많이 올리는 사용자가 있습니다. 이런 사용자가 작성한 트윗을 모두 포함하면 분석 결과에 소수의 의견이 과도하게 반영됩니다. bind_tweet을 candidate, date, screen_name별로 분리한 다음, slice_sample()을 이용해 5개씩 추출합니다. 이렇게 하면 트윗이 사용자당 하루 최대 5개만 남기 때문에 소수의 견해가 과도하게 반영되는 문제를 피할 수 있습니다.

```
install.packages("lubridate")
library(lubridate)
library(textclean)
library(stringr)

set.seed(1234)
tweet <- bind_tweet %>%
  mutate(text = replace_tag(str_to_lower(text)),    # id 태그 제거
         text = str_squish(replace_html(text)),     # html 특수 문자 제거
         date = date(created_at)) %>%               # 날짜 변수 생성

  filter(!str_detect(text, "https://")) %>%         # 광고 트윗 제거

  group_by(candidate) %>%                           # 중복 글 제거
  distinct(text, .keep_all = T) %>%

  group_by(candidate, date, screen_name) %>%        # 사용자별 하루 최대 5개 추출
  slice_sample(n = 5) %>%
  ungroup()
```

glimpse(tweet)를 실행하면 13,928개의 트윗 중 분석에 적합한 8,337개가 추출되었음을
알 수 있습니다.

```
glimpse(tweet)

## Rows: 8,337
## Columns: 6
## $ status_id   <dbl> 1.293765e+18, 1.293839e+18, 1.29373...
## $ screen_name <chr> "0o0o0o0o0125", "1112_e_h", "1112_e...
(... 생략 ...)
```

slice_sample() 출력 결과는 실행 환경에 따라 다를 수 있습니다.

slice_sample()은 난수를 사용하여 무작위로 행을 추출합니다. 난수를 만드는 방법이
R 버전, 패키지 버전, OS에 따라 다르기 때문에 slice_sample()의 출력 결과는 코드 실
행 환경에 따라 다를 수 있습니다. 만약 tweet을 이용한 코드의 출력 결과가 책과 다르다
면 자신의 출력 결과에 따라 분석을 진행하세요.

![Do it! 실습 아이콘] **Do it! 실습**　　**트윗 빈도 추이**

1. 트윗 빈도 추이 선 그래프

날짜별로 어떤 후보를 언급한 트윗이 많은지 알아보겠습니다. `date`, `candidate`별 트윗 빈도를 구한 다음 선 그래프를 만듭니다.

```r
# 날짜, 후보별 빈도
frequency_date <- tweet %>%
  count(date, candidate)

frequency_date

## # A tibble: 18 x 3
##    date        candidate      n
##    <date>      <chr>      <int>
## 1 2020-08-13  이낙연        247
## 2 2020-08-13  이재명        639
## 3 2020-08-14  이낙연        709
## 4 2020-08-14  이재명       1179
## 5 2020-08-15  이낙연        153
## # ... with 13 more rows
```

```r
# 선 그래프
library(ggplot2)
ggplot(frequency_date, aes(x = date, y = n, col = candidate)) +
  geom_line()
```

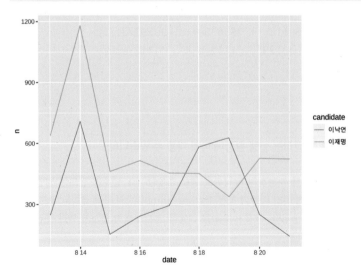

그래프 다듬기

ggplot2 패키지의 함수를 이용해 그래프를 보기 좋게 수정합니다. 색상 코드 목록을 이용해 두 후보의 언급량을 나타낸 선의 색깔을 정합니다. 이 목록은 이후로도 그래프의 색깔을 정할 때 활용합니다.

```r
# 후보 색상 목록 생성
col_candidate <- c("#619CFF", "#B79F00")

ggplot(frequency_date, aes(x = date, y = n, col = candidate)) +
  geom_line(size = 1) +
  geom_point(size = 2) +

  scale_x_date(date_labels = "%m/%d",                      # x축 날짜 포맷
               date_breaks = "1 day") +                    # x축 날짜 간격
  scale_y_continuous(limits = c(0, 1200),                  # y축 범위
                     breaks = seq(0, 1200, 300)) +         # y축 간격
  scale_color_manual(values = col_candidate) +             # 선 색깔

  labs(title = "차기 대선주자 트위터 언급량 추이",            # 그래프 제목
       subtitle = "2020.8.13 ~ 2020.8.21",                # 보조 제목
       x = NULL, y = NULL, col = NULL) +                   # 축 이름 삭제

  theme_minimal(12) +
  theme(text = element_text(family = "nanumgothic"),
        plot.title = element_text(size = 14, face = "bold"),   # 제목 폰트
        plot.subtitle = element_text(size = 12),               # 부제목 폰트
        panel.grid.minor.x = element_blank())                  # x축 보조축 삭제
```

🐢 theme_minimal()과 같이 theme_로 시작하는 ggplot2 테마 함수에 숫자를 입력하면 그래프의 전체 폰트 크기를 조정합니다.

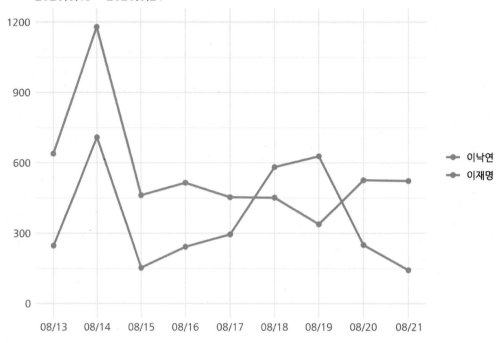

차기 대선주자 트위터 언급량 추이
2020.8.13 ~ 2020.8.21

출력한 그래프를 보면 전반적으로 이재명 경기도지사를 언급한 트윗이 많고, 8월 18~19일에는 이낙연 의원을 언급한 트윗이 더 많습니다.

알아 두면 좋아요!

색상 코드 알아내기

scales 패키지의 show_col()을 이용하면 색상 코드(hex colour code)를 알아낼 수 있습니다. 다음 코드를 실행하면 ggplot2 패키지로 그래프를 만들 때 사용되는 'hue Color Palette'의 색상 코드를 Plots 창에 출력합니다.

```
library(scales)
show_col(hue_pal()(6))
```

#F8766D	#B79F00	#00BA38
#00BFC4	#619CFF	#F564E3

2. 트윗 빈도 추이 영역 차트

ggplot2 패키지의 geom_area()를 이용해 **영역 차트**(area chart)를 만들겠습니다. 영역 차트를 만들면 언급량의 차이를 잘 표현할 수 있습니다.

두 후보의 영역을 중첩하도록 geom_area()에 position = "dodge"를 입력하고, 투명한 색으로 표현하도록 alpha = 0.6을 입력합니다.

```
# 영역 그래프
ggplot(frequency_date, aes(x = date, y = n, fill = candidate)) +
  geom_area(position = "dodge", alpha = 0.6)
```

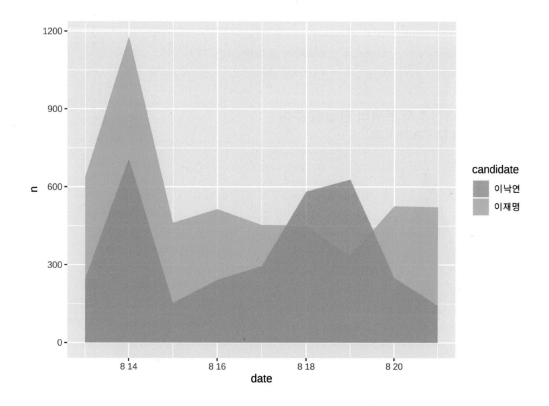

그래프 다듬기

ggplot2 패키지의 함수를 이용해 그래프를 보기 좋게 수정합니다.

```
ggplot(frequency_date, aes(x = date, y = n, fill = candidate)) +
  geom_area(position = "dodge", alpha = 0.6) +
  geom_line(size = 0.5, alpha = 0.5) +
```

```
  scale_x_date(date_labels = "%m/%d", date_breaks  = "1 day") +
  scale_y_continuous(limits = c(0, 1200),
                     breaks = seq(0, 1200, 300)) +
  scale_fill_manual(values = col_candidate) +

  labs(title = "차기 대선주자 트위터 언급량 추이",
       subtitle = "2020.8.13 ~ 2020.8.21",
       x = NULL, y = NULL, fill = NULL) +

  theme_minimal(12) +
  theme(text = element_text(family = "nanumgothic"),
        plot.title = element_text(size = 14, face = "bold"),
        plot.subtitle = element_text(size = 12),
        panel.grid.minor.x = element_blank(),
        panel.grid.minor.y = element_blank())   # y축 보조축 삭제
```

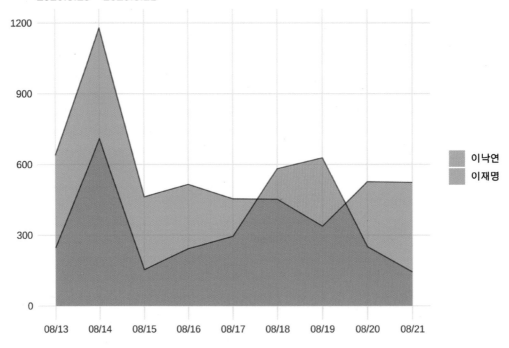

출력한 그래프를 보면 대부분 이재명 경기도지사를 언급한 트윗이 많고, 8월 18~19일에만
이낙연 의원을 언급한 트윗이 많았음을 알 수 있습니다.

08-2
SNS 이슈 알아보기

트위터 언급량 추이를 보면 유독 언급량이 많았던 날이 있습니다. 이때 무슨 일이 있었는지 알아보겠습니다.

분석 절차

1. 관심 날짜와 그 외 날짜의 단어 빈도를 구합니다.

2. 로그 오즈비를 이용해 관심 날짜에 상대적으로 많이 사용된 단어를 추출합니다.

3. 트윗의 내용을 살펴보고 관심 날짜에 무슨 일이 있었는지 알아봅니다.

Do it! 실습　8월 14일의 이슈 알아보기

트위터 언급량 추이 그래프를 보면 8월 14일에 유독 두 후보의 언급량이 많습니다. 로그 오즈비를 이용해 이날 무슨 일이 있었는지 알아보겠습니다.

1. 띄어쓰기 기준 토큰화

tweet을 띄어쓰기 기준으로 토큰화합니다.

```
library(tidytext)
word_tweet_raw <- tweet %>%
  unnest_tokens(input = text,
                output = word,
                token = "words",
                drop = F)
```

2. 날짜 분류, 단어별 빈도 구하기

트윗 작성 날짜가 2020년 8월 14일이면 "target", 그렇지 않으면 "etc"로 분류한 category를 추가한 다음, 두 글자 이상 단어를 추출해 category, word별 빈도를 구합니다. 다음 코드의 출력 결과를 보면 관심 날짜와 그 외의 날짜에 어떤 단어가 자주 사용되었는지 알 수 있습니다.

```r
frequency14 <- word_tweet_raw %>%
  mutate(category = ifelse(date == "2020-08-14", "target", "etc")) %>%
  filter(str_count(word) >= 2) %>%
  count(category, word, sort = T)

frequency14

## # A tibble: 59,382 x 3
##    category word          n
##    <chr>    <chr>     <int>
## 1 etc      이재명     2194
## 2 etc      이낙연     1928
## 3 target   이재명      791
## 4 target   이낙연      651
## 5 etc      이재명이    650
## # ... with 59,377 more rows
```

3. 로그 오즈비 구하기

frequency14를 wide form으로 변환해 로그 오즈비를 구하고 log_odds_ratio가 높은 순으로 출력합니다. 분모에 "etc", 분자에 "target"의 단어 빈도를 놓고 로그 오즈비를 구하므로 관심 날짜에 상대적으로 많이 사용된 단어일수록 log_odds_ratio가 큰 값을 지닙니다. 출력 결과에서 '조사기관', '선호도', '여론조사' 등을 보면 8월 14일에 여론조사와 관련된 일이 있었음을 추론할 수 있습니다.

```r
# Wide form으로 변환
library(tidyr)
wide14 <- frequency14 %>%
  pivot_wider(names_from = category,
              values_from = n,
              values_fill = list(n = 0))
```

```
# 로그 오즈비 변수 추가
wide14 <- wide14 %>%
  mutate(log_odds_ratio = log(((target + 1) / (sum(target + 1))) /
                              ((etc  + 1) / (sum(etc    + 1)))))

# log_odds_ratio 높은 순 출력
wide14 %>%
  arrange(-log_odds_ratio) %>%
  head(20)

## # A tibble: 20 x 4
##    word           etc target log_odds_ratio
##    <chr>        <int>  <int>          <dbl>
##  1 조사기관         0     10           3.00
##  2 댓방            0      9           2.90
##  3 지지층에서는      0      9           2.90
##  4 높게            0      8           2.80
...
## 12 선호도가        0      6           2.55
## 13 여론조사는       0      6           2.55
(... 생략 ...)
```

4. 원문 살펴보기

8월 14일에 "조사"를 언급한 트윗을 추출해 내용을 살펴보겠습니다. 다음 코드의 출력 결과
를 보면, 이날 발표된 차기 대선주자 지지도 조사 결과에서 이재명 경기도지사가 이낙연 의
원을 처음으로 역전했다는 것을 알 수 있습니다.

```
# 트윗 내용 확인
tweet %>%
  filter(date == "2020-08-14" & str_detect(text, "조사")) %>%
  head(10) %>%
  pull(text)

## [1] "서너개로 쪼개져 있던 극보수 정당들의 몰락과 바미당 유승민계를 흡수해서 지지율이
30% 정도 되는 미통당 지지자들이 이낙연 적수가 되는 뚜렷한 대권후보가 없어서 여론조사시 윤
석렬과 상대적으로 만만한 이재명을 역선택하고 있는 것이다. 이들은 미통당 유력후보 출현시 다
시 돌아갈 표이다."
```

```
## [2] "저건 진짜진짜 말도 안됨;;;; 시발 나한테도 지지율조사해가라고 난 아닥하고 이낙연의
원님"
## [3] "어차피 갤럽은 누가 잘하고 있는지 묻는게 아니야 요즘 누구 이름 많이 들어봤냐는 인
지도 조사라 언플 좀만 해도 1위 금방 가져오는데 언플은 워낙 이낙연 총리님과는 거리가 멀고 당
대표 되시면 다시 1위 쉬움. 근데 걱정되는건 그때까지 언론과 당빠들이 연일 공격할거란말야. 상
처받으실까 속상.."
(... 생략 ...)
```

💿 구글 검색 결과를 보면 2020년 8월 14일 차기 대선주자 지지도 조사에서 이재명 경기도지사가 이낙연 의원을 처음으로 역
전해 1위를 차지했다는 사실을 확인할 수 있습니다. • bit.ly/easytext_812

Do it! 실습 8월 18~19일의 이슈 알아보기

트위터 언급량 추이 그래프를 보면, 8월 18일과 19일에 이낙연 의원의 언급량이 크게 상승
했습니다. 로그 오즈비를 이용해 이날 무슨 일이 있었는지 알아보겠습니다.

1. 날짜 분류하고 단어별 빈도 구하기

```
frequency_nak1819 <- word_tweet_raw %>%
  mutate(category = ifelse(date >= "2020-08-18" &
                           date <= "2020-08-19", "target", "etc")) %>%
  filter(candidate == "이낙연" & str_count(word) >= 2) %>%
  count(category, word, sort = T)
```

2. 로그 오즈비 구하기

다음 코드의 출력 결과에서 "음성판정", "검사결과" 등의 로그 오즈비가 높은 것을 보면, 이
날 이낙연 의원에게 코로나19 검사와 관련된 일이 있었음을 추론할 수 있습니다.

```
# Wide form으로 변환
wide_nak1819 <- frequency_nak1819 %>%
  pivot_wider(names_from = category,
              values_from = n,
              values_fill = list(n = 0))
```

```
# 로그 오즈비 변수 추가
wide_nak1819 <- wide_nak1819 %>%
  mutate(log_odds_ratio = log(((target + 1) / (sum(target + 1))) /
                             ((etc  + 1) / (sum(etc   + 1)))))

# log_odds_ratio 높은 순 출력
wide_nak1819 %>%
  arrange(-log_odds_ratio) %>%
  head(20)

## # A tibble: 20 x 4
##    word           etc target log_odds_ratio
##    <chr>        <int>  <int>          <dbl>
## 1 다행입니다        0     41           4.09
## 2 음성판정          0     39           4.05
...
## 11 검사            2     38           2.92
## 12 기도합니다       0     12           2.92
## 13 검사결과         0     11           2.84
(... 생략 ...)
```

3. 원문 살펴보기

2020년 8월 18일과 19일에 로그 오즈비가 가장 높은 **"다행입니다"**를 언급한 트윗을 추출해 내용을 살펴보겠습니다. 출력 결과를 보면, 이날 이낙연 의원이 코로나19 검사 음성 판정을 받았다는 것을 알 수 있습니다.

```
tweet %>%
  filter(date >= "2020-08-18" & date <= "2020-08-19" &
         candidate == "이낙연" & str_detect(text, "다행입니다")) %>%
  head(10) %>%
  pull(text)

## [1] "이낙연 의원님 음성이신가 보다. 너무 잘됐고 감사한 일. 정말 다행입니다."
## [2] "이낙연 의원님. 음성판정. 정말 다행입니다. 가슴을 쓸어내렸습니다. 더더욱 우리 모두
조심해야겠습니다."
## [3] "이낙연 음성♥♥♥ 정말 다행입니다~"
(... 생략 ...)
```

🐢 구글 검색 결과를 보면 2020년 8월 19일 이낙연 의원이 코로나19 검사 음성 판정을 받았다는 사실을 확인할 수 있습니다.
  • bit.ly/easytext_822

08-3

감정 단어 살펴보기

두 후보를 언급한 트윗에 어떤 감정이 담겨 있는지 알아보겠습니다.

분석 절차

1. 트윗에 감정 점수를 부여한 다음 감정 범주로 분류합니다.

2. 감정 범주별로 자주 언급한 단어를 추출해 막대 그래프를 만듭니다.

Do it! 실습 감정 단어 살펴보기

1. 감정 점수, 감정 범주 부여하기

감정 사전을 이용해 트윗에 사용된 단어에 감정 점수를 부여한 다음, 감정 범주를 나타낸 sentiment를 추가합니다.

```r
# 감정 사전 불러오기
dic <- read_csv("knu_sentiment_lexicon.csv")

# 감정 점수 부여, 감정 극성 분류
word_tweet <- word_tweet_raw %>%
  left_join(dic, by = "word") %>%                          # 감정 점수 부여
  mutate(polarity = ifelse(is.na(polarity), 0, polarity),  # NA를 0으로 변환
         sentiment = ifelse(polarity ==  2, "긍정",        # 감정 범주 분류
                     ifelse(polarity == -2, "부정", "중립")))
```

2. 자주 언급한 감정 단어 살펴보기

어떤 감정 단어가 자주 사용되었는지 알아보겠습니다. 후보 이름은 각 후보 데이터에서 가장 많이 언급되지만 트윗을 해석하는 데 도움이 되지 않으므로 제거합니다. 그런 다음 각 후보의 감정 범주별 단어 빈도를 구해 가장 자주 사용된 긍정 단어와 부정 단어를 10개씩 추출합니다.

```
# 자주 언급한 단어 추출
top10_word <- word_tweet %>%

  # 불용어 제거
  filter(!(candidate == "이낙연" & str_detect(word, "이낙연")) &
           !(candidate == "이재명" & str_detect(word, "이재명"))) %>%

  filter(str_count(word) >= 2) %>%
  count(candidate, sentiment, word) %>%

  group_by(candidate, sentiment) %>%
  slice_max(n, n = 10, with_ties = F)


top10_word

## # A tibble: 60 x 4
## # Groups:   candidate, sentiment [6]
##    candidate sentiment word      n
##    <chr>     <chr>     <chr> <int>
## 1 이낙연      긍정       좋은     32
## 2 이낙연      긍정       소중한    11
## 3 이낙연      긍정       좋다     11
## 4 이낙연      긍정       감사      8
## 5 이낙연      긍정       많다      8
## # ... with 55 more rows
```

3. 막대 그래프 만들기

top10_word를 이용해 막대 그래프를 만듭니다.

```
ggplot(top10_word, aes(x = reorder_within(word, n, candidate),
                       y = n,
                       fill = sentiment)) +
  geom_col() +
  coord_flip() +
  facet_wrap(candidate ~ sentiment,   # 후보, 감정 범주별 그래프 생성
             scales = "free") +
  scale_x_reordered()
```

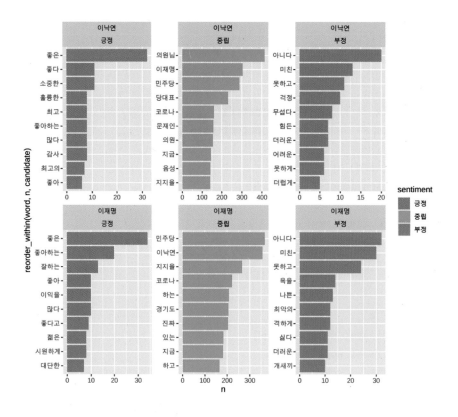

그래프 다듬기

ggplot2 패키지의 함수를 이용해 그래프를 보기 좋게 수정합니다.

```
col_sentiment <- c("#619CFF", "#00BA38", "#F8766D")   # 감정 색깔 목록
order_sentiment <- c("긍정", "중립", "부정")              # 감정 범주 목록

# 그래프 순서 지정
top10_word$sentiment <- factor(top10_word$sentiment,
                               levels = order_sentiment)

ggplot(top10_word, aes(x = reorder_within(word, n, candidate),
                       y = n,
                       fill = sentiment)) +
  geom_col() +
  coord_flip() +
  facet_wrap(candidate ~ sentiment,
             scales = "free") +
  scale_x_reordered() +
  scale_fill_manual(values = col_sentiment) +
```

```
labs(title = "차기 대선주자 감정 단어",
     subtitle = "감정 극성별 빈도 Top 10",
     x = NULL, y = NULL, fill = NULL) +

theme_minimal(12) +
theme(text = element_text(family = "nanumgothic"),
      plot.title = element_text(size = 14, face = "bold"),
      plot.subtitle = element_text(size = 12),
      legend.position = "bottom")   # 범례 위치
```

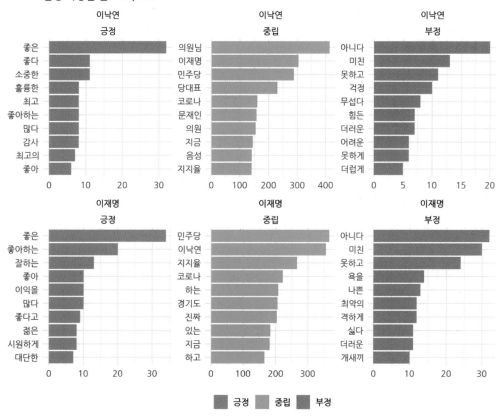

출력한 그래프의 감정 단어를 보면 두 후보에게 어떤 이미지가 있는지 알 수 있습니다. 눈에 띄는 긍정 단어를 보면 이낙연 의원은 **"소중한"**, **"훌륭한"** **"감사"** 등의 빈도가 높은 반면 이재명 경기도지사는 **"잘하는"**, **"젊은"**, **"시원하게"** 등의 빈도가 높습니다.

08-4

감정 경향 살펴보기

두 후보를 언급한 트윗이 전반적으로 어떤 감정 경향을 띠는지 알아보겠습니다.

분석 절차

1. 트윗의 감정 점수로 히스토그램과 확률 밀도 함수 그래프를 만들어 분포를 살펴봅니다.

2. 확률 밀도 함수 그래프를 날짜별로 만들어 트윗의 감정 점수 분포가 날짜에 따라 어떻게 다른지 살펴봅니다.

3. 감정 범주별 빈도와 비율을 막대 그래프로 만들어 어떤 감정을 담은 트윗이 많은지 살펴봅니다.

Do it! 실습 전반적인 감정 경향 살펴보기

word_tweet의 status_id는 트윗별로 서로 다른 값을 지닌 고유값입니다. word_tweet을 candidate, status_id별로 분리해 polarity를 합산한 다음, 트윗 원문이 들어 있는 tweet 에 결합합니다.

```
# 트윗 감정 점수 구하기
sentiment_tweet <- word_tweet %>%
  group_by(candidate, status_id) %>%
  summarise(score = sum(polarity)) %>%
  ungroup()

# 트윗 원문에 감정 점수 결합
tweet <- tweet %>%
  left_join(sentiment_tweet, by = c("candidate", "status_id"))
```

hist()를 이용해 감정 점수로 히스토그램을 만듭니다. 출력한 히스토그램을 보면, 감정 점수가 0에 가까운 트윗이 많고, 감정 점수가 높아지거나 낮아질수록 빈도가 점차 줄어듭니다.

```
# 감정 점수 히스토그램
hist(tweet$score)
```

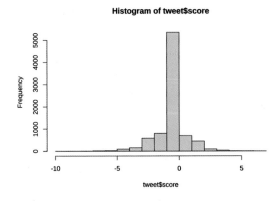

확률 밀도 함수 그래프 만들기

감정 점수를 이용해 **확률 밀도 함수 그래프**(density plot)를 만들어 전반적으로 어떤 감정을 담은 트윗이 많은지 살펴보겠습니다.

ggplot2 패키지의 geom_density()를 이용하면 확률 밀도 함수 그래프를 만들 수 있습니다. geom_density()에서 adjust는 띠 너비(bandwidth)를 조정해 그래프를 평평하게 만들고, alpha는 투명도를 조정해 그래프의 중첩된 부분을 드러내는 기능을 합니다.

```
ggplot(tweet, aes(x = score, fill = candidate)) +
  geom_density(adjust = 2, alpha = 0.6)
```

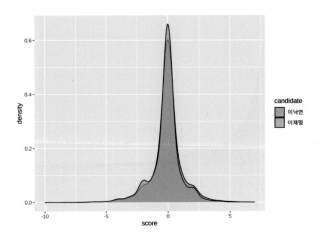

그래프 다듬기

ggplot2 패키지의 함수를 이용해 그래프를 보기 좋게 수정합니다.

```
ggplot(tweet, aes(x = score, fill = candidate)) +
  geom_density(adjust = 2, alpha = 0.6) +
  geom_vline(xintercept = 0,                      # 0점 위 세로선 표시
             linetype = "dashed",                 # 점선 표시
             size = 0.5,
             alpha = 0.5) +

  scale_x_continuous(breaks = c(-5:5),            # x축 범위
                     limits = c(-5, 5)) +         # x축 간격
  scale_fill_manual(values = col_candidate) +

  labs(title = "차기 대선주자 감정 점수 분포",
       subtitle = "2020.8.13 ~ 2020.8.21",
       y = NULL, fill = NULL) +

  theme_minimal(12) +
  theme(text = element_text(family = "nanumgothic"),
        plot.title = element_text(size = 14, face = "bold"),
        plot.subtitle = element_text(size = 12),
        legend.position = "bottom",
        panel.grid = element_blank())            # 격자 삭제
```

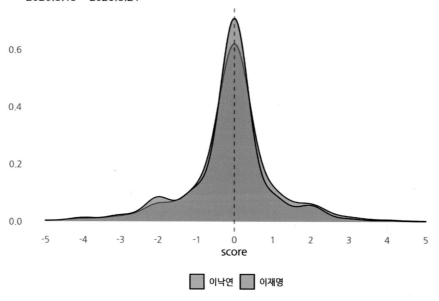

차기 대선주자 감정 점수 분포
2020.8.13 ~ 2020.8.21

출력한 그래프를 보면 이재명 경기도지사는 이낙연 의원에 비해 감정 점수가 낮거나 0에 가까운 트윗이 많은 반면, 이낙연 의원은 이재명 경기도지사에 비해 감정 점수가 높은 트윗이 많습니다.

일자별 확률 밀도 함수 그래프 만들기

facet_wrap()을 이용해 두 후보를 언급한 트윗의 감정 경향이 날짜별로 어떻게 다른지 살펴보겠습니다.

```
ggplot(tweet, aes(x = score, fill = candidate)) +
  geom_density() +
  facet_wrap(~ date)
```

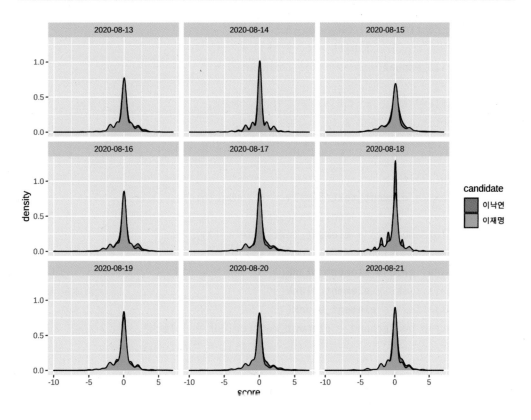

그래프 다듬기

ggplot2 패키지의 함수를 이용해 그래프를 보기 좋게 수정합니다.

```r
ggplot(tweet, aes(x = score, fill = candidate)) +
  geom_density(adjust = 2,
               alpha = 0.6) +

  geom_vline(xintercept = 0,
             linetype = "dashed",
             size = 0.5,
             alpha = 0.5) +

  facet_wrap(~ str_remove(date, "2020-"),              # x축 년도 삭제
             scales = "free_y",
             ncol = 3,
             strip.position = "bottom") +

  scale_x_continuous(breaks = c(-5:5),
                     limits = c(-5, 5)) +
  scale_fill_manual(values = col_candidate) +

  labs(title = "차기 대선주자 일자별 감정 점수 분포",
       subtitle = "2020.8.13 ~ 2020.8.21",
       x = NULL, y = NULL, fill = NULL) +

  theme_bw(12) +
  theme(text = element_text(family = "nanumgothic"),
        plot.title = element_text(size = 14, face = "bold"),
        plot.subtitle = element_text(size = 12),
        legend.position = "bottom",
        panel.grid = element_blank(),
        axis.ticks = element_blank(),                   # 축 눈금 삭제
        axis.text = element_blank(),                     # 축 삭제
        strip.background = element_rect(colour = "black", # 패널명 배경
                                       fill = "white"))
```

차기 대선주자 일자별 감정 점수 분포
2020.8.13 ~ 2020.8.21

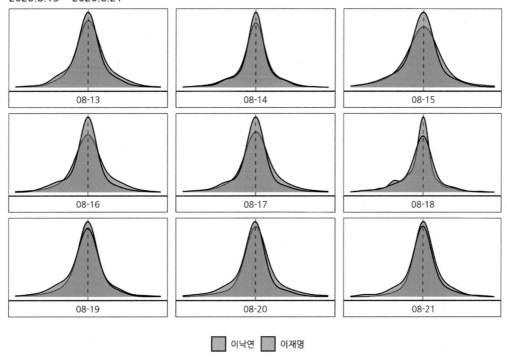

이낙연　이재명

출력한 그래프를 보면 두 후보를 언급한 트윗의 감정 경향이 날짜별로 다릅니다. 대부분의 날짜에 상대적으로 이낙연 의원은 긍정적인 트윗이 많고 이재명 경기도지사는 부정적인 트윗이 많습니다. 특히, 8월 16일과 8월 17일은 이낙연 의원을 긍정적으로 언급한 트윗이 많습니다. 반면 8월 18일을 보면 이낙연 의원은 감정 점수가 낮거나 0점에 가까운 트윗이 많고, 이재명 경기도지사는 감정 점수가 높은 트윗이 많습니다.

감정 점수는 조심해서 해석해야 합니다

특정 후보를 언급한 트윗의 감정 점수가 낮은 경향이 있다고 해서 후보를 비판한 트윗이 많다고 할 수는 없습니다. 단지 부정적인 감정을 표현하는 단어를 사용한 트윗이 많을 수도 있기 때문입니다. 294쪽에서 보았듯 8월 18일~19일에는 이낙연 의원이 코로나19에 감염되었을까 봐 걱정하는 트윗이 많았습니다. 이런 트윗은 '걱정', '불안'처럼 부정적인 감정을 표현한 단어를 사용해서 감정 점수가 낮을 뿐이지 이낙연 의원을 비판한 게 아닙니다. 감정 점수만으로는 글쓴이가 무엇을 부정적으로 언급했는지 알 수 없기 때문에 조심해서 해석해야 합니다.

![키보드 아이콘] **Do it! 실습**　감정 범주 살펴보기

트윗을 긍정, 중립, 부정으로 분류해 빈도를 구한 다음, 두 후보를 언급한 트윗의 감정 범주 비중을 비교해 보겠습니다.

1. 감정 범주별 빈도와 비율 구하기

```
# 감정 분류 변수 생성
tweet <- tweet %>%
  mutate(sentiment = ifelse(score >=  1, "긍정",
                     ifelse(score <= -1, "부정", "중립")))

# 후보, 감정별 빈도 및 비율
frequency_sentiment <- tweet %>%
  group_by(candidate) %>%
  count(sentiment) %>%
  mutate(ratio = n/sum(n))

frequency_sentiment

## # A tibble: 6 x 4
## # Groups:   candidate [2]
##    candidate sentiment    n ratio
##    <chr>     <chr>    <int> <dbl>
## 1 이낙연     긍정       577 0.178
## 2 이낙연     부정       612 0.188
## 3 이낙연     중립      2060 0.634
## 4 이재명     긍정       723 0.142
## 5 이재명     부정      1068 0.210
## 6 이재명     중립      3297 0.648
```

2. 감정 범주 빈도 막대 그래프 만들기

`frequency_sentiment`를 이용해 막대 그래프를 만듭니다.

```
ggplot(frequency_sentiment, aes(x = sentiment, y = n, fill = sentiment)) +
  geom_col() +
  facet_wrap(~ candidate)
```

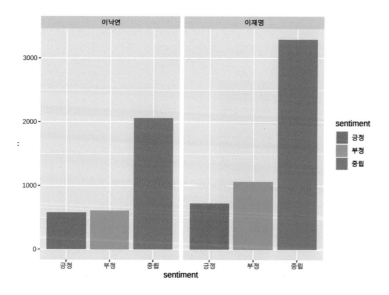

그래프 다듬기

ggplot2 패키지의 함수를 이용해 그래프를 보기 좋게 수정합니다.

```r
# 순서 설정
frequency_sentiment$sentiment <- factor(frequency_sentiment$sentiment,
                                        levels = order_sentiment)
library(scales)
ggplot(frequency_sentiment, aes(x = sentiment, y = n, fill = sentiment)) +
  geom_col(show.legend = F) +
  facet_wrap(~ candidate) +
  geom_text(aes(label = comma(n)), vjust = -0.5) +

  ylim(0, 3500) +
  scale_fill_manual(values = col_sentiment) +   # 막대 색깔

  labs(title = "차기 대선주자 트윗 감정 빈도",
       subtitle = "2020.8.13 ~ 2020.8.21",
       x = NULL, y = NULL) +

  theme_bw(12) +
  theme(text = element_text(family = "nanumgothic"),
        plot.title = element_text(size = 14, face = "bold"),
        plot.subtitle = element_text(size = 12),
        axis.text.y = element_blank(),
        axis.ticks.y = element_blank(),
        panel.grid = element_blank())
```

차기 대선주자 트윗 감정 빈도
2020.8.13 ~ 2020.8.21

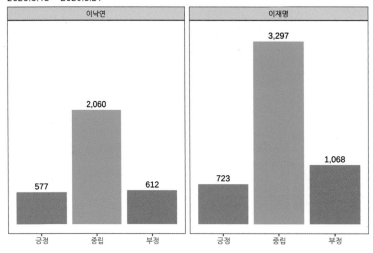

출력한 그래프를 보면 두 후보 모두 중립 트윗이 가장 많지만, 이낙연 의원은 긍정 트윗과 부정 트윗의 양이 비슷한 반면 이재명 경기도지사는 긍정 트윗보다 부정 트윗이 더 많습니다.

3. 감정 범주 비율 누적 막대 그래프 만들기

`frequency_sentiment`를 이용해 감정 범주 비율을 누적한 막대 그래프를 만듭니다.

```
ggplot(frequency_sentiment, aes(x = candidate, y = ratio, fill = sentiment)) +
  geom_col()
```

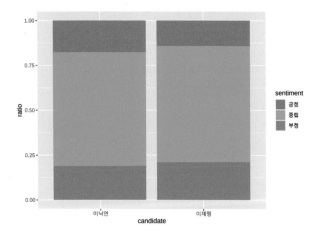

그래프 다듬기

`ggplot2` 패키지 함수를 이용해 그래프를 보기 좋게 수정합니다.

```
# 막대 누적 순서 지정
frequency_sentiment$sentiment <- factor(frequency_sentiment$sentiment,
                                         levels = rev(order_sentiment))


ggplot(frequency_sentiment, aes(x = candidate, y = ratio, fill = sentiment)) +
  geom_col(show.legend = F, width = 0.7) +

  geom_text(aes(label = paste(sentiment, percent(ratio, accuracy = 0.1))),
            position = position_stack(vjust = 0.5)) +       # 수직 위치
  coord_flip() +
  scale_x_discrete(limits = c("이재명", "이낙연")) +

  labs(title = "차기 대선주자 트윗 감정 비율",
       subtitle = "2020.8.13 ~ 2020.8.21",
       x = NULL, y = NULL, fill = NULL) +

  theme_void(12) +
  theme(text = element_text(family = "nanumgothic"),
        plot.title = element_text(size = 14, face = "bold"),
        plot.subtitle = element_text(size = 12),
        legend.position = "bottom",
        axis.text.y = element_text(size = 12),              # y축 글자 크기
        plot.margin = margin(1, 1, 1, 1, unit = "line"))    # 여백 상우하좌, 단위
```

🌶 geom_text()에 입력한 percent()는 값에 %를 붙여 비율로 표현하는 scale 패키지 함수입니다. accuracy는 반올림할 자릿 수를 정하는 기능을 합니다.

차기 대선주자 트윗 감정 비율
2020.8.13 ~ 2020.8.21

출력한 그래프를 보면 두 후보 모두 중립 트윗 비율이 가장 높습니다. 하지만 이낙연 의원은 긍정 트윗과 부정 트윗 비율이 비슷한 반면, 이재명 경기도지사는 부정 트윗 비율이 긍정 트 윗 비율보다 더 높습니다.

08-5
감정 추이 살펴보기

두 후보를 언급한 트윗의 감정 범주가 날짜별로 어떻게 다른지 추이를 알아보겠습니다.

분석 절차

1. 날짜, 후보, 감정 범주별로 트윗의 빈도를 구합니다.
2. 선 그래프와 영역 차트를 만들어 추이를 살펴봅니다.

🖮 Do it! 실습 　트윗 감정 추이 선 그래프 만들기

트윗을 date, candidate, sentiment별로 분류해 빈도를 구한 다음 선 그래프를 만듭니다.

```
# 날짜, 후보, 감정별 빈도
sentiment_candidate <- tweet %>%
  count(date, candidate, sentiment)

sentiment_candidate

## # A tibble: 54 x 4
##    date       candidate sentiment     n
##    <date>     <chr>     <chr>     <int>
## 1 2020-08-13 이낙연      긍정         55
## 2 2020-08-13 이낙연      부정         36
## 3 2020-08-13 이낙연      중립        156
## 4 2020-08-13 이재명      긍정        113
## 5 2020-08-13 이재명      부정        143
## # ... with 49 more rows
```

```
## 트윗 감정 추이 선 그래프
ggplot(sentiment_candidate, aes(x = date, y = n, col = sentiment)) +
  geom_line() +
  geom_point() +
  facet_wrap(~ candidate, nrow = 2, scales = "free_x")
```

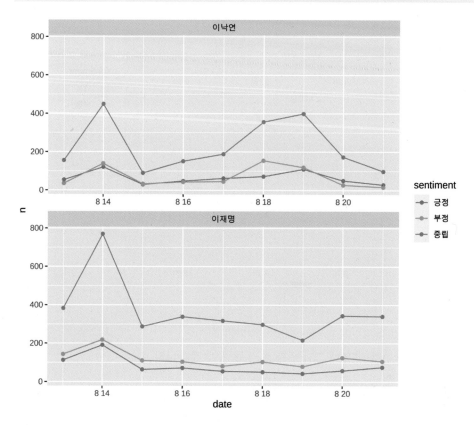

출력한 그래프를 보면 중립 트윗의 빈도가 압도적으로 많아 긍정 트윗과 부정 트윗의 추이
가 잘 표현되지 않습니다. 중립 트윗을 제외하고 다시 선 그래프를 만듭니다.

```
# 중립 트윗 제외
tweet_polar <- sentiment_candidate %>%
  filter(sentiment != "중립")

ggplot(tweet_polar, aes(x = date, y = n, col = sentiment)) +
  geom_line() +
  geom_point() +
  facet_wrap(~ candidate, nrow = 2, scales = "free_x")
```

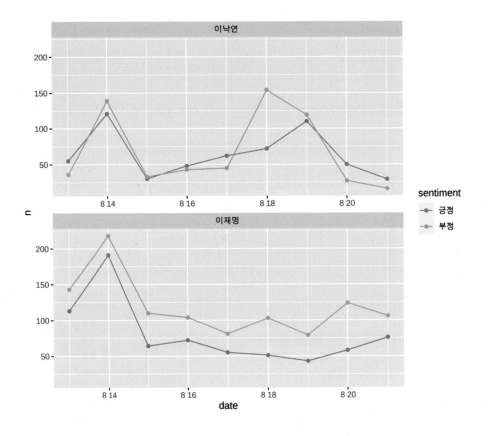

그래프 다듬기

ggplot2 패키지의 함수를 이용해 그래프를 보기 좋게 수정합니다.

```
# 색깔 목록 생성
col_polar <- c("#619CFF", "#F8766D")

ggplot(tweet_polar, aes(x = date, y = n, col = sentiment)) +
  geom_line(size = 1) +
  geom_point(size = 2) +
  facet_wrap(~ candidate, nrow = 2, scales = "free_x") +

  scale_x_date(date_labels = "%m/%d",
               date_breaks  = "1 day") +
  ylim(0, 250) +
  scale_color_manual(values = col_polar) +
```

```
labs(title = "차기 대선주자 트윗 감정 추이",
     subtitle = "2020.8.13 ~ 2020.8.21",
     x = NULL, y = NULL, col = NULL) +

theme_minimal(12) +
theme(text = element_text(family = "nanumgothic"),
      plot.title = element_text(size = 14, face = "bold"),
      plot.subtitle = element_text(size = 12),
      panel.grid.minor.x = element_blank(),
      panel.spacing = unit(2, "lines"))   # 그래프 간격
```

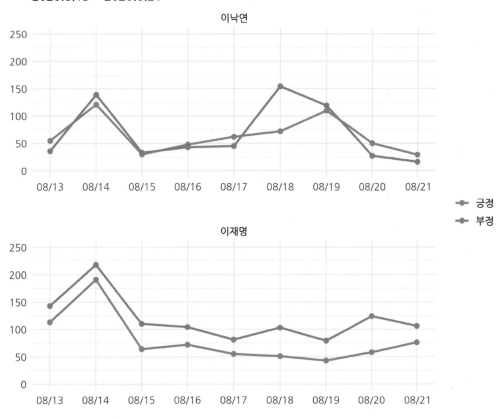

차기 대선주자 트윗 감정 추이
2020.8.13 ~ 2020.8.21

출력한 그래프를 보면 이낙연 의원은 전반적으로 긍정, 부정 트윗의 빈도와 변화량이 비슷한데, 8월 18일에만 유독 부정 트윗의 빈도가 크게 상승했습니다. 이재명 경기도지사는 일관되게 부정 트윗이 많고 긍정, 부정 트윗의 변화량도 비슷합니다.

트윗 감정 추이의 차이를 보다 잘 드러내기 위해 영역 차트를 만듭니다.

```r
ggplot(tweet_polar, aes(x = date, y = n, fill = sentiment)) +
  geom_area(position = "dodge", alpha = 0.7) +
  facet_wrap(~ candidate, nrow = 2, scales = "free_x")
```

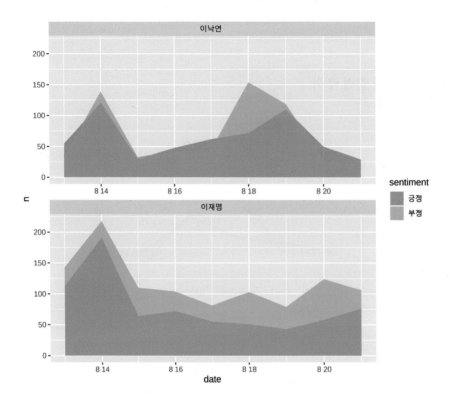

그래프 다듬기

ggplot2 패키지 함수를 이용해 그래프를 보기 좋게 수정합니다.

```r
ggplot(tweet_polar, aes(x = date, y = n, fill = sentiment)) +
  geom_area(position = "dodge", alpha = 0.7) +
  facet_wrap(~ candidate, nrow = 2, scales = "free_x") +

  scale_x_date(date_labels = "%m/%d", date_breaks  = "1 day") +
  ylim(0, 250) +
  scale_fill_manual(values = col_polar) +
```

```
labs(title = "차기 대선주자 트윗 감정 추이",
     subtitle = "2020.8.13 ~ 2020.8.21",
     x = NULL, y = NULL, fill = NULL) +

theme_gray(12) +
theme(text = element_text(family = "nanumgothic"),
      plot.title = element_text(size = 14, face = "bold"),
      plot.subtitle = element_text(size = 12),
      panel.grid = element_blank(),
      panel.spacing = unit(2, "lines"))  # 그래프 간격 띄우기
```

차기 대선주자 트윗 감정 추이
2020.8.13 ~ 2020.8.21

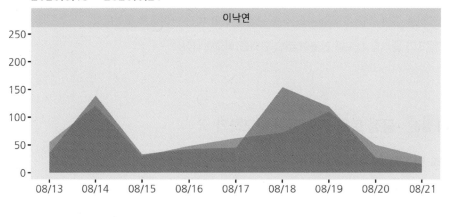

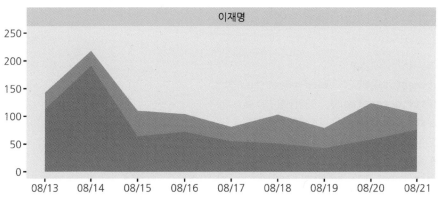

긍정
부정

출력한 그래프를 보면 이낙연 의원은 전반적으로 긍정, 부정 트윗의 비중이 비슷합니다. 8월 13, 17, 20, 21일은 긍정 트윗이 조금 더 많았고, 8월 18일은 부정 트윗이 유독 많았습니다. 반면, 이재명 경기도지사는 일관되게 부정 트윗이 더 많았습니다.

긍정, 부정 트윗 단어 비교하기

로그 오즈비를 이용해 두 후보를 언급한 긍정, 부정 트윗에 어떤 단어가 많이 사용되었는지 비교해 보겠습니다.

분석 절차

1. 감정 범주 및 단어별 빈도를 구합니다.

2. 로그 오즈비를 구한 다음 두 후보자의 주요 긍정 단어와 부정 단어를 추출합니다.

3. 막대 그래프와 롤리팝 차트를 만들어 주요 단어를 비교합니다.

Do it! 실습 긍정 트윗 주요 단어 비교하기

1. 감정 범주 및 단어별 빈도 구하기

두 후보의 긍정 트윗에 사용된 단어를 비교하겠습니다. 291쪽에서 트윗을 띄어쓰기 기준으로 토큰화한 `word_tweet_raw`를 이용해 두 글자 이상 한글 단어를 추출한 다음, 트윗의 감정 점수와 감정 범주가 들어 있는 `tweet`을 결합합니다.

```
# 두 글자 이상 한글 단어 추출
word_sentiment_tweet <- word_tweet_raw %>%
  filter(str_detect(word, "[가-힣]") &
         str_count(word) >= 2) %>%

  # tweet 결합
  left_join(tweet %>% select(candidate, status_id, score, sentiment),
            by = c("candidate", "status_id"))
```

```
glimpse(word_sentiment_tweet)

## Rows: 138,142
## Columns: 9
## $ status_id    <dbl> 1.293765e+18, 1.293765e+18, 1.29376...
## $ screen_name  <chr> "0o0o0o0o0125", "0o0o0o0o0125", "0o...
## $ created_at   <dttm> 2020-08-13 04:23:35, 2020-08-13 04...
## $ text         <chr> "\"나 채식주의잔데 지금 치킨먹고싶다\" 한편 나라가 디비진다...
## $ candidate    <chr> "이낙연", "이낙연", "이낙연", "이낙연", "이낙연", ...
## $ date         <date> 2020-08-13, 2020-08-13, 2020-08-13...
## $ word         <chr> "채식주의잔데", "지금", "치킨먹고싶다", "한편", "나라...
## $ score        <dbl> 0, 0, 0, 0, 0, 0, 0, 0, 0, 0, 0, 0,...
## $ sentiment    <chr> "중립", "중립", "중립", "중립", "중립", "중립",...
```

감정 범주 및 단어별 빈도를 구합니다. 한 트윗에 같은 단어가 여러 번 사용돼 로그 오즈비
가 높은 문제를 피해기 위해 트윗별로 중복 단어를 제거하고 candidate, sentiment, word
별 빈도를 구합니다.

```
# 감정 범주 및 단어별 빈도 구하기
frequency_sentiment <- word_sentiment_tweet %>%
  group_by(status_id) %>%                    # 트윗별 분리
  distinct(word, .keep_all = T) %>%          # 중복 단어 제거
  ungroup() %>%
  count(candidate, sentiment, word, sort = T)

frequency_sentiment

## # A tibble: 72,220 x 4
##    candidate sentiment word              n
##    <chr>     <chr>     <chr>         <int>
## 1 이재명      중립       이재명         1413
## 2 이낙연      중립       이낙연         1242
## 3 이재명      부정       이재명          474
## 4 이재명      중립       이재명이        456
## 5 이낙연      부정       이낙연          396
## # ... with 72,215 more rows
```

2. 로그 오즈비 구하기

- `frequency_sentiment`에서 긍정 트윗만 추출합니다.
- 후보 이름은 빈도는 높지만 해석하는 데 도움이 되지 않으므로 제거합니다.
- 데이터를 wide form으로 변환한 다음 로그 오즈비를 구합니다. `log_odds_ratio`는 분모에 이재명 경기도지사, 분자에 이낙연 의원의 단어 빈도를 놓고 구하므로, 이낙연 의원을 언급한 트윗에서 상대적으로 많이 사용된 단어일수록 큰 값을 지니게 됩니다.

```r
# Wide form으로 변환
wide_pos <- frequency_sentiment %>%
  filter(sentiment == "긍정" & !str_detect(word, "이낙연|이재명")) %>%
  pivot_wider(names_from = candidate,
              values_from = n,
              values_fill = list(n = 0))

# 로그 오즈비 구하기
log_odds_pos <- wide_pos %>%
  mutate(log_odds_ratio = log(((이낙연 + 1) / (sum(이낙연 + 1))) /
                              ((이재명 + 1) / (sum(이재명 + 1)))))
```

3. 불용어 목록 만들기

로그 오즈비 기준으로 상·하위 15개 단어를 추출해 내용을 확인한 다음 불용어 목록을 만듭니다.

```r
# 불용어 확인
log_odds_pos %>%
  group_by(candidate = ifelse(log_odds_ratio > 0, "이낙연", "이재명")) %>%
  slice_max(abs(log_odds_ratio), n = 15, with_ties = F) %>%
  select(word) %>%
  print(n = Inf)


## # A tibble: 30 x 2
## # Groups:   candidate [2]
##    candidate word
##    <chr>     <chr>
## 1 이낙연     음성
## 2 이낙연     의원님
## 3 이낙연     자가격리
## 4 이낙연     당대표
## 5 이낙연     의원은
(... 생략 ...)
```

```
# 불용어 목록 생성
stopword_pos <- c("것이고", "그건", "그는")
```

4. 막대 그래프 만들기

불용어를 제거하고 로그 오즈비 기준으로 10개 단어를 추출해 막대 그래프를 만듭니다.

```
# 로그 오즈비 상하위 10개 단어 추출
top10_pos <- log_odds_pos %>%
  filter(!word %in% stopword_pos) %>%
  group_by(candidate = ifelse(log_odds_ratio > 0, "이낙연", "이재명")) %>%
  slice_max(abs(log_odds_ratio), n = 10, with_ties = F)

# 막대 그래프 생성
ggplot(top10_pos, aes(x = reorder(word, log_odds_ratio),
                      y = log_odds_ratio,
                      fill = candidate)) +
  geom_col() +
  coord_flip()
```

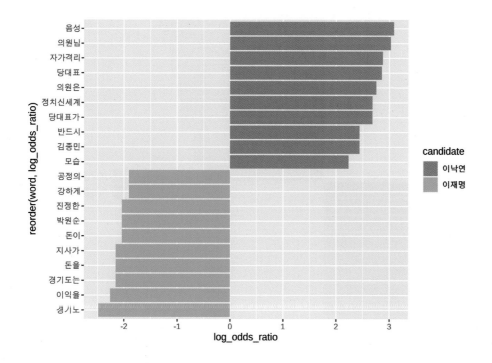

그래프 다듬기

ggplot2 패키지 함수를 이용해 그래프를 보기 좋게 수정합니다.

```
ggplot(top10_pos, aes(x = reorder(word, log_odds_ratio),
                      y = log_odds_ratio,
                      fill = candidate)) +
  geom_col() +
  coord_flip() +
  scale_fill_manual(values = col_candidate) +

  labs(title = "차기 대선주자 긍정 트윗 주요 단어",
       subtitle = "2020.8.13 ~ 2020.8.21",
       x = NULL, y = NULL, fill = NULL) +

  theme_minimal(12) +
  theme(text = element_text(family = "nanumgothic"),
        plot.title = element_text(size = 14, face = "bold"),
        plot.subtitle = element_text(size = 12))
```

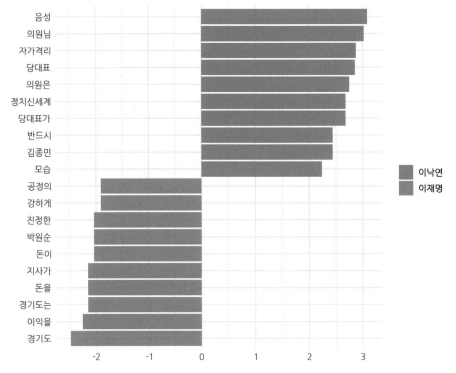

출력한 그래프를 보면 두 후보를 언급한 긍정 트윗에 자주 사용된 단어가 서로 다릅니다. 뒤에서 주요 단어가 사용된 트윗을 추출해 단어가 어떤 의미로 사용되었는지 자세히 알아보겠습니다.

5. 롤리팝 차트 만들기

롤리팝 차트(lollipop chart)는 선과 점을 이용해 막대 사탕 모양으로 만든 그래프입니다. 롤리팝 차트는 막대 끝을 도드라지게 표현하기 때문에 여러 값의 차이를 나타낼 때 유용합니다. ggplot2 패키지의 geom_segment()와 geom_point()를 이용해 롤리팝 차트를 만들겠습니다.

- geom_segment()에 x, y축의 시작점과 끝점을 선분으로 연결합니다.
- geom_point()를 이용해 점을 추가합니다.

```r
# 단어 순서 지정해 factor 타입으로 변환
top10_pos <- top10_pos %>%
  ungroup() %>%
  mutate(word = reorder(word, log_odds_ratio))

# 롤리팝 차트 생성
ggplot(top10_pos, aes(x = word,
                      y = log_odds_ratio,
                      col = candidate)) +
  geom_segment(aes(x = word,              # x축 시작점
                   xend = word,           # x축 끝점
                   y = 0,                 # y축 시작점
                   yend = log_odds_ratio)) +  # y축 끝점
  geom_point() +
  coord_flip()
```

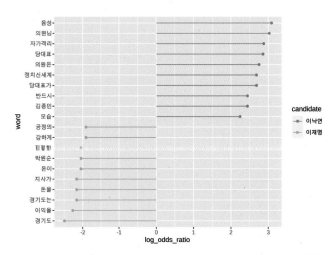

그래프 다듬기

ggplot2 패키지 함수를 이용해 그래프를 보기 좋게 수정합니다. 출력한 롤리팝 차트를 보면 로그 오즈비의 크기가 세밀하게 표현되어 단어 간 차이를 자세히 알 수 있습니다.

```r
ggplot(top10_pos, aes(x = word,
                      y = log_odds_ratio,
                      col = candidate)) +

  geom_segment(aes(x = word,
                   xend = word,
                   y = 0,
                   yend = log_odds_ratio),
               size = 1.1) +

  geom_point(size = 3.5) +
  coord_flip() +
  scale_color_manual(values = col_candidate) +

  labs(title = "차기 대선주자 긍정 트윗 주요 단어",
       subtitle = "2020.8.13 ~ 2020.8.21",
       x = NULL, y = NULL, col = NULL) +

  theme_minimal(12) +
  theme(text = element_text(family = "nanumgothic"),
        plot.title = element_text(size = 14, face = "bold"),
        plot.subtitle = element_text(size = 12))
```

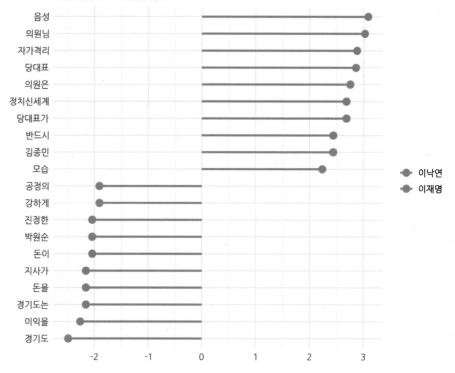

차기 대선주자 긍정 트윗 주요 단어
2020.8.13 ~ 2020.8.21

- 이낙연
- 이재명

6. 원문 살펴보기

로그 오즈비가 높은 단어가 사용된 트윗을 추출해 내용을 살펴보겠습니다.

6.1 이낙연 의원 긍정 트윗

242쪽에서 만든 `find_word()`를 이용해 이낙연 의원 긍정 트윗에서 관심 단어가 사용된 트윗을 추출해 내용을 살펴보겠습니다.

```
# 이낙연 의원 긍정 트윗 추출
pos_nak <- tweet %>%
  filter(sentiment == "긍정" & candidate == "이낙연") %>%
  arrange(-score)
```

- **"음성"**: 로그 오즈비가 가장 높은 **"음성"**을 언급한 트윗을 보면 대부분 이낙연 의원이 코로나19 검사 결과 음성 판정을 받아 다행이라는 내용입니다.

```
pos_nak %>% find_word(x = text, keyword = "음성")

## [1] 매일 좋은 일 3가지 (2020.08.19) 1. 이낙연 총리님의 코로나 검사 결과가 음성으로
나왔다. 혼자 몸이 아니라 민주당을 바꾸고 대통령님을 도와 다음 정권까지 이어가야할 분이란 걸
새삼 느낀 하루였다. 2, 3 오늘은 1번 하나로 충분하다.
##
## [2] 의원님 셔츠가 트렌디합니다. 멋진 당대표님을 갖게 될 거라는 희망이 무럭무럭 자라고
있습니다. 슬기로운 자가격리동안 많은 구상이 기대됩니다. 그러나 살살 쉬어가면서도 해주셔도 됩니
다요. 음성이라는 뉴스에 얼마나 기뻤던지요. 요즈음 기쁜 소식은 이낙연의원님으로부터 옵니다.
##
## [3] 아침에 일어나자마자 이낙연 후보님 뉴스를 접하고 아내와 땅이 꺼져라 한숨 쉬면서 생각
나는 여러가지 걱정거리를 얘기하다 출근했고 퇴근 전 전화했다가 "음성판정 나셔서 다행이다"며
서로 위안하다 끊었다. 그 분과 대통령님은 이역만리의 우리 삶과 행복을 지키는 소중한...
(... 생략 ...)
```

- **"의원님"**: 로그 오즈비가 두 번째로 높은 **"의원님"**을 언급한 트윗을 보면 대부분 이낙연 의원을 응원하는 내용입니다.

```
pos_nak %>% find_word(x = text, keyword = "의원님")

## [1] 이낙연 의원님! 우리사회에서 정치인들의 보기좋은 경쟁을 보기힘드네요 이낙연과 이재명
의 정책비전을 국민들께서 판단할수 있도록 아름다운 경쟁을 국민들께서 행복한 선택의 기회를 할
수있도록 참 좋은 정치를 해주세요 늘 두분께 관심과 지지를 표합니다
##
## [2] 어제 검사한 이낙연의원님 결과가 아침 일찍 나오는거 보고 새삼 k-진단에 대해 감탄.
그간 기술적인 부분만 감탄했다면 이번엔 심리적인 부분에서 더더 감탄. 3일~7일 걸렸음 탐라의
오소리님들 다 넉다운 됐을듯.
##
## [3] 의원님 셔츠가 트렌디합니다. 멋진 당대표님을 갖게 될 거라는 희망이 무럭무럭 자라고
있습니다. 슬기로운 자가격리동안 많은 구상이 기대됩니다. 그러나 살살 쉬어가면서도 해주셔도 됩니
다요. 음성이라는 뉴스에 얼마나 기뻤던지요. 요즈음 기쁜 소식은 이낙연의원님으로부터 옵니다.
(... 생략 ...)
```

6.2 이재명 경기도지사 긍정 트윗

이재명 경기도지사 긍정 트윗에서 관심 단어가 사용된 트윗을 추출해 내용을 살펴보겠습니다.

```
# 이재명 경기도지사 긍정 트윗 추출
pos_jae <- tweet %>%
  filter(sentiment == "긍정" & candidate == "이재명") %>%
  arrange(-score)
```

- **"경기도"**: 로그 오즈비가 가장 높은 **"경기도"**가 사용된 트윗을 보면, 대부분 이재명 경기도지사가 경기도에서 시행한 정책을 다룬 내용입니다.

```
pos_jae %>% find_word(x = text, keyword = "경기도")

## [1] 중대본과 경기도의 워딩이 분명한 온도차이긴 한데 곱게 말해서 들을까 하는 생각이 먼저
든다. 이재명은 늘 이렇게 고압적이고 폭력적이다며 까대던데 솔직히 곱게 말해서 들어쳐먹냐 이
거지 복잡한 생각이 들었다
##
## [2] "공정한 사회, 공정한 경기도"??? 앞에 몇글자가 생략 되었죠? "이재명에게만 공정한
사회" "이재명에게만 공정한경기도" 이게 원문 아닐까요? ㅋㅋㅋ
##
## [3] 인물열전] 이재명에게서 노무현을 보다..."진짜 민주주의를 향한 위대한 발걸음" 온라인 |
20.08.13 01:44 손시권 경인본부 기자 손시권 기자님 어디 계시죠? 경기도청인가요??? ppl도
뉴스처럼 광고하는거 잘 봤어요
(... 생략 ...)
```

- **"이익을"**: 로그 오즈비가 두 번째로 높은 **"이익을"**을 언급한 트윗을 보면, 대부분 이재명 경기도지사와 관련된 정치적 이익에 관한 내용입니다.

```
pos_jae %>% find_word(x = text, keyword = "이익을")

## [1] 맞는 말씀 부동산 기득권층의 심기를 건든건 이재명지사죠 불로소득이 줄수록 기득권층은
수익이 주니까요 기득권이란 말 그대로 특정 영역을 선점해 이익을 착취해가는 집단들이죠 지역의
땅부자나 재벌들 부동산과 돈놀이로 수백억씩 이익을 내며 일하지 않고 돈버는 사람들이니까요
##
## [2] 현재 대한민국에서 답없는 것들 교회 이재명 윤석열 미통당 기레기 일베 이새끼들은 코로
나와 수해에는 신경도 안쓰고 자신들의 이익을 위해서 오늘도 열심히 짖는다
##
## [3] 언제나 정권의 위기를 틈타 이익을 취하던 김어준이었기에 이번엔 이재명과 손잡고 전광
훈을 고용하여 이번 사태를 저질렀다고 생각하는 사람이 충분히 많이 있을것 같아요. 김어준 추종
자들이 더 그렇게 생각할것 같군요.
(... 생략 ...)
```

앞에서 출력한 트윗을 보면 긍정 트윗에서 추출했는데도 부정적인 내용이 많이 포함되어 있습니다. 이는 **"이익을"**이 이낙연 의원에 비해 이재명 경기도지사의 트윗에 상대적으로 자주 사용되어 주요 단어로 추출되었지만, 이 단어가 사용된 트윗의 감정 점수가 높지는 않기 때문입니다. 다음 코드의 출력 결과를 보면 **"이익을"**을 언급한 트윗의 감정 점수가 언급하지 않은 트윗보다 전반적으로 낮습니다.

```
# "이익을" 언급한 트윗
pos_jae %>%
  filter(str_detect(text, "이익을")) %>%
  select(score)

## # A tibble: 11 x 1
##    score
##    <dbl>
## 1      4
## 2      3
## 3      3
## 4      2
## 5      2
## # ... with 6 more rows
```

```
# "이익을" 언급하지 않은 트윗
pos_jae %>%
  filter(!str_detect(text, "이익을")) %>%
  select(score)

## # A tibble: 712 x 1
##    score
##    <dbl>
## 1      7
## 2      6
## 3      6
## 4      6
## 5      6
## # ... with 707 more rows
```

![keyboard icon] **Do it! 실습** 부정 트윗 주요 단어 비교하기

이번에는 두 후보의 부정 트윗에 사용된 단어를 비교하겠습니다.

1. 로그 오즈비 구하기

감정 범주별 단어 빈도를 담은 `frequency_sentiment`에서 부정 트윗의 단어를 추출해 로그 오즈비를 구합니다.

```
# Wide form으로 변환
wide_neg <- frequency_sentiment %>%
  filter(sentiment == "부정" & !str_detect(word, "이낙연|이재명")) %>%
  pivot_wider(names_from = candidate,
              values_from = n,
              values_fill = list(n = 0))

# 로그 오즈비 구하기
log_odds_neg <- wide_neg %>%
  mutate(log_odds_ratio = log(((이낙연 + 1) / (sum(이낙연 + 1))) /
                              ((이재명 + 1) / (sum(이재명 + 1)))))
```

2. 불용어 목록 만들기

로그 오즈비 기준 상·하위 15개 단어를 추출해 내용을 확인한 다음 불용어 목록을 만듭니다.

```
# 불용어 확인
log_odds_neg %>%
  group_by(candidate = ifelse(log_odds_ratio > 0, "이낙연", "이재명")) %>%
  slice_max(abs(log_odds_ratio), n = 15, with_ties = F) %>%
  select(word) %>%
  print(n = Inf)

## # A tibble: 30 x 2
## # Groups:   candidate [2]
##    candidate word
##    <chr>     <chr>
## 1 이낙연     음성
## 2 이낙연     의원님
## 3 이낙연     총리님
```

```
##   4 이낙연      자가격리
##   5 이낙연      마이크
...
## 16 이재명      경기도
## 17 이재명      쓰나미급
## 18 이재명      겪어보지
## 19 이재명      지금껏
## 20 이재명      대충격
(... 생략 ...)
```

출력 결과를 보면 이재명 경기도지사를 언급한 트윗에서 **"지금껏"**, **"겪어보지"**, **"쓰나미급"**
이 자주 사용되었습니다. 이는 이재명 경기도지사가 코로나19 관련 기자 회견에서 "지금껏
겪어보지 못한 쓰나미급 대충격 시작될 것"이라는 표현을 사용한 적이 있는데, 이 일이 트위
터에서 많이 회자되었기 때문입니다. 다음 코드의 출력 결과를 보면 이 표현을 지적한 트윗
이 많다는 것을 알 수 있습니다.

```
tweet %>%
  filter(candidate == "이재명") %>%
  find_word(x = text, keyword = "쓰나미급")
```

```
## [1] 이재명 "지금껏 겪어보지 못한 쓰나미급 대충격 시작될 것" ㅎㅎ 붕신 그걸 누가 몰라?
##
## [2] 이재명 "지금껏 겪어보지 못한 쓰나미급 대충격 시작될 것" 이 넘아 그걸 막아낼려는게
우리 정부와 방역당국, 지자체장들인데(경기도 빼고) 야당질 평론질하고있냐
##
## [3] 대통령은 엄중한 시기지만 지금까지 그래왔듯 할 수 있다고 국민들에게 희망과 용기를 주
는데 이재명은 쓰나미급 하면서 불안감만 조성하고 있다.
(... 생략 ...)
```

이 단어들은 같은 문장에서 나왔으므로 **"쓰나미급"**만 남겨 두고 분석에서 제외하도록 불용
어 목록으로 만듭니다. 의미를 파악하기 어려운 **"그건"**, **"주고"**도 불용어 목록에 포함합니다.

```
# 불용어 목록 생성
stopword_neg <- c("지금껏", "겪어보지", "대충격", "시작될", "그건", "주고")
```

3. 막대 그래프 만들기

불용어를 제거하고 로그 오즈비 기준으로 상·하위 10개 단어를 추출해 막대 그래프를 만듭니다.

```r
# 로그 오즈비 상하위 10개 단어 추출
top10_neg <- log_odds_neg %>%
  filter(!word %in% stopword_neg) %>%
  group_by(candidate = ifelse(log_odds_ratio > 0, "이낙연", "이재명")) %>%
  slice_max(abs(log_odds_ratio), n = 10, with_ties = F)

# 막대 그래프 생성
ggplot(top10_neg, aes(x = reorder(word, log_odds_ratio),
                      y = log_odds_ratio,
                      fill = candidate)) +
  geom_col() +
  coord_flip() +
  scale_fill_manual(values = col_candidate) +

  labs(title = "차기 대선주자 부정 트윗 주요 단어",
       subtitle = "2020.8.13 ~ 2020.8.21",
       x = NULL, y = NULL, fill = NULL) +

  theme_minimal(12) +
  theme(text = element_text(family = "nanumgothic"),
        plot.title = element_text(size = 14, face = "bold"),
        plot.subtitle = element_text(size = 12))
```

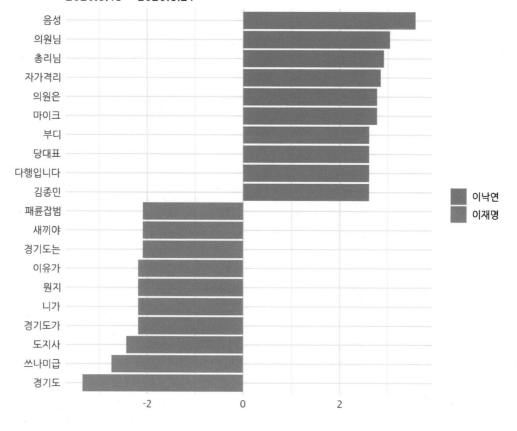

차기 대선주자 부정 트윗 주요 단어
2020.8.13 ~ 2020.8.21

음성
의원님
총리님
자가격리
의원은
마이크
부디
당대표
다행입니다
김종민
패륜잡범
새끼야
경기도는
이유가
뭔지
니가
경기도가
도지사
쓰나미급
경기도

-2　　　　0　　　　2

이낙연
이재명

4. 롤리팝 차트 만들기

단어의 로그 오즈비를 보다 세밀하게 표현하기 위해 롤리팝 차트를 만듭니다.

```r
# 단어 순서 지정해 factor 타입으로 변환
top10_neg <- top10_neg %>%
  ungroup() %>%
  mutate(word = reorder(word, log_odds_ratio))

# 롤리팝 차트 생성
ggplot(top10_neg, aes(x = word,
                      y = log_odds_ratio,
                      col = candidate)) +

  geom_segment(aes(x = word,
                   xend = word,
                   y = 0,
                   yend = log_odds_ratio),
               size = 1.1) +

  geom_point(size = 3.5) +
  coord_flip() +
  scale_color_manual(values = col_candidate) +

  labs(title = "차기 대선주자 부정 트윗 주요 단어",
       subtitle = "2020.8.13 ~ 2020.8.21",
       x = NULL, y = NULL, col = NULL) +

  theme_minimal(12) +
  theme(text = element_text(family = "nanumgothic"),
        plot.title = element_text(size = 14, face = "bold"),
        plot.subtitle = element_text(size = 12))
```

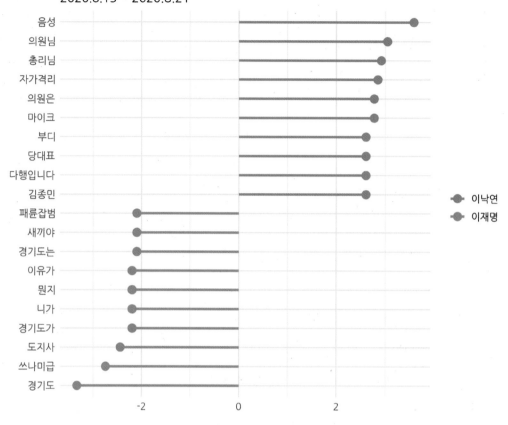

차기 대선주자 부정 트윗 주요 단어
2020.8.13 ~ 2020.8.21

● 이낙연
● 이재명

5. 원문 살펴보기

로그 오즈비가 높은 단어가 사용된 트윗을 추출해 내용을 살펴보겠습니다.

5.1 이낙연 의원 부정 트윗

이낙연 의원 부정 트윗에서 관심 단어가 사용된 트윗을 추출해 내용을 살펴보겠습니다.

```r
# 이낙연 의원 부정 트윗 추출
neg_nak <- tweet %>%
  filter(sentiment == "부정" & candidate == "이낙연") %>%
  arrange(-score)
```

- **"음성"**: 로그 오즈비가 가장 높은 **"음성"**을 언급한 트윗을 보면, 이낙연 의원이 코로나19 확진 판정을 받을까 걱정하며 안타까운 심정을 표현한 내용이 많습니다.

```
neg_nak %>% find_word(x = text, keyword = "음성")

## [1] 정보의 최일선에 있는 기자들이 이런 엄청난 실수(?)를 저지르다니... 누구를 위한 고
의가 아니었길 바라며 아울러 이낙연 후보님의 음성 판정을 기원합니다!!
##
## [2] 이낙연의원님 확진자가 쓴 의자와 마이크를 써서 자가격리들어가셨다고. 부디 음성이기
를.._()_ i♡ny
##
## [3] 이낙연의원님의 코로나검사결과 음성이길 간절히 바랍니다. 잠을 못잤습니다ㅜㅜ
(... 생략 ...)
```

- **"의원님"**: 두 번째로 로그 오즈비가 높은 **"의원님"**을 언급한 트윗을 보면, 주로 이낙연 의원의 정치 활동을 방해하는 일을 비판하는 내용입니다.

```
neg_nak %>% find_word(x = text, keyword = "의원님")

## [1] 당대표는 이낙연의원님이 틀림 없다 싶으니까 이젠 당 지지율을 끌어내리려고 발악을 하
는구나!!!
##
## [2] 난 이낙연 의원님의 안정성과 믿음이 그만큼 선명성 부족에서도 기인한다고 보고 동교동
계와의 연결고리도 탐탁치가 않음 이낙연 의원님께 제 2의 문프의 기대하는건 성급한 욕심일까 싶
기도 함 그렇다해도 호시탐탐 문프의 빈틈을 노리는 듯한 이재명 보다는 나음 아 정치 모르겠다
##
## [3] 이낙연 의원님, 말도 꺼내기 싫은 그 방송 출연 결정은 마치 '당 내 일부에 대한 극단
적인 충성 성향'을 가진 '극렬 지지자'에게 구애한다는 의미에서, 래통당이 태극기 들고 시위하는
극우계의 '과대표된 목소리에 경도되는 선택'을 하는 것과 비슷하게 보입니다.
(... 생략 ...)
```

5.2 이재명 경기도지사 부정 트윗

이재명 경기도지사 부정 트윗에서 관심 단어가 사용된 트윗을 추출해 내용을 살펴보겠습니다.

```
# 이재명 경기도지사 부정 트윗 추출
neg_jae <- tweet %>%
  filter(sentiment == "부정" & candidate == "이재명") %>%
  arrange(-score)
```

- **"경기도"**: 로그 오즈비가 가장 높은 **"경기도"**를 언급한 트윗을 보면, 이재명 경기도지사의 경기도 행정을 비판하는 내용이 많습니다.

```
neg_jae %>% find_word(x = text, keyword = "경기도")

## [1] 무식저질천박못생 오렌지 정똥찌끄레기 인간말종 전과4범 범죄자 경기도랄지사 #점베 이
재명 궤멸
##
## [2] 경기도 1인당 홍보비 1,871원 경기도 1인당 수해지원비 200원 이재명은 합니다~! 새
로운 경기, 이제, 이재명! <펌> 폐악질 미친 이재명 경계해야 할 적폐기생충 기회주의자 조폭의
혹 일베출신토설
##
## [3] 민주당 지지율이 그렇게 걱정이 되었다면 이재명은 경기도지사 경선부터 나오지 말았어야
지! 의견이다.
(... 생략 ...)
```

- **"쓰나미급"**: 두 번째로 로그 오즈비가 높은 **"쓰나미급"**을 언급한 트윗을 보면, 대부분 이재명 경기도지사가 "지금껏 겪어보지 못한 쓰나미급 대충격 시작될 것"이라고 표현한 일을 비판하는 내용입니다.

```
neg_jae %>% find_word(x = text, keyword = "쓰나미급")

## [1] 이재명 "지금껏 겪어보지 못한 쓰나미급 대충격 시작될 것" 이 넘아 그걸 막아낼려는게
우리 정부와 방역당국, 지자체장들인데(경기도 빼고) 야당질 평론질하고있냐
##
## [2] 이재명 "지금껏 겪어보지 못한 쓰나미급 대충격 시작될 것" - 재난지원금 타령하려고?
이 도른새끼는 모든 게 조폭과 상품권으로 귀착된다.
##
## [3] 이재명 "지금껏 겪어보지 못한 쓰나미급 대충격 시작될 것" - 주둥이가 쌩양아치인 오랄리!
(... 생략 ...)
```

SNS 데이터로 여론 파악하기

트위터 데이터를 이용해 사람들이 차기 대선 후보를 어떻게 생각하는지 알아보았습니다. 두 후보의 언급량 추이와 언급량이 급상승한 날의 이슈를 알아보고, 감정 분석을 이용해 두 후보의 이미지 차이와 트윗 감정 추이도 살펴보았습니다.

SNS 데이터를 분석하면 여론 동향을 파악할 수 있습니다. 특히, 감정 분석을 하면 사람들이 민감한 사안에 대해 어떤 생각을 가지고 있는지, 다양한 견해를 알아보는 데 도움이 됩니다. 하지만 SNS에는 분석 주제와 관련 없는 광고나 여론을 왜곡하려는 의도로 작성한 글도 많기 때문에 분석에 앞서 신중하게 분석 대상을 선별해야 합니다. 그래야만 텍스트의 의미를 분명히 이해하고 다수의 의견을 골고루 살펴볼 수 있습니다.

텍스트를 효율적으로 분석하는 방법

데이터를 손쉽게 수집하는 방법부터 한글을 보기 좋게 출력하는 방법까지,
텍스트 분석에 도움이 되는 꿀팁을 소개합니다.

09-1
텍스트 데이터 수집하기

웹 페이지의 데이터 수집하기

웹에 있는 데이터를 수집하는 작업을 **웹 크롤링**(web crawling)이라고 합니다. rvest는 웹 크롤링을 할 때 가장 많이 사용되는 패키지입니다. 유튜브 채널 '박박사의 R코홀릭!'을 참고해 rvest 사용법을 익혀 보세요.

- [R코홀릭!] R로 웹 데이터를 가져오는 방법!: bit.ly/easytext_91

함수 하나로 간단하게 데이터 수집하기

데이터 수집 패키지를 이용하면 크롤링 코드를 작성할 필요 없이 함수 한두 개로 간단하게 데이터를 수집할 수 있습니다. 이 책의 실습 데이터는 모두 데이터 수집 패키지로 만들었습니다.

- N2H4: 네이버 뉴스 크롤링 패키지입니다. 네이버 뉴스 URL을 입력하면 뉴스 제목, 본문, 댓글, 공감 수 등을 수집합니다. github.com/forkonlp/N2H4

- DNH4: 다음 뉴스 크롤링 패키지입니다. 다음 뉴스 URL을 입력하면 뉴스 제목, 본문, 댓글, 공감 수를 수집합니다. github.com/forkonlp/DNH4

- presidentSpeechKr: 대통령기록관(www.pa.go.kr)의 역대 대통령 연설문을 수집하는 패키지입니다. github.com/forkonlp/presidentSpeechKr

- rtweet: 트위터 수집 패키지입니다. 검색어를 입력하면 트윗, 리트윗, 작성자 정보 등을 수집합니다. github.com/ropensci/rtweet

09-2
텍스트 분석 품질 높이기

형태소 사전에 단어 추가하기

형태소 분석기는 사전에 기반을 두고 작동하기 때문에 사전에 없는 단어는 추출하지 못합니다. KoNLP 패키지의 buildDictionary()를 이용하면 사전에 단어를 추가할 수 있습니다. 특히, 신조어가 자주 사용된 텍스트를 분석할 때 단어를 추가하면 좀 더 정확하게 분석할 수 있습니다.

```
library(KoNLP)
useNIADic()
## Backup was just finished!
## 1213109 words dictionary was built.


x <- "나는 자만추라 소개팅은 별로야"
extractNoun(x)

## [1] "나"       "자만"     "추"         "소개팅"

# 사용자 사전 만들기
new_words <- data.frame(term = "자만추", tag = "ncn")

# 사용자 사전 추가
buildDictionary(ext_dic = c("woorimalsam", "insighter"),
                user_dic = new_words,
                replace_usr_dic = T,
                category_dic_nms = "all")

## 1213110 words dictionary was built.
```

```
# 추가한 사용자 사전 확인
get_dictionary("user_dic")
##      term tag
## 1   자만추 ncn

# 추출 확인
extractNoun(x)

## [1] "나"      "자만추" "소개팅"
```

- buildDictionary() 사용법: bit.ly/easytext_92

띄어쓰기 자동 교정하기

텍스트 분석 결과는 띄어쓰기의 영향을 받습니다. 띄어쓰기가 제대로 안 된 텍스트를 분석하면 결과물의 품질이 좋지 않습니다. KoSpacing 패키지를 이용하면 한글 문장의 띄어쓰기를 자동으로 교정할 수 있습니다.

- KoSpacing: github.com/haven-jeon/KoSpacing

사용하기 쉬운 형태소 분석기 Elbird

Elbird는 파이썬의 형태소 분석기 kiwipiepy를 R에서 사용할 수 있게 만든 패키지입니다. Elbird는 tidytext 패키지와 함께 사용하기 편하고, 사용자 사전을 쉽게 추가할 수 있는 장점이 있습니다. cpp에서 작동하기 때문에 처리 속도도 매우 빠릅니다.

- Elbird: github.com/mrchypark/Elbird

속도 빠른 형태소 분석기 RcppMeCab

RcppMeCab는 일본어 형태소 분석기 mecab에 기반을 두고 만든 한글 형태소 분석 패키지입니다. RcppMeCab은 띄어쓰기 오류에 덜 민감하고, C++에서 작동하기 때문에 처리 속도가 매우 빠른 장점이 있습니다.

- RcppMeCab: github.com/junhewk/RcppMeCab

09-3
완전 유용한 꿀팁

꿀팁 1. 여러 문자로 구성된 변수 한 방에 만들기

여러 문자로 구성된 변수를 만들려면 문자를 입력할 때마다 따옴표와 쉼표를 입력해야 해서 번거롭습니다. hrbraddins 패키지를 설치하면 띄어쓰기로 나열한 문자 앞뒤에 자동으로 따옴표를 입력하는 RStudio addin(추가 기능)을 이용할 수 있습니다.

- hrbraddins: github.com/ir-sfsu/hrbraddins
- hrbraddins 사용법: bit.ly/easytext_93

꿀팁 2. 고화질로 그래프 저장하기

텍스트가 많은 그래프는 고화질로 저장해야 제대로 표현할 수 있습니다. 특히, 네트워크 그래프는 고화질로 저장하지 않으면 알아보기 어렵습니다. ggplot2 패키지의 ggsave()를 이용하면 그래프를 원하는 해상도와 이미지 포맷으로 저장할 수 있습니다.

- Save a ggplot (or other grid object) with sensible defaults: bit.ly/easytext_94

꿀팁 3. 한글 지원 코딩 폰트 이용하기

RStudio의 Console 창에 한글을 출력하면 줄이 맞지 않아 알아보기 어려울 때가 있습니다. RStudio의 폰트를 한글 지원 코딩 폰트 'D2 Coding'으로 바꾸면 한글이 보기 좋게 출력됩니다. D2 Coding 폰트를 사용하면 데이터 분석 보고서의 코드 실행 결과물에 한글이 들어 있을 때도 줄이 잘 맞습니다.

- D2 Coding 글꼴: github.com/naver/d2codingfont

Basic Programming Course
기초 프로그래밍 코스 | 파이썬, C 언어, 자바로 시작하는 프로그래밍!
기초 단계를 독파한 후 응용 단계로 넘어가세요!

기초
단계

박응용 | 432쪽

김성엽 | 576쪽

김동형 | 856쪽

시바타 보요, 강민 역 | 408쪽

시바타 보요, 강민 역 | 452쪽

시바타 보요, 강민 역 | 424쪽

응용
단계

김창현 | 384쪽

박응용 | 408쪽

김종관 | 564쪽

나는 어떤
코스가
적합할까?

A 파이썬 개발자가 되고 싶은 사람

- Do it! 점프 투 파이썬
- Do it! 점프 투 파이썬 — 라이브러리 예제 편
- Do it! 파이썬 생활 프로그래밍 with 챗GPT
- Do it! 점프 투 장고
- Do it! 장고+부트스트랩 파이썬 웹 개발의 정석
- Do it! 챗GPT+파이썬으로 AI 직원 만들기

B 자바 개발자가 되고 싶은 사람

- Do it! 점프 투 자바
- Do it! 자바 완전 정복
- Do it! 자바 프로그래밍 입문
- Do it! 점프 투 스프링 부트 3

인공지능 & 데이터 분석 코스

인공지능, 데이터 분석도 Do it! 시리즈와 함께!
주어진 순서대로 차근차근 독파해 보세요!

인공
지능

박해선 | 328쪽

이론을
더 깊게~

윤성진 | 432쪽

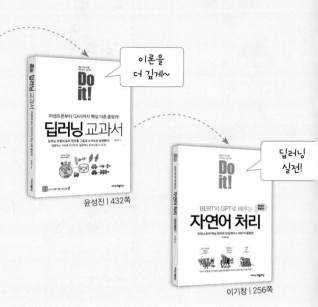

딥러닝
실전!

이기창 | 256쪽

데이터
분석

김영우 | 376쪽

김영우 | 344쪽

김영우 | 472쪽

다니엘 첸 | 시진 | 400쪽

나는 어떤
코스가
적합할까?

A 인공지능 개발자가 되고 싶은 사람

- Do it! 점프 투 파이썬
- Do it! 정직하게 코딩하며 배우는
  딥러닝 입문
- Do it! 딥러닝 교과서
- Do it! BERT와 GPT로 배우는
  자연어 처리
- Do it! 챗GPT+파이썬으로 AI 직원 만들기

B 데이터 분석가가 되고 싶은 사람

- Do it! 쉽게 배우는 파이썬 데이터 분석
- Do it! 쉽게 배우는 R 데이터 분석
- Do it! 쉽게 배우는 R 텍스트 마이닝
- Do it! 데이터 분석을 위한 판다스 입문
- Do it! R 데이터 분석 with 샤이니
- Do it! 첫 통계 with 베이즈

Web Programming Course
웹 프로그래밍 코스

웹 기술의 기본은 HTML, CSS, 자바스크립트!
기초 단계를 독파한 후 응용 단계로 넘어가세요!

기초 단계

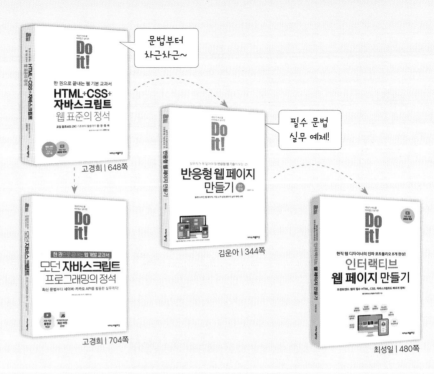

문법부터 차근차근~

필수 문법 실무 예제!

고경희 | 648쪽

김운아 | 344쪽

고경희 | 704쪽

최성일 | 480쪽

응용 단계

고경희 | 560쪽

박응용 | 408쪽

이성용, 김태곤 | 640쪽

나는 어떤 코스가 적합할까?

A 프런트엔드 개발자가 되고 싶은 사람

- Do it! HTML+CSS+자바스크립트 웹 표준의 정석
- Do it! 모던 자바스크립트 프로그래밍의 정석
- Do it! 반응형 웹 페이지 만들기
- Do it! 인터랙티브 웹 페이지 만들기
- Do it! 자바스크립트 + 제이쿼리 입문
- Do it! Vue.js 입문

B 백엔드 개발자가 되고 싶은 사람

- Do it! HTML+CSS+자바스크립트 웹 표준의 정석
- Do it! 모던 자바스크립트 프로그래밍의 정석
- Do it! node.js 프로그래밍 입문
- Do it! 점프 투 장고
- Do it! 점프 투 스프링 부트 3
- Do it! 장고 + 부트스트랩 파이썬 웹 개발의 정석

기초
단계

김동형 | 856쪽

정재곤 | 800쪽

강성윤 | 736쪽

강성윤 | 712쪽

송호정, 이범근 | 696쪽

응용
단계

조준수 | 500쪽

전예홍 | 580쪽

김웅석 | 576쪽

나는 어떤
코스가
적합할까?

A 빠르게 앱을 만들고 싶은 사람

- Do it! 안드로이드 앱 프로그래밍
- Do it! 깡샘의 안드로이드 앱
  프로그래밍 with 코틀린
- Do it! 스위프트로 아이폰 앱 만들기 입문
- Do it! 플러터 앱 프로그래밍
- Do it! 리액트 네이티브 앱 프로그래밍

B 앱 개발 실력을 더 키우고 싶은 사람

- Do it! 자바 완전 정복
- Do it! 리액트로 웹앱 만들기
  with 타입스크립트
- Do it! 프로그레시브 웹앱 만들기
- Do it! 깡샘의 플러터&다트 프로그래밍